# 数学教学与核心素质培养

肖梅庭　孙学文　赵胜慧◎著

吉林出版集团股份有限公司

全国百佳图书出版单位

**图书在版编目（CIP）数据**

数学教学与核心素质培养 / 肖梅庭, 孙学文, 赵胜
慧著. -- 长春 : 吉林出版集团股份有限公司, 2023.9
ISBN 978-7-5731-4265-8

Ⅰ.①数… Ⅱ.①肖… ②孙… ③赵… Ⅲ.①中学数
学课—教学研究—高中 Ⅳ.①G633.502

中国国家版本馆CIP数据核字(2023)第173290号

# 数学教学与核心素质培养

SHUXUE JIAOXUE YU HEXIN SUZHI PEIYANG

| | |
|---|---|
| 著　　者 | 肖梅庭　孙学文　赵胜慧 |
| 责任编辑 | 孙　璐 |
| 助理编辑 | 牛思尧 |
| 开　　本 | 787 mm × 1092 mm　1/16 |
| 印　　张 | 14 |
| 字　　数 | 320千字 |
| 版　　次 | 2023年9月第1版 |
| 印　　次 | 2023年9月第1次印刷 |
| 出　　版 | 吉林出版集团股份有限公司 |
| 发　　行 | 吉林音像出版社有限责任公司 |
| | （吉林省长春市南关区福祉大路5788号） |
| 电　　话 | 0431-81629679 |
| 印　　刷 | 吉林省信诚印刷有限公司 |

ISBN 978-7-5731-4265-8　　　定　　价　48.00元

如发现印装质量问题，影响阅读，请与出版社联系调换。

# 前 言 PREFACE

随着课程改革的不断深入，我国教育事业得到飞速发展，教学质量和效率也都得到显著提升。数学具有高度的抽象性、严密的逻辑性和广泛的应用性，作为一门重要的理科性基础课程，数学对学生思维的开发及后继课程的学习发挥着重要作用。

素质化理念影响下的今天，我们必须强化中学生的数学认知架构，以数学核心素养培养为核心，健全学生的认知模式，进而提升中学生的数学学习能力，让中学生具备更强的数学认知思维。在数学教学中出现了"数学素养"的提法，标志着我国的数学教育目标从应试型向素质型转变。提高学生"数学素养"是提高民族素质、丰富人才资源这一战略的重要组成部分，也是社会发展与经济建设的需要。在社会文明高度发展的今天，物质世界和精神世界只有通过量化才能得到完善的评价，而数学正是对事物进行量化分析的重要工具，它已渗透日常生活的各个领域。提高学生的数学素养，就是提高学生适应社会、参加生产和进一步学习所必需的数学基础知识和基本技能，这是时代的需要，也是学生实现自身价值的需要。

本书根据新课标的改革方向，对初中和高中数学的教学方法、教学模式等中学数学的教学体系进行了论述，并对中学数学的核心素质的培养策略进行了论述，旨在帮助教师、服务学生，使学生了解数学的文化品位、数学精神及教育价值，激发和唤醒学生的学习潜能，为学生今后主动学习、主动探索、主动发展奠定坚实的基础，并在数学学习过程中得到综合全面的发展。

为了确保研究内容的丰富性和多样性，本书在撰写过程中参考了一些理论与研究文献，在此向涉及的专家学者们表示衷心的感谢。限于作者水平不足，加之时间仓促，本书难免存在疏漏和错误，在此，恳请广大读者批评指正！

# 目 录 CONTENTS

# 第一章　中学数学教学的基础理论

## 第一节　中学数学教学原则

数学教学原则是根据数学教学目标，为反映数学教学规律而制定的指导数学教学工作的基本要求。作为一种教学活动，毫无疑问，数学教学过程必须遵循教学论对数学教学工作提出一系列的基本要求。但作为一种特殊的学科教学，必然有其自身的特点及规律性，也需遵循自身的一些特殊要求。

我们从数学学科的特点、中学生身心发展实际出发，结合我国当前数学课程理念和数学课程改革的教学实践，探讨数学教学必须遵循的一些特殊的基本要求，即数学教学原则。

### 一、具体与抽象相结合原则

#### （一）对数学抽象性含义的理解

抽象性是数学的基本特点。所谓数学的抽象性，是指数学为了在比较纯粹的状态下研究客观世界的空间形式和数量关系，不得不把客观对象的所有其他特征抛开不管，只抽象出它的空间形式和数量关系进行研究。因此，数学是以客观世界的空间形式和数量关系作为研究对象，具有十分抽象的形式。一般来说，数学的抽象性至少表现在以下几个方面。

##### 1. 数学的内容是高度抽象的

这样一个抽象的概念却具有很普遍的意义，例如，它在物理学中可以表示运动着的物体在某一时刻的瞬时速度；在经济学中，导数还可以表示边际经济量，如边际成本、边际效益、边际利润等。

### 2. 数学的方法是高度抽象的

这不仅表现在数学使用了大量抽象的数学符号，而且还表现在它的思维方法上。数学思维以深入细致的观察为基础，以分析、综合、归纳、概括、类比等为手段，充分运用逻辑推理的方法去进行思考。例如，反证法、数学归纳法、极限的方法、微积分的方法等都充满了抽象性。因此，数学思维以抽象思维为主。

### 3. 数学的抽象性表现出逐层递进的特点

数学的每一次向更高层次的抽象必须在前一次抽象材料的基础上进行。例如，由数到式、由式到函数，再由函数到关系等，都是一个层层递进的抽象过程。

### 4. 数学的抽象可以达到人们感知所不能达到的领域

例如，小学时我们学十位数以内的加法，可以用扳手指头的方法去做，但学到多位数加法时，却不能用扳手指头的方法去做了，必须用一定的抽象思维去思考。一维空间我们可以通过火车在铁轨上行驶的情景去感知，二维、三维空间我们也还可以从生活中找到实体模型去感知，但四维、五维……n维空间，我们便很难感知到了，只能利用数学工具抽象地在头脑中思考。

## （二）有效地运用具体与抽象相结合的原则进行教学

当前，中学生的抽象思维能力普遍较弱，表现在过分地依赖具体材料，一方面不能有效地从具体素材中过渡到抽象的数学内容中去；另一方面也不能灵活地将抽象的数学理论应用到具体的问题中去。而在教师方面，又往往容易忽视设置较好的现实问题情境或运用直观的教学手段，将问题逐渐过渡到抽象的数学内容中去。这一教学矛盾的产生，主要原因就是没有妥善处理好具体与抽象的关系。为了更有效地提高教学效果，教师在教学中应遵循从具体到抽象，再由抽象回到具体的教学模式进行教学，一般来说，应该注意加强以下几个环节。

1. 通过运用生动、形象、具体直观的现实材料和教学语言来引入和阐明新的数学概念等内容。例如，通过温度的升降、货物的进出等实例引进具有相反意义的量，再进一步提出正数、负数的概念。又如，学生在刚学习立体几何时，常常难以想象图形在三维空间中的情境，这时教师可引导学生先观察活动的门板、讲义夹、粉笔盒等实物模型。只有当学生形成了一定的感性认识之后，才可能形成抽象的概念。值得注意的是，有人误以为看得见、摸得着的"现实材料"才是生动、形象、直观的，因而忽略了运用语言或形式的直观去引入数学新概念。其实，如果现实中难以找到具体的模型，还可以从学生已有的"数学现实"中去发掘，这些数学现实可能是低一层次的数学的抽象，但这些抽象在具有一定能力的学生看来却仍然是形象直观的。例如，为了让学生抽象出一般一元二次方程 $ax^2+6x+c=0\,(a\neq 0)$ 的求根公式，可以通过学生已有的数学现实，如求方程 $x^2 = 16$、$(x+3)^2 = 16$、$3(x+5)^2 = 12$、$2x^2+3x+1 = 0$ 等的根，然后归纳出一元二次方程的求根公式。

2. 教师在运用生动形象、具体直观的数学材料来引入和阐明新的数学概念时，应及时发挥教师的主导作用，引导学生归纳出抽象的、具有一般性的数学概念和结论。因为具体、直观只是手段，而培养抽象思维能力才是我们的重要目标。

3. 学习了有关抽象的数学理论之后，应将它运用到具体的实践中去，解决具体的问题，解释具体的现象，这便是从抽象到具体的过程。这个过程对学生深刻掌握有关的数学理论知识，培养学生的能力有重要的实践意义。例如，在学生学习了立体几何中"两条相交直线决定一个平面"这个定理之后，再让学生用这个定理去解释：为什么木工师傅用两条细线分别交叉固定在桌子的四个脚底部便可判定桌子的四脚是否落在一个平面上？

4. 从具体到抽象，再从抽象到具体的过程，往往不是一次完成的，有时要经过循环往复才能完成。只有在教学中时时注意坚持具体与抽象相结合的原则，才能取得最佳的教学效果。

## 二、严谨性与量力性相结合原则

### （一）对数学严谨性和量力性含义的理解

严谨性也是数学的基本特点。所谓数学的严谨性，就是指对数学结论的叙述必须精确，结论的论证也必须严格、周密，整个数学内容被组织成一个严谨的逻辑系统。这个数学的逻辑系统一般都具有这样的模式：提出完备的公理体系，由此确定尽可能少的基本概念和公理，根据这些基本概念和公理，用逻辑的方法推出一系列的性质和定理。数学的严谨性具有以下几方面的特点。

#### 1. 数学的严谨性是经历了漫长的非严谨的过程才逐渐形成的

例如，大家所熟悉的平面几何学，刚形成阶段是粗糙的和单凭经验的，也没有经过系统化，只是些零星的个别问题的特殊解法，这是实验几何阶段。直到公元前 3 世纪，著名的几何学家欧几里得才在前人的基础上，按照严密的逻辑系统，编写了《几何原本》（共 13 卷），从而奠定了理论几何的基础。但这时的《几何原本》仍然存在公理不够完整、论证有时求助于直观等缺陷。这些缺陷直到 19 世纪中叶才渐渐被人发现，到 19 世纪末期，才完成了对几何逻辑结构的认识，达到当前严密的程度。微积分的发展也一样，牛顿和莱布尼兹于 17 世纪后半叶建立了微积分，直到 19 世纪初，它还不是很严密。另外，函数概念的发展也是经历了几个发展阶段才逐渐严谨起来的，这一点在中学数学课本中就有明显的反映。

### 2. 学习数学的严谨性具有随着人们的认识能力的发展而逐步提高的过程

例如，学生刚学习线段、射线、直线的概念时，对它们三者的区别往往是模糊不清的，看到一条线便想到直线，以致会出现求"直线 AB 的长度"等语言不严谨的错误。一般来说，学生刚学习一些较精确的数学概念和语言或一些严格的推理论证时，是不太适应的。认识往往依赖直观，只有通过一段时间的学习，才会真正理解其含义，达到一定严谨性的要求。因此，数学的严谨性在学习上具有阶段性。

### 3. 数学的严谨性还具有相对性

就是说，侧重于理论的基础数学和侧重于应用的数学，它们对严谨性的要求是不一样的。正因如此，对于同一数学内容，如函数极限，数学系的教材和工科的数学教材在方法处理、体系安排上均有很大不同。前者注重知识的发生过程，后者则偏重知识的发生结果。

所谓量力性，简言之就是量力而行。这主要是针对数学教学的对象而提出的，它要求教师应充分考虑学生思维发展的水平、理解的程度和接受的能力来组织教学，既不可要求过高，也不能要求过低，要使所讲授的知识可以让学生接受。因此，在数学教学中，如何安排课程、处理教材、设计方法等都必须根据青少年的年龄特征，对数学的严谨性要有一个逐步适应、逐步提高的过程。

## （二）如何有效地运用严谨性与量力性相结合的原则进行教学

### 1. 认真钻研课程标准、教材，明确把握教材的严谨性要求

一般来说，课程标准、教材对各部分的教学内容都有明确的要求，虽然对其严谨性没有明确指出，但通过分析思考课标、教材对各内容要求的深浅度，就可以把握其严谨性要求的高低。教材有时对有些内容避而不谈，或用直观说明，或用不完全归纳法印证，或对不必说明的做了说明，或扩大公理体系等，这些做法主要是考虑学生的可接受性，故意降低内容的严谨性，让学生更好地掌握要学的数学内容。当前数学教育界提出"淡化形式，注重实质"的口号，实质上也从一个侧面反映出教学必须坚持严谨性与量力性相结合原则的问题。

### 2. 在具体的概念和定理等内容的教学中，不要一下子和盘托出所要学习的概念和定理等全部内容，要体现出逐层逐步严谨的过程

例如，九年义务教育初中数学教材在提出平行线定义之前，先引导学生观察黑板相对的边线、路边的电线杆、火车的铁轨等实物模型，然后才指出，若将它们都看成是直线，则都是不相交的直线。如果这时让学生归纳出"不相交的两条直线，叫作平行线"，那么就少了"在同一个平面内"这一条件，是不够严谨的。如果这时老师再用教室天花板和地板上的两条异面的边线作为反例，指出不相交的两条直线还有不"平行"的情形，然后再补充、更正学生原来所归纳出的不够严谨的定义，这样，学生对

平行线定义的理解便会深刻、精确得多。这样的教学过程既能使学生的认识逐步严谨，又易于学生接受，贯彻了严谨性与量力性相结合的原则。

**3. 在教学中，要有意识地培养学生言必有据、思路清晰的良好思维习惯**

所谓言必有据，即要求教师无论在计算、推导、论证中，还是在作图中，每一步过程都要有根有据，这些根据即所学过的概念、公式以及定理等。

所谓思考缜密，就是考虑问题要全面、周密、准确，不能有漏洞。学生对数学定义的本质含义理解不清，忽略定理的条件限定，不注意公式定理的适用范围等，都是思考不够缜密的表现。例如，在解绝对值方程、解不等式、讨论函数的有关问题以及用分类法解题等时，都很容易产生思考不够缜密的问题。思考不够缜密还表现在使用数学语言不够科学规范方面，如"增长了"和"增长到"是有区别的，不能混用。$(a+b)^2$ 要读作"$a+b$ 的括号的平方"或"$a$ 与 $b$ 的和的平方"，而不能读作"$a$ 加 $b$ 的平方"或"$a$ 与 $b$ 的平方和"。当然，缜密的思维不是一两天形成的，要通过长期的训练。

所谓思路清晰，就是要求学生对解决一个问题要分几个步骤才能完成、要从几个方面进行思考、要分几类情形进行讨论、要从几个侧面进行分析等都要心中有数，有条不紊。因此，对于学生刚学习的新知识，要学生写出具体的程序、步骤则是很必要的。例如，在学习合并同类项时，先要求学生找出同类项，再确定各项符号、系数，最后合并写出结果。又如解一元一次方程，让学生按照"去分母—去括号—移项—合并同类项—系数化为 1"这样的程序去解题，对培养学生的清晰思维习惯是很有帮助的。

**4. 平时要在研究学生的年龄特点、个性特点、智力、能力水平方面下功夫**

如果教师对学生的能力水平等问题估计不准确，就不可能贯彻好"严谨性"和"量力性"的原则。特别是目前全国已基本普及义务教育，我们的数学教育一方面要面向全体学生，不能只顾少数"尖子生"；另一方面学生的能力水平参差不齐，差别很大，形成了尖锐的矛盾，要贯彻严谨性与量力性相结合的原则确实有一定的难度。但义务教育的初中数学教材已充分考虑了这一情况，只要我们认真钻研教材、课程标准，深入了解学生，就能处理好"严谨性与量力性"的问题。

# 三、培养"双基"与策略创新相结合的原则

## （一）数学"双基"与策略创新的含义

数学"双基"就是指数学基础知识和基本技能。数学基础知识，即数学知识网络中的"结点"，包括中学数学中的概念、定理、公式、法则、方法等。基本技能是指与数学基础知识相关的按照一定程序与步骤进行的操作方式，包括运算、推理、数据处理、画图、绘制表格等心智活动。正确理解数学概念是掌握数学知识的前提，而牢固掌握定义、性质、公理、定理、公式、法则等数学规律和解题、证题的方法，则是

学好数学的必要条件。

策略创新是根据数学的探索性特征提出来的，其内涵就是波利亚推崇的"合情推理"，包括观察与实验、想象与直觉、猜想与验证等数学的探索性特征和创造性思维方式，它们体现了数学的策略创新精神。对大多数学生来说，培养策略创新精神比起数学基础知识的学习更为重要，因为这种数学的策略创新精神一旦转化成学生的素质，就会大大提高学生的创造力，成为他们受用终身、取之不竭的力量源泉。

## （二）有效地运用培养"双基"与策略创新相结合的原则进行教学

### 1. 转变观念，与时俱进地认识数学"双基"

数学"双基"是一个动态的概念，随着时代的发展也在发生变化。并且数学的基础知识也是在变化着的。比如，随着计算器、计算机的使用，珠算必将退出数学课本，心算、笔算的计算能力也可以降低要求；在新课程中，一些繁、难、偏、旧的课题已退出必修课程内容；与此同时，概率统计、算法、与日常生活相联系的数学内容，则成为数学课程的基础；运用现代技术学习数学，也将是"双基"的一部分。过去的基本技能强调形式化的逻辑演绎能力，这也是不完整的。学习数学知识的背景及其应用，培养数学建模的能力同样是数学基本技能的组成部分。因此，数学"双基"也需要与时俱进，我们要在继承传统的数学"双基"合理成分的同时，摒弃不必要的烦琐记忆要求，增加新兴的数学知识和技能要求。

### 2. 重视"双基"教学，加强合情推理培养

数学"双基"教学是中国数学教学的传统和特长，现在世界上许多国家的数学教育在向我们学习，这是中国数学教育界长期实践经验的总结和理论研究的成果，对世界数学教育是一个重要贡献，我们不能丢，也不应该丢。特别是在当前数学课程改革实践过程中，我们要以新的、发展的数学"双基"观重新认识数学"双基"，继承和发扬"双基"教学的优点，避免和克服"双基"教学中的不足和缺点，比如只重视逻辑推理忽视合情推理的培养、强调记忆忽视理解、注重解题训练忽视思维过程等。

### 3. 把握数学"双基"和数学创新的关系

在我国传统的数学教育中，由于过分强调统一的数学基础，忽视了学生的个性和创造能力的培养，致使学生创新意识淡薄、创造能力低下。因此，我们不能仅仅把"重视基础"作为中国数学教育的关键课题来处理。一个完整的数学教育模式、教学原则，一个科学的数学教育理论，必须把"基础"和"创新"两个方面同时加以研究。没有基础的创新是空想，没有创新指导的"打基础"是傻练。基础要为发展服务，盲目地打基础，过量地练习是无效的劳动。

在花岗岩上建一个茅草房，不是我们想看到的。强调数学"双基"需要把握适当

的"度"。"以学生的发展为本",把数学"双基"和数学创新放在一起进行研究,找出适度的平衡,必将成为数学"双基"教学原则研究的方向。

## 四、精讲多练与自主建构相结合

### (一)精讲多练

我国数学教学目标经历了由掌握知识、发展能力,到素质培养的不断前进提升的过程,数学课堂教学也从多讲多练、高密度、大容量,逐步走向精讲多练、变式练习、关注过程的教学模式。精讲多练是当前数学课堂教学的主要做法。精讲,是针对教师讲解提出的,要求教师要精选典型问题做出讲解,对数学概念、定理中的关键点做出精辟讲解。讲解要少而精,要有针对性、代表性、普遍性,不搞一言堂,个别问题做个别教学。多练,是要求学生练习解题必须达到一定的数量。

### (二)自主建构

建构性是数学学科的又一基本特性。对于数学知识的建构性,社会建构主义哲学家给出了阐述:

1.数学知识的基础是语言知识、约定和规则,而语言知识是一种社会建构。

2.个人的主观数学知识发表后转化成让人接受的客观数学知识,这需要人际交流和交往的社会性过程。

3.客观性本身应该理解为社会性的认同。即使就最简单的数学对象而言,它们都是抽象思维的产物,因而,数学就其本质而言就是一种建构的活动,数学的研究对象正是通过这样的活动得到建构的。其实,不仅数学的研究对象是建构的,即数学知识是人建构的产物,而且,数学的研究方法、研究工具、研究模式、理论体系等一系列内在成分都是建构的产物。建构性是数学的基本属性。

数学的建构性特征,决定了数学学习的建构性。所谓建构就是"建立"和"构造"关于新知识认知结构的过程。建立,一般是指从无到有的兴建;构造,则是指对已有资料、结构、框架加以调整、整合或者重组。对建构主义来说,更是认为学习是学生依据自己已有的知识经验主动建构的过程;知识不能被动接受、不能被传递,需要学生主动地自我建构其意义;就数学学习来说,有意义地接受学习和有意义地发现学习是数学建构性学习的两个基本过程。对数学知识意义的理解、数学能力的提高、数学素质的养成,需要学生智力参与、自主活动和个人体验,别人是无法替代和包办的。可以说,建构性学习是数学学习的根本途径。

### （三）精讲多练与自主建构相结合的原则

首先，确立学生学习的主体地位。学生是学习的主体，但在实际教学中，主体性常常受到教师主导性的排斥。是否真正确立和发挥了学生学习的主体性，可以从以下几个方面去衡量：学生学习的积极性、自主性、探索性、深刻性。

其次，教师要为学生自主建构而精讲。在数学教学中，教师的地位和作用是绝对不容忽视的，教师也绝对不能自我放弃。教师的讲解应当为学生的学习服务，为学生的发展服务，在"精"字上下功夫，使精讲具有针对性、有效性。为此，教师需要深入了解学生真实的思维活动，努力帮助学生获得必要的经验和预备知识，使学生自主建构获得必要的基础；高度重视对学生错误理解知识的诊断与纠正，克服自我建构的偏差；充分注意学生在认识上的特殊性。因此，教师要善于创设数学问题情境，引导学生经历观察、实验、归纳、猜想、验证、应用等建构活动，不搞一言堂，应实行民主教学，给学生自主建构留有充分的空间和时间。

最后，注重数学过程教学。学生的认知活动遵循数学知识的历史发生过程，教师的讲解为了促进学生的自主建构，应当创设数学问题的情境，让学生提出问题、分析问题、解决问题，在问题情境和解决过程中学习数学知识、建构意义。在这个活动中，不是让学生简单地重复人类漫长的认识过程，而是通过教师的"精讲"，减缩其中的曲折，让学生经历"再发现""再创造"的自我建构活动。

# 第二节　中学数学概念、命题、推理教学

## 一、数学概念教学

### （一）数学概念的意义和结构

#### 1. 数学概念的意义

数学概念是数学科学知识体系的基础，同时，数学概念又表现为数学思维的一种形式。数学概念的学习与学生对数学知识的掌握、合理的数学认知结构的形成以及数学能力的提高都密切相关。因此，数学概念的教学对于提高数学教学质量，实现教学目标，都起着十分关键的作用。

数学概念是一类特殊的概念，一般是指客观世界数量关系和空间形式方面的本质属性在人脑中的反映。例如，平行四边形的数学概念，"四条边""两组对边分别平行"就是平行四边形这个概念的本质属性；"圆的概念"，反映了"平面内到定点的距离

等于定长的点集"这一圆的本质属性；"方程"的概念，反映了"含有未知数的等式"这一方程的本质属性。在数学中，每一个数学概念通常用一个特有的名称或符号来表示。⊙0 表示以 0 为圆心的圆；sin$x$ 表示正弦函数。

数学概念的产生和发展有各种不同的途径：有的数学概念是从它的现实模型中直接反映得来。例如，几何中的点、线、面、体都是从物体的形状、位置、大小关系等具体形象抽象概括得来的；又如自然数概念是从手指的个数，或其他单个事物集合元素的个数，或者从事物排列的次序抽象概括得来的。由此可见，数学中的大多数概念是在一些相对具体概念的基础上，进一步经过多级抽象概括的过程才产生和发展而成。例如，复数概念是在实数概念基础上产生出来的，而实数概念是在有理数概念的基础上产生的，有理数概念是在自然数概念基础上产生的。另外，有的数学概念是经过人们的思维加工，把客观事物的属性理想化、纯粹化得来的。例如，直线这个概念所反映的"直"和"可以无限延伸"是从笔直的条形物体的形象理想化、纯粹化得来的。还有的数学概念是从数学内部的需要产生出来的。例如，为了把正整数幂的运算法则扩充到有理数幂、无理数幂，以至实数指数幂，在数学中，产生了零指数、负整数指数、分数指数、无理数指数等概念。还有一些数学概念是根据理论上有存在的可能而提出来的。例如，自然数集，无穷远点等概念都是在一定的理论基础上提出来的。还有一些数学概念是在一定的数学对象的结构中产生出来的，例如，多边形的顶点、边、对角线、内角、外角等概念都是从多边形的结构中得来的。还要指出，数学中许多概念，随着数学的发展而发展成为新的概念。例如，从具有公共端点的两条射线所成的角的概念发展成为射线绕它的端点旋转所成的角的概念就是一个明显的例子。

### 2. 概念的内涵和外延

概念的内涵与外延，是概念的基本特征，是准确把握概念和系统掌握知识的基础。概念的内涵就是概念所反映的事物的本质属性的总和，概念的外延就是概念所反映的事物的总和（或范围）。概念的内涵与外延是分别对事物的质和量的规定。

例如，"偶数"这个概念的内涵是"能被 2 整除"这个性质，其外延是所有偶数的全体。"一元二次方程"这个概念的内涵是"只含有一个未知数且未知数的最高次数是二次的整式方程"这个性质，其外延是一切形如 $ax^2 + bx + c = 0$ $(a \neq 0)$ 的方程的全体。

概念的内涵与外延明确了，就可以更好地认识概念，把握概念，否则就会出现错误。例如，若对"算术平方根"这个概念的内涵不明确，往往会出现如下的错误：$\sqrt{(-2)^2} = -2$，$\sqrt{(x-1)^2} = x - 1$。要对概念加深认识，不仅要明确概念的内涵与外延，还要掌握概念的内涵与外延之间的关系。

概念的内涵与外延这两个特征是相互联系、互相制约的。当概念的内涵扩大时，则概念的外延就缩小；当概念的内涵缩小时，则概念的外延就扩大。内涵和外延之间的这种关系，称为反变关系。例如，"等腰三角形"其内涵比"三角形"概念内涵多。而"等腰三角形"的外延比"三角形"的外延小，少了没有两边相等的三角形。再如，"方程"比"整式方程"的内涵少（少了"两边都是关于未知数的整式"）；而前者比后者的外延大（多了两边不都是整式的方程）。

概念的限制与概括是明确概念的逻辑方法。概念的限制与概括是以概念的内涵和外延的反变关系为依据的。

概念的限制是增加概念的内涵，从而缩小概念外延的逻辑方法。它是由外延较大的概念过渡到外延较小的概念的思维过程。例如，增加数列的内涵"从第二项起，每一项与它的前一项的差都等于一个常数"，这样的数列就是等差数列。数列的内涵增加，外延缩小，就由数列过渡到等差数列。又如，增加等式的内涵"含未知数"，就成为方程。等式的内涵增加，外延缩小，就由等式过渡到方程。

在使用限制方法时，必须遵守两个规则：一是正确的限制必须按照概念的种类关系逐级进行。限制的结果，必须是外延大的概念包含着外延小的概念，如果限制的系列不具有种类关系，那就是错误的限制，必须予以纠正。二是限制必须适度，否则即使具有种类关系，如果不适可而止，反会模糊概念的本质。例如：

①根号内含有字母的根式叫作无理式。

②虚部为零的复数是实数，不是无理数的实数是有理数，不是整数的有理数是分数，分子与分母互质的分数是既约分数。

其中①是错误的限制，因为根式与无理式不是种类关系。②是不适度的限制，因为要说明的重点问题不突出，使人们对这些概念的认识反而模糊不清。

概念的概括是通过减少概念的内涵，以扩大概念的外延的逻辑方法，它是由外延较小的概念过渡到外延较大的概念的思维过程。例如，由正整数过渡到整数，由整数过渡到有理数，由有理数过渡到实数，再由实数过渡到复数，就是一个逐级概括的过程。概括要正确，必须遵守两个规则：一要反映概念的种类关系；二要适度。例如：

①有理方程、无理方程、指数方程等代数方程。

②自然数、零、负整数、正分数、负无理数、纯虚数等复数。

其中①是错误的概括。因为指数方程不是代数方程，概括后的概念之间不具有种类关系。②是不适度的概括，使人们看不清到底要说明什么问题。

从某种意义上说，数学概念的逻辑系统，就是概念的限制和概括的反映。把握住概念的限制和概括，有利于认识各类数学概念的体系，有助于掌握概念之间的内在联系，便于更好地将概念系统化。

## （二）概念间的关系

逻辑上所说的概念间的关系，通常是指概念外延间的同异关系。在形式逻辑中，两个概念的外延之间。主要有以下几种关系。

### 1. 相容关系

如果两个概念的外延交集是非空集合，即外延至少有一部分是重合的，则称二者具有相容关系。相容关系又分为以下三种情形。

（1）全同关系—同一关系或者重合关系

如果两个概念 A 和 B 的外延完全重合，那么就说这两个概念具有全同关系。具有全同关系的概念，其外延虽然完全重合，但它们的内涵可以不同。例如，等腰三角形底边上的中线、高线以及顶角平分线的外延都是同一线段，而它们的内涵却各不相同。"等边的矩形"与"直角的菱形"，在同一个圆中的"直径"与"最大的弦"等，它们之间的关系都是同一关系。在推理证明过程中，具有同一关系的两个概念可以相互代替使用，使得论证简明。

（2）交叉关系

外延只有一部分重合的两个概念 A 和 B 之间的关系，称为交叉关系，这两个概念称为交叉概念。例如，"等腰三角形"与"直角三角形""负数"与"整数""菱形"与"矩形"等概念之间的关系都是交叉关系。

（3）从属关系（包含关系）

如果 A 概念的外延包含 B 概念的外延，那么这两个概念间的关系称为从属关系。其中 A 概念叫作 B 概念的属概念（或上位概念），B 概念叫作 A 概念的种概念（或下位概念）。例如，有理数概念需要注意的是，属概念和种概念是相对的。同一个概念，相对于某一概念是属概念，相对于另一概念可以是种概念。例如，"矩形"相对于"平行四边形"来说是种概念，而"矩形"相对于"正方形"来说是属概念。同时还要注意一个概念的属概念不是唯一的，例如，"矩形"这个概念的属概念有平行四边形、四边形。我们把一个概念的属概念中，内涵最多的概念称为这个概念的邻近的属，给概念下定义时要找出其邻近的属。

**2. 不相容关系**

如果两个概念是属于同一属概念下的种概念，并且它们的外延集合的交集为空集，那么称这两个概念间的关系是不相容关系或全异关系或排斥关系。不相容关系又分为矛盾关系和反对关系。

（1）对立关系（反对关系）

在同一属概念下的两个种概念，如果它们的外延之和小于属概念的外延，而且这两个种概念具有全异关系，那么，这两个种概念的关系为反对关系或者对立关系。这两个种概念 A、B 称为对立概念。例如，"正实数"与"负实数"是对立关系的两个概念，因为它们的外延互相排斥，其外延之和小于它们最邻近的属概念"实数"的外延。又如，"大于"与"小于""锐角三角形"与"钝角三角形""质数"与"合数""等腰梯形"与"直角梯形"等概念的关系都是对立关系。

（2）矛盾关系

在同一属概念下的两个种概念，如果它们的外延的和等于属概念的外延，而且这两个种概念具有全异关系，那么，这两个种概念的关系为矛盾关系。例如，"负数"与"非负数"“实数"与"虚数"“有理数"与"无理数"“直角三角形"与"非直角三角形"“相等"与"不相等"等概念之间的关系都是矛盾关系。掌握了概念间的关系,有助于加深理解概念,正确地使用概念,避免出现概念或判断上的逻辑错误。例如,"因为数 a 是实数,所以数 −a 一定是负数",这一论断是错误的。因为"正数"与"负数"是对立的概念,不是矛盾的概念,在实数的外延中除了正负数外,还有数"零"。又如,"a 不大于 b",这是错误的。因为"不大于"与"小于"不是矛盾关系。

## (三)概念的定义

### 1. 定义的结构

在数学科学系统中,对于每一个数学概念都要给予确定的内容和含义。定义是揭示概念内涵的逻辑方法。即通过指出概念所反映的事物的本质来明确概念的逻辑方法。给概念下定义就是要明确概念的内涵和外延。概念定义就是揭示概念的内涵或外延的逻辑方法。揭示概念内涵的定义叫内涵定义,揭示概念外延的定义叫外延定义。在中学数学中,大多数概念的定义是内涵定义。

任何定义都是由被定义项、定义项和定义联项三部分组成的。被定义项就是其内涵被揭示的概念;定义项是用来明确被定义项的概念;定义联项则是用来联结被定义项和定义项的,常用的定义联项:"是"“叫作"“称为"等。

### 2. 定义的方法

#### (1)属加种差定义法

在中学数学中,有一系列概念属于同一类,这些概念之间的外延存在属种(从属)关系。在这一体系中,对某一概念有若干属概念,从最邻近的属概念出发来定义,即把被定义的概念归入另一个较为普遍的概念(属概念)是最常用的定义方式。

给数学概念下定义常用属加种差定义的方式。其公式为:被定义的概念 = 最邻近的属概念 + 种差。所谓种差,是在同一个属概念里,一个种概念与其他种概念之间本质属性的差别,叫作这个种概念的种差。

例如:

定义 a:两组对边分别平行的四边形叫作平行四边形。

定义 b:只含有一个未知数,并且未知数的最高次数是 2 的整式方程,叫作一元二次方程。

这种定义方式的优点在于用属概念的内涵来定义它的种概念,用种差来揭示被定义的概念的特有性质。这样的定义准确、明了、精练,有助于建立对象间的联系,有助于概念系统化。

在同一个属概念里,一个种概念与其他种概念的本质属性相差可能不只是一个。只要能把这个种概念和其他种概念区别开来,定义时,可选用其中一个或几个本质属性作为"种差"。

例如用"四边形"作属概念，选择不同的种差，可给出平行四边形下面几组定义：

a. 两组对边分别平行的四边形叫作平行四边形；

b. 一组对边平行且相等的四边形叫作平行四边形；

c. 两组对边分别相等的四边形叫作平行四边形；

d. 对角线互相平分的四边形叫作平行四边形；

在同一教材体系中，一个概念只能采用一个定义。也许是为了和"平行四边形"这个名称协调一致，一般选用定义 a。其他定义都被表述为性质定理或判定定理。

例如，定义 d 被"分解"为：

平行四边形性质定理：平行四边形的对角线互相平分。

平行四边形判定定理：对角线互相平行的四边形是平行四边形。

由上述几例可看出，用"属加种差"的方式给概念下定义，首先要找出被定义概念的最邻近的属概念，然后把被定义概念所反映的对象同种概念中的其他概念进行比较，找出种差，最后把种差加到最邻近的属概念下，给出定义。一般情况下，应找出被定义概念最邻近的属，这样可使种差简单一些。例如，"等边的矩形叫作正方形""等边且等角的四边形叫作正方形"，前者的种差比后者的种差要简单。

邻近的属加种差定义方法有两种特殊形式，一是发生式定义法，二是关系定义法。

发生式定义法是以被定义概念所反映对象发生过程或形成的特征描述来揭示被定义概念的本质属性的定义方法。这种定义法是属加种差定义的一种特殊形式。定义中的种差是描述被定义概念的发生过程或形成的特征，而不是揭示被定义概念的特有的本质属性。

例如：

a. 在平面上射线绕它的端点旋转所成的图形叫作角。

b. 把数和表示数的字母用代数运算符号联结起来的式子叫作代数式。

c. 平面内一个动点绕着一个定点做等距离运动所成的轨迹叫作圆。

立体几何中有关旋转体的概念( 如圆柱、圆锥、圆台等)，解析几何中的椭圆、双曲线、抛物线、渐近线、摆线等都是采用发生定义的。

这些定义方式的共同特点：把被定义概念的属概念（不一定是最邻近的）加上被定义的概念的发生过程，即把概念的发生过程作为种差。

采用发生式定义的概念，在教学中必须紧紧抓住概念形成的过程和条件，并认真研究这些条件，才能切实掌握这类概念。

关系定义法是以事物间的关系作为"种差"的定义，它指出这种关系是被定义事物所具有而任何其他事物所不具有的特有属性。

例如"能被 2 整除的整数叫偶数"，这是一个关于偶数的关系定义，在几何中，研究几何元素间的位置关系，如平行、垂直、相交等定义都是关系定义；代数中的最大公约数、互质数和同类项等也是关系定义。

（2）揭示外延的定义方法

数学中有些概念，不易揭示其内涵，可直接指出概念的外延作为它的定义。例如"有理数和无理数统称实数""整式和分式统称有理式"等即是用揭示外延的方法来定义的，如果用揭示内涵的方法则难以定义。揭示外延的定义方法还有一种特殊形式，即外延的揭示采用约定的方法，因此也称约定式定义方法。

### 3. 定义的基本要求

为了正确地给概念下定义，就要遵守下列基本要求。

（1）定义应当相称

所谓定义相称就是由定义所确定的外延与被定义概念的外延必须是相等的，不能扩大，也不能缩小。

外延扩大，就是定义项的外延大于被定义项的外延。例如，有一组对边平行的四边形叫梯形。有一组对边平行的四边形不但包含梯形，而且还包含平行四边形，定义项的外延大于被定义项的外延。"不相交的两条直线叫作平行线"也犯了类似错误。

外延缩小，就是定义项的外延小于被定义项的外延。例如，把无理数定义为有理数开不尽的方根，其中有理数的开不尽方根的外延小于被定义项无理数的外延，因为 $\pi$、$e$、$\lg 3$ 等都是无理数，它们都不是有理数的开不尽方根。这个定义把无理数的外延缩小了。

（2）定义不能循环

在一个科学系统中，如果把甲概念作为已知的概念来定义乙概念，但又用乙概念来定义甲概念，这就是定义的循环。例如，用两条直线垂直来定义直角，反过来又用两直线交成直角来定义垂直。这样的定义既不能揭示概念的内涵，也不能确定概念的外延。

（3）定义应简明

定义中不应列举非本质属性，也不应含有多余词语。例如，把平行四边形定义为"两组对边平行的平面四边形"，其中"平面"一词是多余的，因为平行的或相交的直线一定是共面的。此外，定义也不能含糊不清，例如，"点是没有部分的那种东西"就是含糊不清的定义。

（4）定义一般不用否定形式

定义是为了揭示被定义概念的内涵，因此定义应对被定义概念的本质属性用肯定形式而不应用否定形式。例如，"不是有理数的数叫作无理数"，这个定义就无法揭示概念的内涵和外延，达不到下定义的目的。中学数学中有些概念的特有属性就是缺乏某个属性，因此也用否定形式，例如，"同一平面内不相交的两条直线叫作平行线""不能被2整除的整数叫奇数"就是用的否定形式。这种情况仅限于少数，一般来说，这种定义概念的方法不应提倡。

### 4. 原始概念

在一门科学体系中，总要给概念下定义，即用已知的概念来定义新的概念，这就构成一个概念序列。可是概念的个数是有限的，所以在这个序列中总有一些概念是不能引用其他概念来定义的，这样的概念叫作这个科学系统中的不定义的概念或者原始概念。如点、线、面、空间、集合、元素、对应等都是原始概念，其中有的是通过公理来直接描述的。在教学过程中对原始概念一般是采用描述法和抽象化法或者用直观说明或者指明对象的方法来明确概念的。例如，由事物组成的集体称为集合，这是说明集合的方法而不是集合的定义。再如用拉紧的细绳和由小孔中射入的光线来抽象出直线的概念，也是一种直观说明的方法。又如，1、2、3……叫作自然数，就是指明对象的方法。

## （四）概念的划分

概念的划分就是把一个属概念划分为若干个全异种概念，是从概念的外延方面明确概念的逻辑方法。概念的划分就是把被划分的概念作为属概念，并根据一定的标准把它的外延分成若干个全异的种概念。

对于任何一个种概念，要想通过一一列举所有对象的办法来揭示它的外延是不可能的，也是不必要的。因此，必须通过正确的划分来揭示概念的外延。

一个正确的划分，通常由三个要素构成，即母项、子项和划分的依据。母项是被划分的属概念，子项就是划分所得的种概念，划分的依据就是划分时所依据的标准。

### 1. 划分的基本方法

划分有一次划分、连续划分和二分法等基本形式。

（1）一次划分：只包括母项和子项两个层次的划分称为一次划分。在划分一次以后已达到划分的目的，不需要继续划分，这时就用一次划分。

（2）连续划分：包括母项和子项三个层次以上的划分，即把一次划分得出的子项作为母项，继续划分子项，直到满足需要为止。

（3）二分法：它是每次划分后所得的子项总是两个相互矛盾概念的划分法。它是把一个概念的外延中具有某个属性的对象作为一类，把恰好缺乏这个属性的对象作为另一类。

二分法常用于以下两种场合：一是不需要了解被划分概念的全部外延性质时；二是被划分的概念的外延尚未完全弄清时。二分法是一种简便易行、不易发生错误的划分方法，这是它的优点；但是，这种划分方法总有一部分外延不能明确地显示出来，这是它的缺点。

### 2. 划分的基本要求

（1）划分是相称的

即要求划分所得的、全异的种概念的外延的总和等于被划分概念的外延。这样被划分概念的每一个对象都应落到一个且仅一个种概念内。例如，把三角形划分为锐角三角形、直角三角形、钝角三角形是正确的；把梯形分成等腰梯形、直角梯形、不等腰梯形是错误的，因为直角梯形同时也是不等腰梯形。把矩形分成正方形、菱形也是错误的，因为分类漏掉了一般的矩形。

（2）每一次划分只能用一个根据

由于实际的需要不同，划分的根据也就不同。但每次划分不能交叉地使用几个不同的根据，只能用同一个根据划分，否则划分的结果就会混乱不清，达不到划分的目的。例如，把三角形划分为等边三角形、等腰三角形、钝角三角形，这个划分是不正确的，因为这个划分中用了边、角大小两个不同的根据，这就犯了"标准不同一"的逻辑错误。

（3）划分不能越级

在每次划分中，被划分的概念与划分出来的概念必须具有最邻近的属种关系，不能越级或跳跃式地划分。划分应当按照被划分概念所反映的对象具有的内在层次逐一地进行。例如：把实数划分为有理数和无理数是正确的，如果把实数划分为整数、分数、无理数就越级了。

## （五）概念的教学

### 1. 注重从多角度揭示概念的内涵

在数学教学中，教师应当从多种背景、多重层次、多个侧面、多维结构去揭示概念的内涵，使学生明确概念的本质属性。

（1）在多种背景下揭示概念的内涵

一个概念的背景往往是指概念的现实背景或现实模型，而现实背景或现实模型又多是概念的一些特例。通过特例去形成概念，可以使学生在感性材料的基础上获得对概念的初步认识，同时由感性逐步上升到理性，达到对概念多背景意义下的认识。

（2）在多重层次中揭示概念的内涵

数学概念具有发展性，这主要由于在不同的结构中对概念的认识是有差异的。例如，"平行线"概念在平面上可定义为"两条不相交的直线叫作平行线"，但是在三维空间中就不能再用这个定义，因为异面直线也是不相交的两条直线。数学概念的发展性反映了人们认识概念的不断深入，同时又反映出数学概念的复杂性和抽象性。

（3）从不同侧面揭示概念的内涵

中学数学中常常会出现一个概念具有多种定义的现象，而这些定义又是彼此等价的，它们从不同侧面刻画了同一个概念的本质。在教学中，教师要引导学生从不同侧面去认识概念，全面把握概念的本质。

上述不同的定义中，选用的定义性特征是不尽相同的。第一个定义选用的定义性特征是"一组邻边""相等""平行四边形"；第二个定义选用的定义性特征是"对角线""垂直""平行四边形"。从不同侧面揭示概念的内涵，有利于学生明晰所定义概念与众多概念之间的联系，加深对概念的理解。

（4）在不同结构中揭示概念的内涵

对一个概念，有时可以在不同结构中去刻画。例如，可以在欧氏平面中用点去刻画，也可以在平面直角坐标系中用有序实数对去刻画，把直线与方程对应起来，还可以采用极坐标去描述直线，用"角"和"距离"去建立直线的方程。事实上，点集与有序实数对的一一对应关系，在数与形之间架构了一座桥梁，使两个结构中的对象建立对应关系，从而使它们可以相互转化。

### 2. 形成概念体系

如果说概念域的形成是针对某个特定概念而言的，那么概念体系的形成则涉及一组概念，这一组概念中彼此之间存在一些特定的数学抽象关系。因此，教师要经常性地梳理知识体系，概括知识结构，营造学生形成概念体系的外部环境。一般来说，教师应从三个方面概括概念体系：其一，建立概念网络。可以采用概念图的方法，将每一个概念在平面上用一个点对应地表示，然后用有向线段把有关系的点联结起来。其二，明示概念之间的关系。等价概念用双向箭头表示，强抽象关系用单向箭头和"+"号表示，弱抽象关系用单向箭头和"－"号表示，广义抽象关系用单向箭头表示。其三，揭示蕴含在这个概念体系中的数学思想方法。

### 3. 加强概念的应用

概念应用有不同的层次，低层次是知觉水平的应用。概念在知觉水平的应用是指学生获得一个概念后，当遇到这个概念的特例时，能够把它作为概念的具体例子加以识别，也就是说，学生能够判断一组特例是否属于某个概念的外延，就达到了一种知觉水平的应用。例如，学习了等比数列的概念后，能判断一个具体的数列是否为等比数列。知觉水平的应用主要是对概念自身结构和内涵的理解，涉及概念体系中其他概念因素较少。

概念应用的高层次是思维水平的应用。概念在思维水平上的应用是指将概念应用于问题解决中。由于问题解决涉及的概念、命题较多，因此概念在思维水平上的应用就是一个比较复杂的过程，它需要学习者通过外部信息去激活、选择和提取相关的概念和命题，并将其与当前问题联系起来，经过一定数量的解题训练，把这些经验内化为个体的认知结构。

## 二、数学命题教学

### （一）数学命题的意义和结构

#### 1. 数学命题的意义

概念产生之后，人们就要运用已有的概念对客观事物进行肯定或否定。对思维对象有所肯定或否定的思维形式叫作判断。判断是属于主观对客观的认识，因此，判断有真有假，其真假要由实践来检验，在数学中要进行证明。

在逻辑学中，把判断按判断的量来分，有全称判断、特称判断、单称判断；按判断的质来分，有肯定判断与否定判断；按判断的关系来分，有定言判断、选言判断和假言判断。在数学中，上述各种判断都有应用，可是较多的数学判断是假言判断，这种判断通常写成"如果p那么q"。有些数学判断虽然不是假言判断也常常写成这个形式。

关于数学对象及其属性的判断叫作数学判断。判断要借助于语句，表示判断的陈述语句叫命题。在数学中，表达数学判断的语句或符号的组合称为数学命题。

由于判断有真假，所以数学命题也就有真命题和假命题之分。命题的"真"和"假"，称为命题的真值，我们分别用1和0表示。一个命题要么真，要么假，二者必居其一。

#### 2. 数学命题的基本运算

我们把命题中没有固定含义的一个代词或者未完全确定的对象叫作变项，把命题中具有固定含义的词或概念叫作常项。

#### 3. 命题运算律

复合命题的真值取决于它所包含的各个命题的真假及其复合方式。根据复合命题各种基本形式的真值情况，可以确定一个复合命题在各种情况下的真值。

### （二）命题的四种基本形式及关系

从实质性蕴含关系的命题可以看出，数学真命题是反映数学对象的属性之间的逻辑关系。在数学中，为了全面地研究命题中条件和结论的逻辑联系，往往把一个命题的条件和结论换位，或者把条件和结论变为它们的否定，就可以得到三个新的命题。

①把原命题"若A，则B"的条件和结论换位得到新命题"若B，则A"，这个命题叫作原命题的逆命题，两命题之间的关系叫作互逆关系。

②把原命题"若A，则B"的条件和结论分别变为它们的否定，则得到新命题"若非A，则非B"，这个命题叫作原命题的否命题，两命题之间的关系叫作互否关系。

③把原命题"若A，则B"的条件和结论分别变为它们的否定式非A和非B后又互相换位，则得到新命题"若非B，则非A"，这个命题叫作原命题的逆否命题，两命题之间的关系叫作互为逆否关系。

应当注意，上述的逆命题、否命题、逆否命题是相对原命题而言的。在数学论证中研究这四种命题之间的真假关系是十分重要的，我们可以从一些具体例子来考察命题的四种形式的真假关系。

例如原命题："如果两个角是对顶角，则这两个角相等。"

逆命题："如果两个角相等，则这两个角是对顶角。"

否命题："如果两个角不是对顶角，则这两个角不相等。"

逆否命题："如果两个角不相等，则这两个角不是对顶角。"

显然，原命题与逆否命题都是真的，而逆命题和否命题都是假的。

可见，互逆或互否的两个命题不一定是同真或同假，只有互为逆否的两个命题才是同真同假。

四种命题的真假有着一定的逻辑联系。

互为逆否的两个命题的真假性是一致的，同真或同假。互为逆否的两个命题的同真同假的性质通常为逆否律（或叫作逆否命题的等效原理）。

互逆或互否的两个命题的真假性并非一致，可以同真，可以同假，也可以一真一假。根据逆否律，对于互为逆否的两个命题，在判定其真假时，只要判定其中一个就可以了。直接证明原命题不易时，可以改证它的逆否命题，若逆否命题得证，也就间接地证明了原命题。从欲证原命题，改证逆否命题这一逻辑思维方面来说，逆否律是间接证法的理论依据之一。

互逆的两个命题未必等价。但是，当一个命题的条件和结论都唯一存在，它们所指概念的外延完全相同，是同一概念时，这个命题和它的逆命题等价。这一性质通常称为同一原理或同一法则。例如，"等腰三角形底边上的中线是底边上的高线"是一个真命题，这个命题的条件"底边上的中线"有一条且只有一条，结论"底边上的高线"也是有一条且只有一条。这就是说，命题的条件和结论都唯一存在。由于这个命题为真，所以命题的条件和结论所指概念的外延完全相同，是同一概念。因此，这个命题的逆命题"等腰三角形底边上的高线是底边上的中线"也必然为真。同一原理是间接证法之一的同一法的逻辑根据。对于符合同一原理的两个互逆命题，在判定其真假时，只要判定其中的一个就可以了。在实际判定时，自然要选择易判定的那个命题。

## （三）数学命题的教学

### 1. 注重过程

注重过程有两层含义，一是注重命题产生的过程；二是注重命题证明的过程。

#### （1）注重命题产生的过程

追溯命题产生的过程，就是寻求命题生长的根，从逻辑关系看，也就是溯源命题的逻辑起点。一般说来，这个逻辑起点是先于命题产生的、学习者已经习得的知识。显然，引导学生去经历知识产生的过程，也就是要使他们厘清知识之间的关系，为形成命题域和命题系建立认识基础。

（2）注重命题证明的过程

命题证明涉及三个重要资源，其一，一个命题的证明要以某些已经证明为真的命题为基础，也就是说待证明的命题与原有命题之间存在某种内在的数学抽象关系。其二，一个命题的证明要用到某种解决问题的策略和方法。其三，证明命题的过程中隐含着形式逻辑规则。正是这三种资源，彰显出命题证明过程在学习者形成命题域和命题系中的独特作用。事实上，一个命题的证明可能以一组命题作为基础，也可能以另一组命题作为基础，这就使得在命题的证明中可能与多个命题产生联系。另外，证明一个命题还可能用到多种方法，这也是个体形成命题域和命题系所需要的积淀。

显然，展示对一个命题的多种证明途径是充分挖掘这三种资源的有效方法，也是我们强调注重命题证明过程的要义所在。

过程性变式是针对程序性知识的教学而言的。在概念形成方面，要使学生知道概念产生的缘由，体验知识形成的过程；在问题解决方面，要使学生注重对问题化归过程（变式）的解析。简言之，在概念形成的过程中，过程性变式反映了概念形成的逻辑过程、历史过程和心理过程，从而使学生的学习可循序渐进地进行。在问题解决过程中，过程性变式既可以表现为一系列用于铺垫的命题或概念，也可以表现为某种活动的策略或经验，从而使学生的问题解决活动具有多个层次或者多种途径。在形成认知结构的过程中，过程性变式创造了一个多层次的经验和策略系统，这样，片面的、零散的经验活动就构成一个有机整体。

变式是过程和结果的统一。从变式的对象看，包括概念变式、命题变式（问题变式），变式前与变式后均以结果表征，而两个结果之间的化归则表现为一种过程。变式的本质，是使学习者在头脑中建构某一概念的概念域和概念系，建构某一命题的命题域和命题系。事实上，变式可以分为"等价变式"和"不等价变式"两种类型。等价变式指变式前后的问题其本质是相同的，即变化只发生在表面的形式方面，本质特征并没有改变。不等价变式指变式前后的问题不仅在形式上，而且在本质方面都发生了变化，但两个问题之间存在某种具体的数学抽象关系。对概念和命题来说，等价变式就是促成学习者形成概念域和命题域的有效策略，而不等价变式则是促成学习者形成概念系和命题系的重要策略。

## 2. 形成命题体系

构架命题体系是个体形成命题域和命题系的前提。一般而言，可以从陈述性知识层面构架命题网络，也可以从程序性知识层面构架命题网络。

（1）命题的陈述性知识网络

作为一个事实、结果，数学命题是陈述性知识，是一种静态的知识。将一组有内在联系的命题按等价关系、强抽象关系、弱抽象关系和广义抽象关系进行梳理，就建立了该组命题的陈述性知识网络。这种陈述性知识网络的功能在于使知识的发生发展脉络清晰展现，显现知识的层次性和内在结构的统一性。需要强调的是"数"与"形"的对应是数学的特性，在建立陈述性知识网络的时候，除了反映"数"还应反映"形"，既有"数"的网络又有"形"的网络。

事实上，外部知识的内化就是个体对知识的表征。陈述性知识的表征是图式，包括命题网络、表象表征和线性序列。例如，外在的命题网络（客观知识）对应内在的命题网络（主观知识），外在的图形结构对应内在的表象表征，而内在的东西依靠外在信息的转化和个体内部的建构。教师的教学设计就是要为学生构建一种外部情境，以促进他们对知识的建构。

（2）例题的程序性知识网络

作为知识的应用，数学命题就成为程序性知识，表现出一种动态性。

程序性知识的表征是构建产生式系统，对数学知识来说，构建重叠的产生式尤为重要。要实现这种内在心理的过程，建立外部命题的程序性知识网络是必要的。所谓命题的程序性知识网络，就是围绕一个共同的"原因"或"结果"，建立产生这个原因的结果体系或建立产生这个结果的原因体系，也就是多条产生式的结果相同而原因不同或者多条产生式的原因相同而结果不同。我们称多条产生式的结果相同而原因不同的产生式系统为结果重叠产生式系统；多条产生式的原因相同而结果不同的产生式系统为原因重叠产生式系统。

与命题的陈述性知识网络相比较，命题的程序性知识网络对于知识的应用显得更加重要，因为解决一个结论相同的问题，可能会选用不同的定理或规则，从而采用不同的解题策略和方法，这就涉及结果重叠的产生式系统。另外，由问题中的条件，可能会推出不同的结论，这也涉及解题路径的选择问题。选择正确就会迅速解决问题，选择不正确可能会事倍功半或不能解决问题，这种情形又与原因重叠的产生式系统关联。总之，学习者能否灵活运用知识去解决问题，与他们是否由命题的程序性知识网络建立的命题域和命题系相关。从这个意义上说，教师应当对命题的程序性知识网络引起高度重视，注意沟通不同结构中知识之间的联系，结合命题的应用，使学生头脑中建立稳固的重叠产生式系统。

### 3. 加强命题应用

命题应用是指利用命题去解决相关的数学问题。命题应用的数量与质量是形成命题域和命题系的关键环节。反之，形成良好的命题域和命题系又能促进学习者解决问题能力的提升。

在命题应用的教学设计中，首先，应当精选问题，以问题为桥梁沟通命题之间的联系。教学中经常会出现这样的现象：教师反复强调知识之间的联系，但是学生还是很难在头脑中建立知识体系，对知识的组织是零散的、割裂的。造成这种现象的一个主要原因就是知识应用的数量不足、强度不够或知识应用的质量不高。解决这一问题的有效途径就是精选例题和习题，通过命题的应用加深学生对命题之间关系的理解，建立命题之间稳固的联系。

其次,在命题应用的教学设计时,应尽量拓宽一个命题的使用范围,形成"多题一解"的模式,从而建立命题与多个问题之间的联系。

# 三、推理教学

## (一)形式逻辑的基本规律

形式逻辑思维规律是人们在长期反复实践中总结提炼出来的。公元前 4 世纪,古希腊哲学家亚里士多德就发现了正确思维必须遵守的三个规律:同一律、矛盾律和排中律。17 世纪末,哲学家和数学家莱布尼茨又补充了一个充足理由律。这四个规律是客观事物的现象之间相对稳定性在思维中的反映,是逻辑思维的基本规律,是保证人们正确认识客观世界和正确表达思维的必要条件。正确的思维应该是确定的、无矛盾的、前后一贯的、论据充足的。因此,数学中的推理和论证必须遵守逻辑思维的基本规律。

### 1. 同一律

同一律是指在同一个思维(论证)过程中,概念和判断必须保持同一性,亦即确定性。用公式表示:A 是 A(A 表示概念或判断)。

从表面形式上看, "A 是 A"好像是枯燥无味的简单的同语反复,其实不然。同一律有两点具体的要求:一是思维对象要保持同一,所考察的对象必须确定,要始终如一,中途不能变更;二是表示同一对象的概念要保持同一,要以同一概念表示同一思维对象,不能用不同的概念表示同一对象,也不能把不同的对象混同起来用同一个概念来表示。

如果违背了同一律的要求,那就会破坏思维的一贯性,造成思维混乱。在同一个推理、证明的过程中,就会犯"偷换概念""偷换论题"等逻辑错误。

例如, 有的学生证明"四边形内角和等于 360°"是这样进行的,因为矩形的内角和等于 360°, 矩形是四边形,所以四边形内角和等于 360°。这个学生在证明过程中,用特殊的四边形取代了论题中的一般四边形,因此犯了"偷换论题"的逻辑错误。

还需要指出的是同一律所要求的"同一"是相对的,有条件的,是在一定条件下的"同一";条件变了,认识也相应地有所发展。如"方程:$x^2+1=0$ 没有根"这个判断,当数系由实数放大到复数后就要引起变化。

### 2. 矛盾律

矛盾律是指在同一思维(论证)过程中, 对同一对象所做的两个互相对立或矛盾的判断不能同真,至少必有一假。也就是说,对于同一个思维对象不能既肯定它是 A,又否定它不是 A,用公式表示为:A 不是 ¬A(¬A 读作非 A)。

例如, 如果我们对实数 $\sqrt{3}$ 做出相互矛盾的两个判断: "$\sqrt{3}$ 是无理数""$\sqrt{3}$ 不是无理数"。那么根据矛盾律,它们不能同真,必有一假。也就说, 不能既肯定 $\sqrt{3}$ 是无理数，又否定 $\sqrt{3}$ 是无理数。又如，"数 a 小于数 b" 和 "数 a 大于数 b" 的两个对立的判断也不能同真，至少必有一假。

矛盾律是用否定的形式来表达同一律的思想内容的，它是同一律的引申，同一律说 A 是 A，矛盾律要求思维首尾一贯，不能自相矛盾，实际上也是思维确定性的一种表现。因此，矛盾律是从否定方面肯定同一律的。

违背矛盾律要求的逻辑错误在于，在同一个思维过程中，把 A 与 ¬A 同时肯定了下来，因而造成了自相矛盾的困境。如众所周知的一个例子，那个卖矛、盾的楚人所说的 "任何东西都不能穿过我的坚实的盾" "我的锐利的矛能穿过任何东西"，是互相矛盾的两个判断。这位楚人不能自圆其说，是自己打自己的嘴巴，违背了矛盾律的要求。

还需要指出的是，矛盾律中所谓的矛盾是指思维过程中的思维混乱，即同时断定 A 与 ¬A 都真。对这种逻辑矛盾，矛盾律要加以排除。但矛盾律并不把辩证矛盾排除在一切思维之外，更不否认世界固有的矛盾。

### 3. 排中律

排中律是指在同一思维（论证）过程中，对同一个对象所做的两个互相矛盾的判断，不能同假，必有一真。也就是说，对于同一个思维对象，必须做出明确的肯定或否定，不能既不是 A 又不是 ¬A，A 和 ¬A 二者必居其一，且仅居其一，用公式表示为：A 或 ¬A。

例如，"△ABC 是直角三角形" 和 "△ABC 不是直角三角形" 是对 △ABC 做出的两个互相矛盾的判断，二者之中不能同假，必有一真，二者必居其一，没有第三种可能。也就是说，对于 △ABC 要做出直角三角形的肯定或否定的回答。

"排中" 就是排除第三者，或 A 或 ¬A，二者必居其一，排中律要求人们的思维要有明确性，不能含糊不清、模棱两可。

违背排中律要求的逻辑错误在于，否定了 A 同时，又否定了 ¬A。例如，楚人既夸口矛又夸口盾，当别人反问他 "用你的矛穿你的盾如何" 时，他既不能说："我的矛能穿过我的盾"，又不能说 "我的矛不能穿过我的盾"，这就表示他否定了 A 又否定了 ¬A，从逻辑上说，违背了排中律就要犯模棱两可的逻辑错误。

排中律是反证法的逻辑基础。直接证明某一判断的正确性有困难时，根据排中律，只要证明这一判断的矛盾判断是假的就可以了。例如，要证明 $\sqrt{2}$ 不是有理数有困难时，只要证明 $\sqrt{2}$ 是有理数为假就可以了。

和矛盾律一样，排中律只是抽象思维中的逻辑规律，不是客观存在的基本规律。排中律只是排除思维中的逻辑矛盾，并不否定客观事物自身的矛盾。

同一律、矛盾律、排中律三者之间的联系是：三者是从不同的角度去陈述思维的确定性的，排中律是同一律和矛盾律的补充和深入，排中律和矛盾律都不允许有逻辑矛盾，违背了排中律就必然违背了矛盾律。

同一律、矛盾律、排中律三者之间的区别是：同一律要求思维保持确定、同一，而没有揭示思维的相互对立或矛盾的问题，矛盾律是同一律的引申和发展，它指明了正确的思维不仅要求确定，而且不能互相矛盾或对立，即指出对于同一个思维对象所做的两个互相矛盾或对立的判断，只要承认不能同真，至少必有一假即可，并不要求作出肯定或否定的表示。而排中律又比矛盾律更深入一层，明确指出正确的思维不仅要求确定、不互相矛盾，而且应该明确地表示出肯定或否定，指出对于同一个思维对象所做的两个"肯定判断"和"否定判断"，不能同假，必有一真，要么"肯定判断"真，要么"否定判断"真，二者必居其一。

### 4. 充足理由律

充足理由律是指在思维（论证）过程中，对于任何一个真实的判断，都必须有充足的根据（理由）。也就是说，正确的判断必须有充足的理由，可表示为：因为有 A，所以有 B，即由 A 一定能推出 B，其中 A 和 B 都表示一个或几个判断，A 称为 B 的理由，B 称为 A 的结论（推断）。例如，三组对应边成比例，两组对应角相等、两组对应边成比例且夹角相等都是两个三角形相似的充足理由。

充足的理由必须具备真实性、完备性、相关性，否则就不是充足理由。如，"对角线互相平分的四边形是菱形"这个结论是不正确的。因为"对角线互相平分"不是"四边形是菱形"的充足理由，还缺少"对角线垂直"这个理由。

充足理由律要求理由和结论之间必须具有本质的联系，理由是结论的充分条件，结论是理由的必要条件，相关性就是指理由与结论间必须具有本质的内在联系。有时，一些错误的结论，表面上虽然具有"因为……所以……"的形式，但实质上"理由"和"结论"之间却是毫不相关的。例如，"因为方程 $x^2 - (\sqrt{2} + 2)x + \sqrt{2} = 0$ 有两个不相等的实数根，所以是无理数"。

关于"方程 $x^2 - (\sqrt{2} + 2)x + \sqrt{2} = 0$ 有两个不相等的实数根"和"结论是无理数"就毫不相关，因而违背了充足理由律。在推理论证中如果违背了充足理由律，那么往往要犯"虚构理由""无中生有""武断"等逻辑错误。

充足理由律和同一律、矛盾律、排中律也有着密切的联系。同一律、矛盾律、排中律是保证概念或判断在同一论证过程中的确定性、无矛盾性和明确性（明确性是指对两个相互矛盾的概念或判断要明确地表示出肯定还是否定），充足理由律是保证判断之间内在联系的合理性。因此，在同一思维（论证）过程中，如果违背了同一律、矛盾律、排中律，必然导致违背了充足理由律。

## （二）数学推理

### 1. 推理

推理是从一个或几个已知的判断做出一个新判断的思维形式。

例如，角平分线上任一点到这个角两边的距离相等，因此，到角两边的距离不等的点不在这个角的平分线上。

又如，矩形的对角线平分且相等，正方形是矩形，所以正方形的对角线平分且相等。

以上两例都是数学推理。推理在实践中有两个方面的作用：一是帮助人们从已知的知识推出新的知识；二是证明的工具。

### 2. 推理的结构

任何推理都是由前提和结论两部分组成的。前提是在推理过程中所依据的已有判断，它告诉人们已知的知识是什么。推理的前提可以是一个，也可以是几个。上例中有一个前提"角平分线上任一点到这个角两边的距离相等"。上例中有两个前提"矩形的对角线平分且相等""正方形是矩形"。结论是根据前提所做出的判断，它告诉人们推出的知识是什么。上例中的结论是"到角两边的距离不等的点不在这个角的平分线上"，上例中的结论是"正方形的对角线平分且相等"。

推理有内容方面的问题，也有形式方面的问题，前者就是前提和结论的真假性，后者就是推理的结构问题。若形式逻辑不研究，也不能解决推理内容方面的问题，即不能解决推理的前提和结论的真假性。形式逻辑只研究推理形式，指出哪些推理是正确的，哪些推理是不正确的。因此，逻辑思维对推理的要求是：推理要合乎逻辑。所谓推理合乎逻辑，就是指在进行推理时要合乎推理形式，遵守推理规则。

### 3. 推理的形式

由于划分的标准不同，推理可以分成许多种类。数学中常用的推理有演绎推理、归纳推理和类比推理。

（1）演绎推理

又叫演绎法，它是由一般到特殊的推理，也就是由一般原理推出特殊场合知识的思维形式。演绎推理的前提和结论之间有着必然的联系，只要前提是真，推理合乎逻辑，得到的结论就一定正确。因此，演绎推理可以作为数学中严格证明的工具。

演绎推理的形式多种多样，数学中运用最普遍的有"三段论"推理，还有联言推理、选言推理和关系推理。

在演绎推理中，由两个前提（大前提、小前提）推出一个结论的思维形式称为三段论推理，又称为三段论法。

大前提是指一般性事物，如已知的公理、定理、定义、性质等，它是反映一般原理的判断。小前提是指有一般性事物特征的特殊事物，它是反映个别对象与大前提有关系的判断。结论是由两个前提推出的判断。

（2）归纳推理

归纳推理又叫归纳法，它是由个别、特殊到一般的推理。根据研究的对象所涉及的范围，归纳推理可分为完全归纳推理和不完全归纳推理。

完全归纳推理是通过对某类事物中每一个对象情况或每一个子类的情况的研究，而概括出关于该类事物的一般性结论的推理、完全归纳推理有两种相似的推理形式。

完全归纳推理考查了某类事物的每一个对象或每一个子类的情况，因而由正确的前提必然能得到正确的结论。所以完全归纳推理可以作为数学中严格证明的工具，在数学解题中有着广泛的应用。用完全归纳推理时要注意前提的范围不要重复，也不要遗漏，即前提范围的总和等于结论范围的总和。

不完全归纳推理是通过对某类事物中的一部分对象或一部分子类的考查，而概括出该类事物的一般性结论的推理，不完全归纳推理也有两种推理形式。

不完全归纳推理仅对某类事物中的一部分对象进行考查，因此，前提和结论之间未必有必然的联系。由不完全归纳推理得到的结论，只有或然的性质，结论不一定正确。结论的正确与否，还需要经过严格的逻辑论证和实践的检验。例如，代数式 $n^2+n+41$，当 $n=1,2,3,\cdots,39$ 时，代数式的值都是质数。如果用不完全归纳推理，得出结论为"当 $n$ 为任意自然数时，代数式 $n^2+n+41$ 的值都是质数"，那么这个结论就不正确。事实上，当 $n=40$ 时，代数式 $n^2+n+41=1600+40+41=1681$ 是一个合数。

不完全归纳推理的可靠性虽然有疑问，但在科学研究和数学教学中，其积极作用还是很大的。通过不完全归纳推理得到的猜想，可以启发人们更深入地思考，提供研究问题的线索，帮助人们发现问题和提出问题。例如，哥德巴赫猜想是从"$4=2+2$，$6=3+3$，$8=3+5$，$10=3+7$，$12=5+7$，$14=3+11$，……"用不完全归纳推理推测："任何大于 2 的偶数都可以表示为两个素数的和。"这是一个需要证明的数学命题。

归纳推理和演绎推理既有区别又有联系。可从两方面看它们之间的关系：第一，演绎以归纳为基础，归纳为演绎的准备条件。从演绎的前提看，最初的前提是数学公理，这些公理是人们经过长期反复实践归纳得来的，从演绎所得到的结论看，这些结论都还需要经过实践检验，并且在实践中又归纳出新的结论加以补充和发展。第二，归纳以演绎为指导，演绎给归纳提供理论根据。例如，根据 $\sqrt{4\times9}=\sqrt{36}=6$，$\sqrt{4}\times\sqrt{9}=2\times3=6$，可得 $\sqrt{4\times9}=\sqrt{4}\times\sqrt{9}$，由此得出积的算术平方根的运算性质：$\sqrt{ab}=\sqrt{a}\sqrt{b}$（$a\cdot0,b\cdot0$），这是一个以个别开始的归纳推理。这个推理是以演绎提供的一般原理（算术平方根的定义）做指导的，而且在得到 $\sqrt{4\times9}=\sqrt{4}\times\sqrt{9}$ 的过程中，又运用了演绎推理。可见，归纳的每个环节都离不开演绎。因此，归纳和演绎是互相渗透、互相联系、互相补充的，是辩证的统一。在实践中，通常总是把两种推理结合使用，由归纳获得猜想假定，通过鉴别猜想假定的真伪，去掉其不正确部分，保留有研究价值的部分，直接获得确定结果后，再给予演绎证明。

（3）类比推理

类比推理是由特殊到特殊的推理。它是根据两个事物（或两类事物）的某些相同属性，推出它们还有其他相同属性的推理。

类比推理又称为类比法，它的推理形式比较简单，在数学中有着广泛的应用。例如，数与式之间，平面与空间之间，有不少定理、法则常常是先用类比法引入，而后再加以严格证明的。如讲分式的基本性质和四则运算法则时，往往是由分数的基本性质和四则运算法则来引入。立体几何中有许多命题，也都可以用类比推理从平面几何中的相应命题来建立。

应当注意的是，类比推理所引出的结论并不一定真实。例如，由"若 a=b，则 ac=bc"，用类比法可以得到"若 a > 6，则 ac > bc"，而这结论却不一定是正确的。因为只有当 c > 0 时，才能由 a > b，得 ac > bc，所以，类比推理所得的结论只有一定程度的可靠性。一般来说，如果两类事物共有的性质越多，那么推出的结论的可靠程度就越大。

用类比推理得到的结论，虽然不一定真实，但在人们的认识活动中仍有它的积极意义。科学上有些重要的假说，是通过类比推理得出来的；数学中有不少重大的发现是由类比推理先提供线索的；生产科技中的许多发明创造，也是通过类比推理而受到启发的。因此，类比推理仍不失为一种获取新知识的工具。

# 第三节　中学数学思想方法的教学

## 一、数学思想方法的认识

### （一）数学思想方法是中学数学的一项基础知识

学习数学不仅要学习它的知识内容，而且要学习它的精神、思想和方法。掌握基本数学思想方法能使数学更易于理解与记忆，领会数学思想方法是通向迁移大道的"光明之路"。《全日制义务教育数学课程标准（实验稿）》在课程目标的开头就明确要求：获得适应未来社会生活和进一步发展所必需的重要数学知识（包括数学事实、数学活动的经验）以及基本的数学思想方法和必要的应用技能；在《普通高中数学课程标准（实验）》中，也把体会数学基础知识和数学基本技能"所蕴含的数学思想和方法"作为第一条课程目标的内容。把数学思想方法纳入基础知识的教学范围，体现了我国"双基"教学的与时俱进，也体现了数学教学从初级水平向高级水平的迈进，必将对素质教育的贯彻和数学素质的提高产生积极的影响。

### （二）数学思想方法的内涵

数学思想方法是对数学知识内容及其所使用方法的本质认识，它蕴含于具体的内容与方法之中，又经过了提炼与概括，成为理性认识。它直接支配数学教学的实践活动，数学概念的掌握、数学理论的建立、解题方法的运用、具体问题的解决，无一不是数学思想方法的体现和应用。在中学教学阶段，往往不对"数学思想方法"与"数学思想""数学方法"做严格的理论区分。思想是其相应内容方法的精神实质，方法则是实现有关思想的策略方式（有数学方法是数学思想的程序化之说）。同一个数学成就，人们用于解决问题时，称为方法；人们评价其在数学体系中的价值和意义时，又称为思想；人们用这种思想去观察和思考问题时，又成为观点。例如"极限"，用它求导数、求积分、解方程时，人们就说极限方法；当人们讨论其自身价值，即将变化过程趋势用数值加以表示，使无限向有限转化时，人们就说极限思想。为了表达这两重意思，于是称为"极限思想方法"。一般说来，用"数学思想"这个词时，更多的是从知识内容的角度上说的，它体现为数学的理论；而用"数学方法"这个词时，更多的是从实施策略的角度上说的，它联系着数学的行为。

从中学数学教材的结构和数学学习的一般过程上看，中学数学中，除了包含观察、实验、比较、分析、归纳、类比等一般科学方法外，还包含符号化、公理化、模型化、结构化、化归、数形结合等数学特有的思想方法（第一层次），以及分布在各数学分支中具体的数学思想方法（第二层次），如集合与对应的思想方法、函数与方程的思想方法、抽样统计的思想方法、变换群划分几何学的思想方法、极限思想方法、逐次逼近的思想方法等。在这些具体的数学思想方法下面还涵盖有具体进行解题的方法（第三层次），包括：①适应面较广的求解方法，如消元法、换元法、降次法、待定系数法、反证法、同一法、数学归纳法（及递推法）、坐标法、三角法、数形结合法、构造法、配方法等；②适应面较窄的求解技巧，如因式分解法以及因式分解中的"裂项法"，函数作图中的"描点法"以及三角函数作图中的"五点法"，几何证明中的"截长补短"法、"补形法"，数列求和中的"拆项相消法"等。

## 二、中学数学中的基本数学思想方法

关于中学数学中到底体现有哪些数学思想方法的认识是不一致的，但认为比较基本、重要的数学思想方法通常都包括如下六种：

### （一）用字母表示数的思想方法

这是发展符号意识，进行量化刻画的基础，也是从常量研究过渡到变量研究的基础。从"用字母表示数"到用字母表示未知元、表示待定系数、表示函数 $y=f(x)$、表示字母变换等，是一整套的代数方法。代数思维的突出特征（凝聚）——从过程到对象，离不开用字母表示数的思想方法。具体解题中引进辅助元法、待定系数法、换元法等都体现了"用字母表示数"的作用。

### （二）集合与对应的思想方法

集合论是现代数学的基础，它为数学的公理化、结构化、形式化、统一化提供了语言基础与组织方式。中学数学中，集合是一种基本数学语言和一种基本数学工具，数学名词的描述（包括内涵、外延的表示），数学关系的表达，都已经或都可以借助集合而获得清晰、准确和一致的刻画。比如用集合表示数系或代数式、用集合表示空间的线面及其关系、用集合表示平面轨迹及其关系、用集合表示方程（组）或不等式（组）的解、用集合表示排列组合并进行组合计数、用集合表示基本逻辑关系与推理格式等。具体解题中的分类讨论法、容斥原理都与集合的分拆或交并运算有关。集合之间的对应，则为研究相依关系、运动变化提供了工具，由一种状态确定地刻画另一种状态，由研究状态过渡到研究变化过程。数轴与坐标系的建立、函数概念的描述、RMI（关系、映射、反演原理）原理的精神实质等，都体现着集合之间的对应。具体解题中的抽屉原理是指，两个有限集合之间如果元素不相等，就不能构成一一对应，必然存在一对多或多对一。

可以认为，用字母表示数的思想方法、集合与对应的思想方法是中学数学的两大基石。函数与方程的思想方法则是两大基石的衍生。

## （三）函数与方程的思想方法

方程是初中数学的一项主体内容，并在高中数学中延续；函数从初中就开始研究，并成为高中数学的主体内容（基本初等函数）。可以说，函数与方程是中学数学中最重要的组成部分。

方程 $f(x)=g(x)$，可以表示两个不同事物具有相同的数量关系，也可以表示同一事物具有不同的表达方式。方程的本质是含有未知量等式 $f(x)=g(x)$ 所提出的问题，在这个问题中，$x$ 依等式而取值，问题依 $x$ 的取值而决定是否成为等式。解方程就是确定取值 $a$，使代入 $x$ 的位置时能使等式 $f(a)=g(a)$ 为真。这里有两个最基本的矛盾统一关系，其一是 $f(x)$、$g(x)$ 间形式与内容的矛盾统一，其二是 $x$ 客观上已知与主观上未知的矛盾统一。从这一意义上说，解方程就是改变 $f(x)$、$g(x)$ 间形式的差异以取得内容上的统一，并使 $x$ 从主观上的未知转化为已知。

运用方程观点可以解决大量的应用问题（建模）、求值问题、曲线方程的确定及其位置关系的讨论等问题，函数的许多性质也可以通过方程来研究。函数概念是客观事物运动变化和相依关系在数学上的反映，本质上是集合间的对应（一种特殊的对应）。它是中学数学从常量到变量的一个认识上的飞跃。教材中关于式、方程、不等式、排列组合、数列等重要内容都可以通过函数来表达、沟通与研究。具体解题中的构造函数法是构造法的重要内容。理解并掌握函数与方程的思想方法是学好中学数学的一个关键。

## （四）数形结合的思想方法

数学是研究空间形式和数量关系的一门科学，数与形是中学数学中被研究最多的两个侧面，数形结合是一种极富数学特点的信息转换。它把代数方法与几何方法中的精华都集中了起来，既发挥代数方法的一般性、解题过程的程序化、机械化优势，又发挥几何方法的形象直观特征，形成一把双刃的解题利剑，数轴和坐标系、函数及其图像、曲线及其方程、复数及其复平面、向量，以及坐标法、三角法、构造图形法等都是数形结合的辉煌成果。具体解题中的数形结合，是指对问题既进行几何直观的呈现，又进行代数抽象的揭示，两方面相辅相成，而不是简单的代数问题用几何方法或几何问题用代数方法，这两方面都只是单流向的信息沟通，唯有双流向的信息沟通才是完整的数形结合。

### （五）数学模型的思想方法

数学这个领域已被称作模式的科学，数学所揭示的是人们从自然界和数学本身的抽象世界中所观察到的数学结构。各种数学概念和各个数学命题都具有超越特殊对象的普遍意义，它们都是一种模式，并且数学的问题和方法也是一种模式，数学思维方法，就是一些思维模式。如果把数学理解为由概念、命题、问题和方法等多种成分组成的复合体，那么，掌握模式的思想就有助于领悟数学的本质。在中学数学教学中，常称"模式"为"数学模型"，它不同于具体的模型。欧拉将"哥尼斯堡七桥问题"抽象为"一笔画"的讨论，清晰地展示了数学模型思想方法的应用过程：①选择有意义的实际问题。②把实际问题"构建"成数学模型（建模）。③寻找适当的数学工具解决问题。④把数学上的结论运用到实际中去应用、检验。其中，"建模"是这种方法的关键。在具体解题中，构造数学模型的途径是非常宽广的，可以构造函数、构造方程、构造恒等式、构造图形、构造算法等。

### （六）转换化归的思想方法

由于数学结论呈现的公理化结构，使得数学上任何一个正确的结论都可以按照需要与可能而成为推断其他结论的依据，所以任何一个待解决的问题只需通过某种转化过程，归结到一类已经解决或比较容易解决的问题，即可获得原问题的解决，这是一种极具数学特征的思想方法。它表现为由未知转化为已知、由复杂转化为简单、由困难转化为容易、由陌生转化为熟悉。

模式识别、分类讨论、消元、降次等策略或方法，都明显体现了将所面临的问题化归为已解决问题的思想；RMI原理（关系、映射、反演原理）则是化归思想的理论提炼；各种解题策略的运用（分合并用、进退互化、动静转换、数形结合等），都强调了通过"对立面"（简与繁、进与退、数与形、生与熟、正与反、倒与顺、分与合）的综合与相互转化来达到解决问题的目的。

## 三、中学数学基本思想方法教学原则

中学数学基本思想方法教学应遵循以下五条基本原则。

## （一）目标性原则

既然数学思想方法被纳入数学基础知识的范畴，那么数学课堂教学应该有数学思想方法的教学目标，否则，数学思想方法的教学就得不到应有的保障，在数学课堂教学中亦无法落实。遵循数学思想方法教学的目标性原则，首先，要明晰教材中所有数学思想方法。其次，对某些重要的数学思想方法进行分解、细化，使之明朗化，具有层次性。如了解某种数学思想方法的含义及价值为第一层次；掌握某种数学思想方法的初步应用为第二层次；会应用该种数学思想方法指导思维活动，解决某些具体的数学问题为第三层次。最后，在具体的每一堂课的教学中，数学思想方法教学目标应与课堂教学结构的各个重要环节相匹配，形成知识目标与思想方法目标的有机整合，使之具有可操作性。

## （二）渗透性原则

数学思想方法教学依附于数学知识的教学，但又不同于数学知识教学。在数学思想方法教学中，应以数学知识为载体，挖掘教材中蕴含的数学思想方法，进行恰当的、适时的"渗透性"教学。遵循渗透性教学原则需做到以下两点。

### 1. 挖掘渗透内容

虽然数学思想方法纳入数学基础知识范畴，但数学思想方法是数学知识的精髓，它内蕴于数学知识之中，需要从数学知识中挖掘、提炼。比如，在初一新学期开始的第一课，可以有目的地向学生渗透分类的数学思想方法："新教材共分上、下两册，上册分为四章，下册又分为三章，每章都有若干节……"，使学生刚接触到教材就受到分类思想的熏陶；又在寻找各种具体的有理数运算结果的规律中，渗透归纳、抽象概括的思想方法；在"两个相反数相加得零"写在"异号两数相加"的法则里，渗透特殊与一般的思想方法；有理数的大小比较借助于绝对值的概念转化为算术数的大小比较，有理数的减法（除法）运算借助于相反数（倒数）概念转化为加法（乘法）运算等多处渗透化归的数学思想方法。教师只有认真钻研教材，才能正确地挖掘出课本知识中所蕴含的数学思想方法，这是课堂教学中渗透数学思想方法的前提。

### 2. 把握渗透的方法

由于学生数学思想方法的形成和发展比数学知识的增长和积累需要更长的时间，花费更大的精力。因此，在教学中，有机地结合数学表层知识的传授，恰当地渗透其中的数学思想方法，让学生在"数学知识的再发现"过程中享受"创造"或"发现"的愉悦，孕育数学发现的精神品质，这才是成功的渗透方法。

## （三）层次性原则

数学思想方法的形成难于知识的理解和掌握，数学思想方法教学应与知识教学、学生认知水平相适应，数学思想方法教学应螺旋式上升，并遵循阶梯式的层次结构。

## （四）概括性原则

所谓概括就是将蕴含于数学知识体系中的思想方法归纳、提炼出来。在教学中，遵循概括性原则，将统摄知识的数学思想方法适时地概括出来，可以加强学生对数学思想方法的运用意识，也使其对运用数学思想方法解决问题的具体操作方式有更深入的了解，有利于活化所学知识，形成独立分析问题、解决问题的能力。

## （五）实践性原则

学生数学思想方法的发展水平最终取决于自身参与数学活动的过程。数学思想方法教学既源于知识教学又高于知识教学。知识教学是认知结果的教学，是重记忆理解的静态型教学，学生无独立思维活动过程，具有鲜明的个性特征的数学思想方法也就无法形成。因此，遵循实践性原则，就是在实际教学中，教师要特别注重营造教学氛围，给学生提供思想活动的素材、时机，悉心引导学生积极主动地参与数学知识的发生过程中，在亲自的实践活动中，接受熏陶，不断提炼思想方法、活化思想方法，形成用思想方法指导思维活动，养成探索问题解答策略的良好习惯。数学思想方法也只有在需要该种思想方法的教学活动中才能形成。

# 四、中学数学思想方法教学的基本途径

## （一）在知识发生过程中渗透数学思想方法

### 1. 不简单下定义

数学概念既是数学思维的基础，又是数学思维的结果。所以概念教学不应简单给出定义，应当引导学生感受或领悟隐含于概念形成之中的数学思想。比如负数概念的教学，初一教材借助于温度计给出描述性定义，学生对负数概念往往难以透彻理解。若设计一个揭示概念与新问题间矛盾的实例，使学生感到"负数"产生的合理性和必要性，领悟其中的数学符号化思想的价值，则无疑有益于激发学生探究概念的兴趣，从而更深刻、全面地理解概念。在演示温度计时可以提出这样一个问题：今年冬季某天北京白天的最高气温是零上10℃，夜晚的最低气温是零下5℃，问这一天的最高气温比最低气温高多少度。学生知道应该通过实施减法来求出问题的答案，但是，在具体列算式时遇到了困惑：是"10℃ -5℃"吗？不对！是"零上10- 零下5℃"吗？似乎对，但又无法进行运算。于是，一个关于"负数"及其表示的思考由此展开了。再通过现实生活中表示相反意义的量，抽象概括出相反意义的量可用数学符号"+"与"−"来表示，从而解决了实际生活和数学中的一系列运算问题，教学也达到了知识与思想协调发展的目的。

### 2. 定理公式教学中不过早给结论

数学定理、公式、法则等结论都是具体的判断，而判断则可视为压缩了的知识链。教学中要恰当地拉长这一知识链，引导学生参与结论的探索、发现、推导的过程，弄清每个结论的因果关系，探讨它与其他知识的关系，领悟引导思维活动的数学思想。例如有理数加法法则的教学，我们通过设计若干问题，有意识地渗透或再现一些重要的数学思想方法。在讨论两个有理数相加有多少种可能的情形中，渗透分类思想；在寻找各种具体的有理数运算的结果的规律中，渗透归纳、抽象概括思想；在"两个相反数相加得零"写在"异号两数相加"的法则里，渗透特殊与一般思想。

## （二）在思维教学活动过程中，揭示数学思想方法

数学课堂教学必须充分暴露思维过程，让学生参与教学实践活动，揭示其中隐含的数学思想，才能有效地发展学生的数学思想，提高学生的数学素养。

下面以"多边形内角和定理"的课堂教学为例，简要说明。

教学目标：增强运用化归思想处理多边形问题的一般策略；掌握运用类比、归纳、猜想思想指导思维，发现多边形内角和定理的结论；学会用化归思想指导探索论证途径，掌握化归方法；加强数形结合思想的应用意识。

教学过程：①创设问题情境，激发探索欲望，蕴含类比化归思想。教师可以提出以下问题，三角形和四边形的内角和分别为多少？四边形内角和是如何探求的？（转化为三角形）那么，五边形内角和你会探求吗？六边形、七边形……n 边形内角和又是多少呢？

②鼓励大胆猜想，指导发现方法，渗透类比、归纳、猜想思想。教师可以提出以下问题：四边形内角和的探求方法能给你什么启发呢？五边形如何化归为三角形？数目是多少？六边形……n 边形呢？你能否用列表的方式给出多边形内角和与它们边数化归为三角形的个数之间的关系？从中你能发现什么规律？猜一猜 n 边形内角和有何结论？类比、归纳、猜想的含义和作用，你能理解和认识吗？

③暴露思维过程、探索论证方法，揭示化归思想、分类方法。教师可以提出以下问题：我们如何验证或推断上面猜想的结论呢？既然多边形内角和可化归为三角形来处理，那么化归方法是否唯一呢？一点与多边形的位置关系怎样？（分类思想指导化归方法的探索）哪一种对获取证明最简洁？（至此，教材中"在多边形内任取一点 O"的思维过程得以充分自然地暴露）

④反思探索过程，优化思维方法，激活化归思想。教师可以提出以下问题：从上面的探索过程中，我们发现化归思想有很大作用，但是，又是什么启发我们用这种思

想指导解决问题呢？原来，我们是选择考察几个具体的多边形，如四边形、五边形等，发现特殊情形下的解决方法，再把它运用到一种特殊化思想，它对提供解题方法有重要作用。下面再来考察一下式子：n 边形内角和 =n×180°−360°，你能设计一个几何图形来解释吗？对于 n 边形内角和 =n×180°−360°，又能做怎样的几何解释呢？让学生亲自参与探索定理的结论及证明过程，大大激发了学生的求知兴趣，同时，他们也体验到"创造发明"的愉悦，数学思想在这一过程中得到了有效的发展。

## （三）在问题解决方法的探索过程中激活数学思想方法

数学教学在使学生初步领悟了某些思想的基础上，还要积极引导学生参与数学问题的解决过程，通过主体主动的数学活动激活知识形态的数学思想，逐步形成用数学思想指导思维活动，探索数学问题的解决策略。数学思想也只有在需要该种思想的数学活动中才能形成。通过问题的变式教学，尤其是让学生独立探索解决方法的活动，使其真正认识到求解该问题的方法实质是等积变换。这样，学生的化归思想就会得到深化。当然，仅此一节课或一个问题还不足以说明学生真正具备了带有个性特征的、生动活泼的数学思想，但只要一节课一节课地坚持，一个问题一个问题地积累，学生的数学思想就会产生质的飞跃。

## （四）在知识的总结归纳过程中概括数学思想方法

数学教材是采用蕴含披露的方式将数学思想融于数学知识体系中，因此，适时对数学思想做出归纳、概括是十分必要的。概括数学思想方法要纳入教学计划，应有目的、有步骤地引导学生参与数学思想的提炼概括过程，尤其在章节结束或总复习时，将统摄知识的数学思想方法概括出来，可以加强学生对数学思想方法的运用意识，也使其对运用数学思想解决问题的具体操作方式有更深刻的了解，有利于活化所学知识，形成独立分析、解决问题的能力。概括数学思想一般可分两步进行：一是揭示数学思想的内容、规律，即将数学对象共同具有的属性或关系抽取出来；二是明确数学思想方法与知识的联系，即将抽取出来的共性推广至同类的全部对象上去，从而实现从个别性认识上升为一般性认识。由于同一数学知识可表现出不同的数学思想方法，而同一数学思想方法又常常分布在许多不同的知识点里，通过课堂小结、单元总结或总复习，甚至是某个概念、定理公式、问题教学都可以在纵横两个方面归纳概括出数学思想方法。

# 第二章　高中数学的教与学

# 第一节　高中数学教学方法的选择

近年来，国内外很多教育专家和同行在深入研究传统教学方法和当今数学实际的基础上，推出了很多教学方法，诸如"教""学"结合法、协同教学法、暗示教学法、座谈法、类比法、讲授法、目标控制教学法等等。在这些教学方法面前，高中教师应如何合理地选用，从而进行有效的教学，成为我们必须认真探讨的问题。选择教学方法的依据如下。

## 一、依据学生年龄特征选择教学方法

高中学生年龄一般在 16 ~ 19 岁，这时学生身体各器官基本发育成熟，脑机能基本达到成人水平，学习潜力增长，注意力比较集中，自我控制能力增强，基本能把逻辑思想和直观形象结合起来，逻辑思维也基本形成。这时，教学方法的选择应激发学生思维的积极性，可有计划不断地采取"自学法""读启法"等一些教学法。

应该指出的是，在教学中长期使用一种教学方法，会使学生产生"惰"性。同时，课堂气氛显得单调、呆板，不利于提高教学效果，也不利于学生的个性发展。因此，教学方法尽可能交替运用，这样可以保持学生的注意力和对学习的浓厚兴趣。

## 二、依据教材内容选择教学方法

不同的矛盾必须用不同的方法去解决。每节课、每章教材内容不同，选用的教学方法也不可千篇一律，而应该根据教学的具体内容做相应的调整。例如，高二代数中对等差数列和等比数列这两个重要概念的教学，由于它们几乎没有多少道理可讲，因此，这样的课采用"直接讲授法"，学生对概念的印象比较深刻且容易记忆，采用其他方法反而不太合适。

教材中能够运用教具的地方要充分利用，这样既可加强教学的直观性，也可激发学生的思维，同时，有利于提高学生的注意力。例如在高一立体几何中学习地球的经度概念时，首先进行教具演示，学生会发现，地球上某点的经度就是经过该点的经线与地轴确定的半平面与本初子午线和地轴确定的半平面所成二面角的度数。这里，如果不借助于教具，学生很难理解经度这个概念。

教材中有的例题课可采用"演示法""启发法"和"讲练结合法"；有的概念、公式或定理课可采用"自学法"；有的习题课可采用"提问法"或"剖析发现法"，引导学生逐步探索或剖析发现解决问题的方法，从而达到解决问题的目的；复习课可采用"自学法"或"归纳法"。这样，有利于学生了解教材内容的系统性和知识的框架结构，同时，培养学生的归纳综合能力等等。

## 三、依据学生基础选择教法

由于教学是师生的共同活动，因此，教学方法的选择直接影响教学效果的好坏，最优教学方法的选择就尤为重要。而教学方法是否最佳也是相对学生基础而言的，它应根据学生的实际水平而加以综合运用。教师在选择教法时，必须十分注意学生的基础，若学生学习基础很差，运用"自学法"或"练习法"是不合适的，若学生学习基础较好，采用"直接讲授法"反而会限制学生能力的提高。原则上，在学习基础较差的班级里，要多采用"座谈法""启发法"，这在一定程度上会减轻学生的学习负担，同时减轻或消除学生对学习的厌恶感，有利于激发学生的学习兴趣。而在学生基础较好的班级里，可多采用"自学法""暗示教学法""引导发现法"等，这些方法会起到事半功倍的教学效果，同时更有利于学生创造性思维能力的提高。

教学中，很多时候都需要把教学内容和学生的实际结合起来，恰当地选择教学方法。例如，某教材内容与学生已掌握的旧知识内容类似时，可选用"类比教学法"，高中教学中的复数加减法的几何意义可与物理学中的矢量关系进行类比教学。教学内容与学生已掌握的内容基本道理或理解步骤大致一样，但又有个别关键性的地方不一样时，可采用"对比教学法"。例如，在高一立体几何中常常用到同一法和反证法进行对比教学，学生更容易理解两种方法的异同点。

"教有常规，但无定法"，教师在选择教法时，要充分考虑如何更好地把教师的主导作用和学生的主体作用有机地结合起来和发挥好。同时，各种教学方法虽各有特点和用途，但它们又是互相联系、互相补充、相辅相成的。因此，教师在教学中，应根据教材内容特点和教学任务及学生的知识水平，对教学方法进行精心选择或巧妙搭配，紧紧围绕提高教学质量的总目标，努力做到多种教学方法的最优结合，丰富教学研究成果，为培养一代新人多做贡献。

# 第二节　高中数学的教学方法

## 一、传统的常用数学教学方法

数学教学的某一方法、方式和手段能否应用，主要看它是否符合学校数学教学改革的精神。当前，大多数学课堂教学仍然采用传统的教学方法：学生在教师的组织下，有计划、有步骤、有目的地通过听课、练习、研究和实践来掌握知识。随着时间的推移、经验的积累，形成了一批行之有效的教学模式，如讲解法、讲练结合法、谈话法、教具演示法等。研究在深入，实践在发展，很难评价哪一种是最优的教学模式，也没有一种模式是放之四海而皆准的。为了与现代教学模式相区分，我们把它称为传统的。以下列出的是其中最常用的几种教学方法。

### （一）讲解法

课堂上教师的主要活动是口头讲解、扼要板书，学生的主要活动是听讲、思考、重点记录、做练习，这种教学方法叫讲解法。讲解法主要用于新单元的开始、新概念的引入、新命题的得出、新知识的归纳总结以及学生提问的集中答疑。讲解法的优点是教师能在周密备课、精心设计之后，比较流畅连贯地把知识传递给学生，易于保持知识的科学性和整体性，教师比较主动、省时，能较好地控制教学过程。讲解法的最大缺点是难以及时反馈，目标对象指向大多数，不利于学优生的发展和学困生的转化。

讲解法的基本要求有以下几点。

#### 1. 科学性

讲解概念要清楚、正确，揭示概念的内涵、外延，把握概念的本质特征；讲命题证明，推理要合乎逻辑，着重分析证明的思路和方法，把握数学思想和思维方向；新知识的引出要符合认识规律，归纳总结要抓准精要。整个讲解的内容与过程不仅要符合数学自身科学性的要求，而且在教育、心理、哲学等诸方面也必须符合科学性的要求。

#### 2. 系统性

讲解内容的体系、层次、结构具有系统性。讲解符合认识规律、突出重点、抓住关键、突破难点。从引入课题、提出问题到展开、寻求解决路径直至解决，过程要规范有序，给学生一个整体把握的感受。

### 3. 启发性

运用启发性的语言与各种启发手段和方法，激发学生兴趣，增强解决问题的信心和毅力。

### 4. 针对性

讲解的对象是听知识的学生，讲解内容的深度、速度，要针对课堂上活生生的人。注意观察他们的反应，熟悉他们的基础知识及能力准备。针对所讲内容的理解程度和各自的思维特点，随时调整讲解的进度或改变讲解的方式，甚至停下来，穿插学生的合作活动，针对不同人的个性，量力而行，因材施教。

### 5. 深刻性

讲解切忌泛泛而谈、平铺直叙、按部就班、不论难易、一个速度、一种腔调。对关键的、重点的内容，要调动各种手段，引导、激发学生探究的积极性。要知道，教师自以为讲深了，学生也未必理解了；教师自以为讲透了，学生也不一定掌握了。要给学生思考、研究、讨论、应用、自己动手动口的机会，不仅要学生理解数学知识本身，最好还能发现隐含在其中的数学思想、数学方法，在知识、思想、方法和应用的结合上搞清问题。教师的讲解，应在此多下功夫。

### 6. 语言要生动

教学语言要通俗易懂而且幽默，讲解要准确、生动活泼、直观形象、能吸引人，而最终让学生掌握的则应该是准确严谨的数学语言与符号。

## （二）练习法

这是一种在教师指导下，让学生通过练习、独立作业，掌握基础知识和基本技能的教学方法。一般是在一个课题、一个单元结束之后采用这种方法。它可以让学生通过集中的练习，理解和消化一个阶段以来尚不完善、不深刻、不熟练的知识。通过练习，纠正认识中的错误，补充知识上的缺欠，加强对尚未理解的知识间联系的把握。进一步增强技能、形成一定的技巧。特别是让各类程度不同的学生都经历自己的思维与实践的过程。

练习法的优点：在教师得当和恰到好处的组织下，学生能最大限度地发挥自己的主体作用，使各类不同学生的能力都得到提高。学生通过动手动脑来解决问题，学优生可以体验到探索和创新的喜悦，而学困生也可以通过成功练习增强学好数学的信心。

练习法的缺点：如果教师组织不好、安排不当，学生会放任自流。说话的、看小说的、玩的，干什么的都有，就是少有真正练习的。而学困生则干脆放弃，这样不仅拉大了程度不同的学生的成绩差距，而且会使学困生丧失学习信心。

练习法的基本要求有以下几点：

①教师要准备充分，有多套、多层次、适合不同学生需要的由易到难、能吸引学生的练习题。对每一套练习题的目的、要求、完成时间、完成之后的衔接，都交代清楚，然后让学生独立或合作完成。

②教师要做好个别辅导，及时质疑解难。对大多数不会做或普遍性的错误，教师要当堂讲解，对要判定成绩的练习，要及时反馈，公平判定成绩。

③练习课也不能"满堂练"。要至少留下10分钟时间让大家交流，或由学生做总结。

④练习课后要有进一步地练习作业，给学生进一步实践体验的机会。

## （三）讲练结合法

这是一种通过教师的讲、学生的练，讲讲练练、边讲边练、讲练结合的教学方法。它有多种方式，可以灵活多变；可以"以练开头"随之讲，也可以"以讲开头"随之练；可以"以讲为主"适当地练，也可以"以练为主"适当地讲，还可以讲练穿插进行。开头的讲，是练的前提和基础；继而的练，则是讲的深入发展；再接着讲，是在更高水平上的发展；接下去的练，则又把问题引向了更深入的程度。这种以讲带练、以练促讲、讲练结合的共同发展，一步步引导学生在复习巩固知识中不断学习新知识。在对讲练的层层衔接的思考中培养技能，形成技巧，提高能力。它实际上是现代教学中最常用的教学方法。

讲练结合法的优点：能够把教师的教与学生的学紧密地联结起来，较好地发挥教师的主导作用和学生的主体作用。尤其对低年级、年龄小、自制力差的学生，不断地变换听与做、动脑思考与动手操作的机制，可以减少他们开小差的机会，适合他们的生理要求和心理特征。讲与练的适时交替，可以使学生的信息不停地反馈给教师，便于及时发现问题，做出调整和改进。

讲练结合法的缺点：讲与练的衔接不易控制，教师难以预料练习中可能出现的各种情况。在统一时间里，难以照顾程度不同的学生。使得有人觉得松，有人觉得紧，从而对教师了解学生的实际情况提出了更高的要求。同时对教师驾驭课堂的能力和应变能力也是一个考验。

讲练结合的基本要求有以下几点：

①讲解应主次分明、详略得当，对教材的重点、难点、关键点要处理得当。

②练习要基于讲，又不能限于"讲"。

③讲与练要密切配合，目的明确，周密计划。

实际上，数学教学的全部过程，都是讲与练不断交替、不断深入、不断扩展、不断提升的过程。任何一个学段的讲与练，都应以教学目的为指导，以教学内容为要求，从学习共同体的实际出发去组织。既反对低水平的重复练习，也反对任意拔高、急于求成的高速度、高难度练习。数学教学中的客观规律和教学原则是不能违背的。在这里，尤其应该避免盲目性和随意性。

### （四）谈话法

谈话法是使用谈话、回答的方式，由教师提出问题，启发学生在认真即席思考的基础上回答，从而使学生获得知识的一种教学方法。按照谈话法的要求，教师把教材内容编成若干个有内在联系的问题，在课堂上逐个提出来，指定不同学生回答，在问题不断展开和延伸下，逐步完成教学设计的目标和任务。

谈话法的优点：它在设计中就把师生的双边活动固定化了。如果问题设计得好，有利于学生的积极思考。课堂上学生活动容易引起同学的关注，大家以平等的心态听取解答、敢于怀疑，容易造成一种良好的进取和竞争的气氛，使学生有较少心理负担，利于学生的语言表达能力的培养和思维的组织性、条理性的提高。

谈话法的缺点：由于学生对问题的提出是课上回答，缺少思想准备和一定的组织准备，会耽误一定的时间。而如果学生对问题不理解、不会，转移给别人，除耽误了更多的时间外，还会挫伤学生回答问题的积极性和自尊心。运用不好，会影响教学计划的完成。如果教师的问题设计不成功，模糊或者笼统，则更难达到预期的效果。

谈话法的基本要求有以下几点：

①要设计好谈话的方案。

②要较好地了解学生。

③要善于引导、善于应变。

④要防止形式主义的谈话。

⑤要掌握好时间。

数学教学中使用谈话法，一般要经过以下步骤。

首先，提出要谈的问题；

其次，把要谈的问题数学化，弄清问题的含义；

再次，组织谈话，鼓励讨论和争论，不断明确方向，集中于问题解决的不断深化；

最后，不断整理和及时反思建议的可行性，及时总结成功的经验和失败的教训，对正确的和错误的建议进行评价，完成问题解决的目标。

传统的常用数学教学方法，有其历史的地位，是一定历史阶段、教育观念和教育思想的产物。面对新的教育和教学改革的形势，应该必须进行局部的甚至根本的改革。这些教学方法是在教学实践的长期积累中，在不断总结经验、不断修正完善中形成的，至今仍有较大的影响，为广大教师所应用。随着科学技术的发展，特别是计算机和信息技术进入数学教学，传统的常用方法必定旧貌换新颜。

## 二、数形结合思想方法

### （一）数形结合思想方法的含义

数学的研究对象是现实世界的数量关系（数）和空间形式（形）。"数"体现了数量的关系，而"形"体现了空间的形式，数和形常常相互依存，抽象的数量关系常有直观的几何意义，而直观的图形性质也常用数量关系加以描述，数和形在一定条件下互相转化。我们在研究数量关系时，需要借助于图形直观地去研究，而在研究图形时，需要借助数量关系去探求。数和形是研究数学的两个方向，华罗庚教授对此有精辟概括："数无形，少直观；形无数，难入微。"数形结合可以使数和形统一起来。数形结合是高中数学所蕴含的最基本的思想方法，运用数形结合解题就是在解决有关数量的问题时，根据数量画出相应的几何图形，将其转化为几何，即"由数化形"。解决有关几何图形的问题时，根据图形写出相应的代数信息，将其转化为代数问题，即"由形化数"，从而利用数形的辩证统一和各自的优势得到的解题方法。

数形结合是数学中非常重要的思想和解决问题常用的方法，数形结合根据数学问题的条件和结论之间的内在联系，在分析代数含义的同时，又揭示了其几何直观。数形结合方法在解题的过程中应用十分广泛，它给我们解决问题带来一个全新的思路，由形想数，利用"数"来研究"形"的各种性质，寻求规律，可以从不同的角度培养思维的灵活性，简化解题的思路。用此方法常常可以使所要研究的问题化难为易，化繁为简，思维广阔。

## （二）数形结合思想方法应用的原则

### 1. 掌握数形结合思想方法应遵循的原则

（1）量变到质变的原则

数形结合方法的教学，应当通过精心设计教学过程，有意识潜移默化地引导学生领会题中的数形结合思想，由于数学思想方法是表层知识的本质和内在联系的反映，具有更大的抽象性和概括性。为了概念与概念之间的联系和转化，力求学生准确地掌握概念，认识本质，使学生在获得基本知识的同时，还能够善于发现各种数学结构、数学运算之间的关系，建立和运用它们之间的联系、转化和变换，领悟数学思想方法，以提高其思维能力。数形结合很难找到一种固定的形式，它体现的意识或观念也不统一，只有反复练习，才能不断上升，日积月累，才能水到渠成。

（2）启发性原则

教师要引导学生循序渐进，注意向学生讲清概念的形成过程，有意识地利用启发性原则，用发展的眼光有目的地指导学生参与教学过程，从学生实际出发，由简到繁、由此及彼。启发学生形成科学的思维方法，激发学生的探索精神，掌握自我探究知识的方法。数形结合的启发性原则的关键就是鼓励学生提出问题、思考问题，正如两千多年前中国伟大的教育家孔子所说的"不愤不启，不悱不发"。运用数形结合方法启发教学是为了倡导学生独立思考。

**2. 应用数形结合思想方法解决问题时应遵循的基本原则**

（1）等价性原则

等价性原则是指"形"的几何性质与"数"的代数性质的转换过程应该是等价的，即对所说问题的图像表示与数所反映的数量关系应具有一致性。用图形解题是有一定的局限性的，在构图时经常存在着误差，若所画出的图不准确就会造成解题失误。

（2）双向性原则

双向性原则是指既对其进行代数的抽象探索，又对几何图形进行直观分析，代数关系的表示及运算比几何直观的图形结构更具有优越性，避免了几何构图的许多局限性。反过来，图形表示更直观，这就体现了"形"与"数"的和谐之处。

（3）简洁性原则

简洁性原则是指数形转换时尽可能使构图简单合理，既使几何作图完整直观，又使代数计算简洁、明了，避免复杂烦琐的运算，缩短解题时间，降低难度，从而实现"化难为易，化繁为简"的目的，使之符合数学简洁美的要求，也体现解决问题的艺术性与创新性。

（4）直观性原则

直观性原则是指不仅要求充分利用坐标及图形，还要在应用数形结合图形演示或者模拟列表的数学实验时，使抽象的数学概念直观化、具体化和模型化。例如，学习积分时，为学生介绍积分即面积的思想，以及黎曼用分割法求积分的思想，使得学生对积分有直观明了的理解和掌握。

（5）实践创新原则

数学思想方法比数学知识更抽象，不可能照搬、复制，因此创新实践原则就是教师在教学中要改革传统的教学内容、教学形式，提出符合学生数学认知水平和规律的适度问题，悉心引导学生积极主动地开展探索活动，不断地经历直观感知、观察发现、归纳类比、空间想象、抽象概括、符号表示、运算求解、数据处理、演绎证明、反思与建构等思维过程。这些过程是数学思维能力的具体体现，有助于学生对客观事物中蕴含的数学模式进行思考和作出判断。学生要亲自提炼数学思想，活用数形结合思想方法。

# 三、问题导学法

## （一）问题导学法的定义

高中数学"问题导学"教学法是指教师在课堂教学中以问题为载体，通过启发、引导学生解决问题，达到以学生"学习"为根本目的的高中数学教学方法和策略。

高中数学"问题导学"教学法要求教师在组织教学活动中，精心设置出符合教学目标和学生实际的恰当的问题，激发学生积极的思维，并通过课堂教学中教师的有效引导，促进学生将学科知识、技能、方法、思想相互渗透，学习过程、结果与情感相互整合，促进学生认知的主动发展，培养学生的数学素质，提高学生的数学能力。同时，也促进教师不断提高和完善自身的教学素养，使"教师主导，学生主体"的师生关系得到充分的构建。

## （二）问题导学法的理论基础

### 1. 基于"问题解决"的基本理论

问题通常是指要求回答或解释的题目，或者说需要研究讨论并加以解决的矛盾、疑难，是数学研究最重要的内容。美国数学家哈尔莫斯指出："定理、证明、概念、定义、理论、公式、方法中的任何一个都不是数学的心脏，只有问题是数学的心脏。"20世纪初，德国数学家希尔伯特在巴黎国际数学大会上发表演讲《数学问题》时指出："只要一门科学分支能提出大量的问题，它就充满着生命力，而问题的缺乏则预示着独立发展的衰亡或中止。正如人类的每项事业都追求确定的目标一样，数学研究也需要自己的问题。正是通过这些问题的解决，研究者磨炼其钢铁意志，发现新方法和新观点，达到更为广阔和自由的境界。"之后，"问题解决"一直成为数学研究与数学教育关注的一个热点问题。

"问题"与"问题解决"犹如因果关系：有了"问题"，就为"问题解决"提供了一个研究的指向；而"问题解决"的思想方法反过来又为"问题"的合理性、可解性提供了检验的标准。就像我们既可以"执因寻果"，也可以"执果寻因"一样，要研究如何设置"问题"，我们可以从"问题解决"的内涵上去寻找和思考，为更好地进行"问题设置"打下良好的基础。

### 2. 基于多元智能的学习理论

多元智能理论由加德纳提出，强调以下几个基本观点：

第一，智能的情境性与社会性。在不同的社会和文化环境下，被人们所认定的智能标准也是不同的，智能的表现形式也各有千秋。某种能力在一种文化背景中被视为有价值，这种能力就该被列为智能。

第二，智能的核心是解决问题的能力，体现在解决特定情境中的问题，特别是解决主体所面临的实际问题的能力上。这是人的生理潜能被问题情境激活所表现出来的效能。

第三，创造不仅应体现在解决新问题、创造新产品上，也应体现在创造性的解决问题上，而这种创造应是有价值的，即符合某种特定文化与社会价值标准要求的。

多元智能学习理论为"问题导学"提供了丰富的理论基础。首先，多元智能认为智能的确定是依靠问题情境来决定的，只有在具体的解决问题过程中才能知道这个人的智力水平。而"问题导学"大力倡导的就是要通过设立的问题情境，引发学生展开积极的思考，为学生提供开发多元潜能解决问题的平台，促进学生多元智能的发展，从根本上发展学生的智力。其次，多元智能的评价具有强调多元多维、发展性与重过程的特点。在测量与评价领域中，多元智能理论除了强调从多种角度来辨识个人能力之外，更主张智能必须经由发现与解决问题的过程来获得验证，既要评价结果，更要评价过程。"问题导学"鼓励学生在思考、解决问题的过程中，充分发挥主观能动性，这与多元智能在教学评价的理念上是相通的，在实践中也是相互依赖的。最后，多元智能使学生通过自己的智能优势解决问题，最终实现教育教学目标。"问题导学"充分鼓励教师遵循学生认知规律，注重从学生学情出发去组织教学，为学生智能的发展提供空间，为具有不同智能类型的学生提供各展其长、获得成功的机会。可以说，努力创造适合每个学生的教育，实现每个学生具有特色的全面发展，是多元智能理论与"问题导学"教学共同的追求。

### 3. 基于奥苏贝尔的认知学习理论

奥苏贝尔是当代著名的教育心理学家。他认为，学习的最佳方式是意义接受学习。所谓意义接受学习是指符号表达的新观念与学习者认知结构中的有关观念建立实质性的和非人为联系的过程，其前提条件是：①学习材料具有潜在逻辑意义；②学习者认知结构中具有同化新观念的相应知识结构；③学习者具有意义学习的心向。奥苏贝尔主张学校应采用意义接受学习法，把有意义的讲解式教学作为课堂教学的主要形式。他认为，满足以上条件的意义接受学习是一种主动的学习，他坚信学生已有的先备知识在其后继学习中具有重要的作用。同时，教师对学生经验能力的了解并给予清楚地讲解引导，是形成有效教学的必要条件，教师必须想方设法让学生了解所学内容的意义，并配合学生的能力与经验开展教学，学生才会产生意义接受学习。

高中数学"问题导学"教学法将问题的提出和解决作为教学的基本环节，追求满足教学目标和学生基础的双重要求，致力于激发学生学习的主动性和积极性。对问题的设置，要强调遵循学生的认知基础，以"先行组织者"组织学生先于课堂教学前进行知识铺垫，面对生活、实验情境结合已有认知发现问题，提前进入学习状态。同时，要以确定的教学目标来组织富有逻辑性的学习材料，以例题的规范解析和变式拓展吸引、调动学生意义学习的兴趣。对于疑难问题，不放弃集中的讲解，既关注学生的主体地位，又要发挥教师的主导作用；既提供精确的分析，又全面展示规范的解答过程，让学生的认知从分化走向协调整合，实现主动的意义接受。"问题导学"的这些教学思想深受奥苏贝尔认知学习理论的影响。

另外，除了上述理论外，问题导学法的理论基础还包括基于建构主义的学习理论和启发式教学理论。

# （三）问题导学法在高中数学教学中的应用方法及实例

## 1. 创设合理的问题情境

课堂教学要体现学生的主体地位，激发学生的学习兴趣和求知欲。创设合理的问题情境可以充分调动学生的积极性，使其较好地参与到课堂教学活动中，教师在情境中营造轻松、愉悦的求知氛围，可激发学生的潜力，不断锻炼和提高学生的自主学习能力。因此，为了能创设合理的问题情境，教师一定要对教材进行深入的研读，了解学生的认知水平和心理特点。

例如，"集合"这个概念较为抽象，如果教师只是单一地进行讲解，学生不能深刻地理解"集合"，则难以对其进行运用。因此，教师在教学"集合"这个概念时，可以创设相应的问题情境，让学生轻松地理解和掌握知识。如以学生的军训活动为例创设问题情境，通过交流、讨论，学生很好地掌握了"集合"的含义；又如，在教学"并集"概念时，教师可以以军训中参与汇报表演和未参与汇报表演的班级为例创设问题情境，给学生讲解并集的相关概念，让学生快速地掌握相关知识。

## 2. 引导学生自主思考

高中数学教学中，教师可以这样运用问题导学法：①针对不同的数学问题，采用旁敲侧击的方式启发学生，让学生对这些问题进行深入的思考；②如果遇到与之前所教知识、题型类似的问题，可以引导学生找到这些问题与知识间的联系，最终找出解题的方法；③要引导学生灵活运用知识解决问题。

例如，在教学椭圆时，教师首先要为学生营造良好的学习氛围，为师生间建立一个交流沟通的平台。在交流的过程中，教师可以把椭圆公式及函数知识当作师生间讨论的话题，培养学生的自主学习能力，课堂上，教师把学生分为不同的小组，并对各小组提出相应的问题，让各小组进行讨论。教师要关注学生的讨论过程，确保每一位学生都能积极参与。讨论时，学生如果遇到不理解的问题，可以记录在本子上，并在小组汇报环节中提出问题，让教师帮助解决。小组汇报结束后，教师要让学生针对活动进行总结。

## 3. 给予适当的点拨

问题导学法最主要的是把有一定联系的问题有效地融合在一起，有些数学知识内容在教材中一般都杂乱无章、没有规律，没有一定的系统性，而教师最重要的任务就是找出知识的难点及重点，并对其进行分析，找到其内在联系。

例如，对数函数的教学难点是函数的性质与图像，教师要根据图像到定义、定义到性质的步骤，开展有效的研究。对数函数与指数函数间的关系是相互影响的，学生只要有一项没有学好，另一项也会受到影响，想要完全攻破这个教学难点，教师则要给予适当的点拨，在学生完全掌握之前所学内容的基础上，再开展新知识的教学。

### 4. 把数学知识与生活实际结合起来

数学是一门比较抽象的学科，但它与我们的生活有着紧密的联系，有句话说得好："数学知识大部分来自生活。"所以，高中数学教师在教学时应利用问题导学，把数学知识与生活实际结合起来，使抽象的数学知识具体化，让学生对数学知识有更深刻的理解，进而能够运用数学知识解决实际生活中的问题。

## 四、自学辅导教学法

### （一）自学辅导教学法的定义

自学辅导教学法是中国科学院心理研究所与各省、市、地区教育部门合作研究的。它是在"操作条件反射说"的基础上，结合我国的教学实际提出的。自学辅导法还借鉴了布鲁纳的"认知发现说"，强调学生的主观能动性，注重培养学生自主学习的能力。

### （二）自学辅导教学法的原则

自学辅导教学法应遵循以下几个原则：

#### 1. 班定步调与自定步调相结合的原则

这条原则就是把"班集体"与"个别化"这一对矛盾体统一起来，克服以往程序教学的单纯自定步调而使老师无法起到辅导作用的缺点。

#### 2. 在教师指导下以学生自学为主的原则

这条原则就是把教师的"教"与学生的"学"统一起来，彻底克服在传统教学中学生始终处于被动地位的弊病，进一步调动学生的学习主动性和积极性，也就是要强调自学。

#### 3. 启、读、练、知、结相结合的原则

教学模式既应当适应特定的教学方法，更应当适应于某些特定的教学情景。

#### 4. 利用现代化手段来加强直观性原则

随着现代科学技术的迅速发展，投影、电视、电脑等现代化教学辅助手段被广泛应用，使得教学更加生动形象，大大提高了学生的学习兴趣。实践证明，采用现代化教学技术是提高学习效率的必由之路。

#### 5. 采取变式复习加深理解与巩固的原则

根据心理学研究，学生学过的知识、技能和技巧还是会遗忘的，用机械的方法不断地重复不如用变式复习效果好。

### 6. 强动机、浓兴趣原则

学习动机是直接推动学生进行学习活动的内部动力，学习的自我需要更为重要，需要可以表现为兴趣、意向、信念等多种形式。

### 7. 自检与他检相结合的原则

自我检查能力是自学能力的重要组成部分，在教学中要有目的、有意识地培养学生的自检能力和自检习惯。随着自检能力的增长，他检与自检能力的比重就会逐步发生变化，到了完全能自检的时候，学生自学能力也就形成了。

## （三）自学辅导教学法的教学模式

经过长期的实验教学，卢仲衡教授总结了"启、读、练、知、结"的教学模式。该教学模式最大的特点是能培养学生的自学能力，调动师生双方的积极性，提高学生的学习兴趣，形成自学信心和自学习惯。所谓"启"就是每堂课教师的开头语，由教师向全班学生进行启发，就是从旧知识引入新问题，明确本课学习的目的，其功能主要是激发学生学习的动机，使他们有迫切需要阅读课本和解决问题的要求，时间大约5分钟。所谓"读"就是让学生根据自学提纲，以粗读、细读、精读的方式阅读、理解和钻研课本，回答自学提纲上的问题，一是为了充分调动学生学习积极性，对新内容发生兴趣并集中注意力；二是为了确定并发现学生与新内容相关知识水平及存在的问题。一般分为三个阶段：第一阶段是教师领读；第二阶段是提纲导读；第三阶段是独立阅读。所谓"练"就是学生通过动脑动手在练习本上做练习，尽量做到落笔准确。在学生阅读课本，回答了自学提纲的问题和教师校正答案、解释重难点之后，使学生将自学到的知识进行运用并检查自学情况，加深对知识的理解和巩固。所谓"知"就是当时知道结果，校对答案，自我纠正错误。学生的"读、练、知"交替进行，教师积极巡视课堂，个别辅导，不打断大家的思路，时间大约30分钟左右。所谓"结"就是对本堂课的总结，可以让学生进行总结，老师或其他学生进行补充；也可以由老师向全体学生进行小结，将本课主要内容概括地向班集体讲授，指出上课时发现的问题，让大家进行讨论，时间大约10分钟。

## 五、引导发现法

## （一）引导发现法的定义

根据布鲁纳的"发现说"及维果斯基的"最近发展区理论"，上海师院附中提出了引导发现法。该教学法要求教师根据教材的结构特点及学生的思想、知识、能力水平，将教学过程演变成一个一个的发现过程，引导学生通过思考、讨论等各种途径去研究问题，总结知识规律，从而达到获取知识、发展能力的目的。

## （二）引导发现法的特点

教师是引导发现法必不可少的一项内容。"引导发现法"教学有三个动词，即引导、发现和教学。引导指教师的引导作用，包括引导学生提出问题、引导学生实践、引导学生解决问题、引导学生归纳总结等等。其实数学概念的内涵和外延是不断变化的。如积分的扩充，简单积分、无穷积分、三重积分等，每次扩充都要有新的积分知识加入，并在原有知识的基础上加入新的运算法则，这样才能逐渐完成积分的理论。由此教师在指导学生学习的过程中一定要强调，在归纳总结时一定要注意：一是在原有知识的基础上，要有扩充前的合理想象；二是在原有知识的基础上加进新的知识和新的规则；三是扩展后的新规则要适应原有知识内容。教师的引导作用是在教学过程中，教师必须正确地组织学生、指导学生、激发学生、辅导学生，客观地评价学生，以学生为中心，激发学生学习动机，指点疑难问题，真正让学生的身心结合，真正做到知识与能力，情感与价值观的统一。"发现"是学生在学习过程中发现新问题、新知识。这就体现了学生的主体地位，学生必须通过独立思考，在学习和在实践中发现并提出新问题、分析问题、解决问题。无论是通过小组讨论的方式，还是个人实验研究的方式，最终解决新问题，并在老师的引导下归纳总结知识。"教学"毋庸置疑指的是教师的教学，而教师的教学不能只是单纯地传授知识，必须创设情境，引导并启发学生，不断探索，以实践为基本出发点，在学生动手动脑的过程中培养学生的思维能力和创新能力，使学生树立正确的人生观、价值观和世界观。

# 六、单元教学法

## （一）单元教学法的定义

传统的数学教学方法，大都是先具体后抽象、先特殊后一般、先局部后整体的顺序，这样的教学无疑是比较精细的，但学生却并不能系统地掌握知识。单元教学法即把一个单元的知识看成整体，依据其中概念、定理、公式间的关系进行教学，这样可以使学生系统地掌握数学知识，符合培养学生数学能力的要求，这是高三复习课中常用的教学方法。

## （二）单元教学法的特点

数学单元教学设计完成了由静态到动态、由个人到集体的过渡，其表现的特征主要集中在以下几个方面：

第一，整体关联性。数学单元教学的整体关联性主要体现在知识内容、教学安排等方面。知识内容是指数学单元教学设计将碎散的数学知识通过单元式主题进行整合，有利于学生从整体上掌握学习内容，形成知识结构的整体性，明确每个单元的内容与学习目标在学期中的地位；教学安排是指数学单元教学设计是基于整体思维的教学设计方式，总揽全局，把教学活动分解成具体的环节，并且落实到数学教学活动的整体系统中。

第二，动态发展性。数学单元教学设计是始终处于动态发展过程中。在数学单元教学设计的实施过程中，教师必然会根据教学过程中出现的问题或现状，采取新的教学方案或新的教学计划，对原有的教学方案进行适当的调整。

第三，团队合作性。如果要求一位或两位数学教师来完成数学单元教学设计，则难度较大，因此，在数学单元教学设计过程中，学校通常会借助教研组或年级学科备课组，并且邀请相关专家、学者一同参与。在教学设计的前期准备、设计实施以及评价修改阶段，都需要数学单元教学设计团队一同完成。

该教学方法的适用范围较小，但对学生关于知识的系统运用是极有好处的。不过，在使用该教学方法时要注意不能直接把知识总结好，要引导学生自己动脑，自己归纳，而且在应用时要引导学生注意每道题目都用到了哪些知识，它们又是如何联系的，以便在以后的学习中更好地运用。

# 第三节　高中数学的合作学习法

## 一、合作学习的概念

合作学习是目前世界上许多国家都普遍采用的一种富有创意和实效的教学理论与策略体系。由于它在改善课堂内的社会心理气氛，大面积提高学生的学业成绩，促进学生形成良好非认知品质等方面成效显著，很快引起了世界各国的关注，并成为当代主流教学理论与策略之一，被人们誉为"近几十年来最重要和最成功的教学改革"。

合作学习是指学生为了完成共同的教学任务，有明确的责任分工的互助性学习。合作学习鼓励学生为集体的利益和个人的利益而一起学习，在完成共同教学任务的过程中实现自己的理想。相关文件中专门提及合作学习，指出：鼓励合作学习，促进学生之间的相互交流、共同发展，促进师生教学相长。由此可见，国家决策部门对合作学习的重视。合作学习不仅可以培养学生的合作精神、交往能力、创新精神、竞争意识、平等意识和承受能力，而且可激励其主动学习。

## 二、合作学习的理论基础

合作学习有着较为厚实的心理学渊源，它以当代社会心理学、教育社会心理学、认知心理学等理论为基础，将心理学理论与教学实际相结合，大大提高了教育教学效果，得到世界各国大部分教育学者的好评，至今已成为一种主流的教学方式。

其中，现代社会心理学理论包含动机理论和集体动力理论；教育社会心理学理论包含课堂教学和选择理论；认知心理学理论包含精制理论和发展理论。

通过心理学的研究证实，学生之间的友好关系有助于从不同层次提升他们的三种心理学状态，即认知、行为和情感。

该教学方式给学生构建可以通过小组合作学习方式来增进同学之间感情交流的平台，为培养学生的良好心理技能打下了基础。

学生之间的互相配合和相互作用，能够促进彼此认知水平的提高。因而，学生的道德观、价值观、语言能力等社会经验和知识是在与其他同学的相互作用中习得的，而合作学习恰恰能够提供这样的平台，满足学生的发展需要。

从心理学角度分析，人的内心深处，总有一个强烈的求知欲望，这一点，在学生身上体现得更加酣畅淋漓。学习过程本身就应该是一个主动探知的过程，而不应该像传统教学当中所体现出的被动形式。小组合作学习恰好是以一种合作的精神和力量，最大限度地保住了学生原本天生、自然的求知天性。

### （一）教育学理论

教师要高度尊重学生，要一切为了学生的发展而考虑。教师要在学生的基础能力之内，通过对问题的提出把学生带到一个小组讨论式的学习活动教学中，充分发挥学生的潜能，才能真正有效地培养学生解决实际问题的能力。其间，教师根据情况可以给予学生适时的需要性指导，从中也表明了学生在课堂教学中的主体地位。在整个教学活动中，教师所起到的角色是活动的组织者和问题的引导者，这都体现了现代教学论的观点。

教师需要对学生的四种需要进行认真关注，即归属的需要、力量的需要、自由的需要和快乐的需要。这些好比我们每天生活的必需品，所以对这四个需要我们一个也不能忽视。若能满足其中的一个需求，都会给学生带来很大的快乐。学校是学生满足需求的重要地方。学生来学校学习和生活，需要满足的是个人的归属感和自尊感，因为，如果有了归属感和影响力，幸福便自然而成。

在人内心深处最大的驱动力就是希望能够在周围的伙伴们面前体现自己的重要性。好比许多学生在传统的课堂上没有得到认可，而在小组合作学习活动中却显得积极。这可能是学生希望在平时的小组合作过程中获得组员们的肯定与赞赏，此现象恰好解释了他们对尊重、理解和肯定的需要。

虽然现在的校本教育显得有些压抑，学生没办法轻松地学习，但只要学校能够给予学生人文关心与温暖，并能站在学生的立场分析问题，就能重新建立一种有利于学生人性化发展的教学方式，一切都会好起来的。只有满足了学生内心的需要，他们才会认真开心地学习。此做法无论是对于学生，还是对于教师的身心健康的发展都是很有必要的。

## （二）建构主义学习理论

建构主义是学习理论中行为主义发展到认知主义的产物，代表着当今教育心理学领域发展的主流和方向。所谓建构主义学习理论是指，学习者在一定社会文化背景下，借助与他人（包括教师和学习伙伴）的合作活动，通过查阅相关的资料和讨论的方式获得知识的理论。因此，情境、建构、合作、交流组成了小组合作学习中的四大重要因素。

建构主义注重有关学生积极寻求知识的情境，强调学生的主观认识。建构主义观点认为，每个人都有权利决定自己对知识的认知情况。由于个人经历和体验的不同，所以对外部世界的认识也有所区别。

教师在教学过程中，不应该让学生被动地接受知识，而是应该发挥学生的潜力，发挥其主观能动性，给学生营造一个主观的学习情境，让他们建构自己学习知识的过程。

认识既不能看作在主体内部结构中预先决定了的。它们起因于有效的和不断的建构；也不能看作在客体的预先存在的特性中预先决定了的，因为客体只是通过这些内部结构中的中介作用才被认识的，并且这些结构还通过把它们结合到更大的范围之中而使它们丰富起来。换言之，学生对知识的建构过程，离不开个人的独立活动和与小团体的交往。从根本上讲，人的知识是社会生活中不同主题之间建构的产物。

同样，建构主义学习理论可以这么理解：学习过程是个体积极建构知识的过程，而不是学习者被动地接受知识。建构主义学习理论是小组合作学习的重要理论基础，建构主义教学思想旨在以学生为中心，鼓励学生的自主学习、自主探究。在建构主义教学中，学习应是一个合作与合作的互动过程，教师与学生以及学生与学生之间都是一种相互合作的关系。

该理论还认为：每个人观察事物的角度不同，通过小组合作学习，可以增进学习者之间的交流，让学习者看到不同于自己的观点，从而完善对事物的理解，促进学习任务的完成。

我们还可以从更多的层面来证明小组合作学习是以建构主义理论为基础的。例如，可以从另一个建构主义代表布鲁纳的"发现学习"来探索，很容易得出建构主义学习理论是小组合作学习的重要理论基础。

## （三）动机理论

动机理论研究的是学生活动的奖励或目标结构：合作性结构、竞争性结构和个体性结构。美国明尼苏达大学"合作学习中心"的约翰逊兄弟觉得，建立"利益共同体"是促进动机形成的最为有用的方法，因此在课堂教学过程中要尽量有意识地培养学生们建立这样的关系。成立这样的共同体能够通过对目标的建构，以及对于学生学习的资源共享、分工、角色分配互换、责任到人和集体的奖励等其他的方式来实现。

比如，个人的成功与失败都与小组紧密相连，这样使得个体与小组之间形成了"利益共同体"，也就是合作性学习目标所提出的设想基础。实际上，你在帮助别人的同时也在潜移默化地从不同层面提升了自己。方便了别人也服务了自己，这不就是互赢的效果吗？特别是，在全员参与、分工合作的过程中，能真正体现出自己在小组当中的分量，从而使得自我的价值感得到满足。只不过这个功劳应归功于全体组员，这是集体的努力成果，单凭个人的能力是无法实现的。

学生的学习动机是影响学生学习活动的一个重要因素，它可以贯穿学习活动的始终。学习动机是基于人际关系的过程所形成的，并体现出一种人与人之间的相互依赖的关系。相关学者定义了三种类型的目标结构，分别是：合作结构，竞争结构和个体结构。动机主义者认为：小组合作学习目标结构旨在一定的教学情境下，制定集体的学习目标与通过小组成员共同的努力，带领小组最终走向成功。在这个过程中个人的成功必须是以小组的成功这把尺子作为衡量的。所以，要实现个人的目标，小组的各个成员必须团结一致、齐心协力共同实现集体的目标，因为只有集体的目标实现了，个人的目标才能得以实现。

如果以正态曲线来评论竞争性奖励结构中的个体成绩，那么单个学生成绩的好坏便决定了本组的成绩好坏。可想而知，学生个体的成绩对其所在组的重要性。

动机原则是美国心理学家布鲁纳所提出的有关教与学的四个原则当中的一个。他觉得内在动机的影响比外在动机还要强大，且具有很强的持久性，因此，在这个过程中，教师要善于发现并激励学生的内在动机。

# 三、高中数学的合作学习的主要形式

合作学习有很多种形式可供选择，可以是老师之间的合作，也可以是老师和学生之间的合作，还可以是老师与老师之间的合作，再或是全员合作，其最终目标都是为了提高中学数学教学的效果。

## （一）师与生合作学习

有关老师与学生之间的合作学习理论有很多。这是在以前传统的教师主宰课堂的教学模式下，提出来的以教师为主导，学生为主体的教育原则，并提出要加强教师与学生之间的交流与合作，建立起良好的师生关系。师生合作强调教师和学生的共同参与，在教学过程中，教师应该充分地尊重学生、信任学生、欣赏学生、理解学生，教师要注意充分调动学生学习的积极性，发挥好学生的自主性和主动性，引导学生积极地进行思考，充分地发挥学生的创造性，使学生得到充分的发展。另外，也有利于促进教师自身的发展，使教师在教学中能够不断地改进教学策略和提升自身的素养。当前的大多数的课堂教学还是采用这种教学模式。

### （二）学生之间合作学习

这种方式针对传统教学中忽视了学生之间的互助合作的弊端，重视了学生和学生之间的互动合作，构建了以生生互动合作为主要特色的课堂教学模式，这种模式借助于学生与学生之间的小组合作学习以达到课堂教学的总体目标，最终为了满足学生单一个体和集体之间在知识和能力层面的协调发展。目前，这种生生合作的教学模式，已经在全国大多数学校都有开展，成为课堂教学的主流方向。

### （三）老师之间合作学习

老师与老师之间的合作学习，是指相同或不同学科的老师相互配合，共同提高教学效果。师师合作的教学模式兴起于 20 世纪 80 年代末的美国，它主要是以合作授课的理论和实践为代表，针对教师之间缺乏互相交流和合作的现状提出来的，就是提倡两位或者是多位教师在课堂上共同协作授课。其实单靠教师一个人的能力毕竟是有限的，而不同的教师对待同一个问题的看法和角度可能是不一样的，所以在课堂教学中如果多位教师共同合作，就可以互相帮助、互相弥补，使得课堂教学的内容更加完善、更加合理。通过教师与教师之间的相互启迪，就会迸发出一些新的思维、智慧，这拓宽了教师的视野、启迪了教师的思路、提高了教师的授课水平和质量，更能发挥出合作学习的重要作用。不过因为受到师资、人员数量和人员素质等方面的限制，大多数学校还不能达到师师合作的要求。我们可以从教师之间的合作备课、合作研究、互相交流入手。

## 四、合作学习的必备前提条件

合作学习是一种理想教学模式，若要实行并达到很好的学习效果，必须具备一定的前提条件。

### （一）要求学生必须具备高度的自觉性

所有参加合作学习的学生都必须具有高度的自觉性，知道学习的意义，可以自觉参与学习，并积极配合互相合作，共同为实现合作学习的目标而努力。

## （二）明确参与合作学习的目的

参与合作学习的主要目的就是提高学习效率，每个参与其中的学生都必须明确。合作学习是一种创新的、先进的学习理念，通过合作学习能够提高教学效率，而且只有合作学习才能提高效率。

## （三）必须具备合作学习的技能

参与合作学习，除了要提高学习效率外，还要提高学生参与合作学习的技能。学生通过合作学习，互相交流、互相学习、互相合作，在合作学习的过程中学会合作的技能，并不断地提高自己的合作技能。

# 五、高中数学合作学习中存在的问题及解决办法

## （一）高中数学合作学习中存在的问题

### 1. 教学目标的实现问题

高中数学知识内容更具逻辑性，学生在合作学习解决问题的过程中会遇到很大的难题，因此，如果教师只是简单地提出问题就会使得合作学习的困难加剧，学生茫然地开展合作学习活动，解决问题的途径就围绕"教材"和"现代化教学设备（学习机等）"进行。这样的合作学习活动失去了原来的意义，就是让学生集中起来解决问题，没有彰显出数学逻辑思维发展的培养作用。在这样的合作活动组织下，教师提出的问题虽然得到了解决，但是对学生能力的培养目标却没有实现。总之，教师赞成合作学习的理念，但却不明白合作学习的真正目的，时断时续地要学生去合作学习，这给学生的感觉是合作学习是一种可有可无的形式和手段，因而不能形成合作学习的理念。

### 2. 合作制度的不规范

合作学习活动讲求轻松、自然，让高中生在和谐的氛围中完成数学探索活动。这种情境要求使得多数高中数学教师认为，合作学习不需要有较为严格的课堂制度规范，只需要让学生展开讨论，解决问题就可以了。这种认知虽有值得肯定之处，但是也会导致课堂合作学习变成形式化的活动，这只是一种表面上的"假热闹"，实际上"活而无序"。究其原因，主要是缺乏小组合作学习的规则，"没有规矩不成方圆"。另外，教师提出合作学习任务后，很多学生就积极地进入讨论的环节，但是有的同学却借此机会聊天、捣乱，使得小组合作活动陷入不规范的情况中。教师虽然也会强调整体的课堂纪律，但是对于个别同学在小组内的表现情况，教师往往无法很快得知，使得教学效果不够理想。

### 3. 合作评价的不全面

合作评价不能只是评价小组完成任务的情况，也需要对小组内的所有同学有实质性的评价，也就是集体评价和个人评价相结合。但是，在高中数学课堂上，教师为了节约课堂时间，用来讲解较难的数学问题，缩短了对小组及小组成员的评价，简单地以"完成得很好""还不错""这个小组做得也很好，大家要向他们学习"等进行评价。其实，这样的评价，对学生行为没有全面的记录，而且在组内的合作交流和班级内的展示汇报中，发现学生往往不知道该怎样去评价自己和他人的表现，慢慢地学生对评价淡薄了，让评价的力量落了空。分析原因可能在于学生评价的语言贫乏、形式单一，评价往往缺少应有的精彩。

## （二）高中数学合作学习中存在问题的解决办法

### 1. 营造适宜学生合作学习的氛围，激发他们的参与热情

高中学生的学习是一种集体性活动，需要一定的气氛。合作学习是所有人都参与的高效学习实践活动，需要充分激发他们的参与热情。营造适合学生合作学习的良好氛围，让学生都能积极参与其中，不断强化他们的合作意识，使学生相互探讨、积极思考、共同分享。为此，教师需要精心组织安排小组成员，让有数学兴趣、组织能力较强的学生担任小组长，做好小组内部分工，引导小组之间相互合作，以此营造激烈紧张的学习气氛。

例如，学习曲线与方程的教学内容时，让学生掌握了基本的知识理论以后，给学生设置一组数学问题，要学生对这些方程进行化简，使每个方程都不含有根式。学生四人一组，每组五道试题，前四题分工到人，最后一道试题集体合作完成，先完成的学生帮助未完成的学生，看哪个小组完成正确率最高、速度最快。

（1）$\sqrt{(x+3)^2+y^2}+\sqrt{(x-3)^2+y^2}=10$；

（2）$\sqrt{(x+6)^2+y^2}+\sqrt{(x-6)^2+y^2}=10$；

（3）$\sqrt{(x+8)^2+y^2}+\sqrt{(x-8)^2+y^2}=10$；

（4）$\sqrt{(x+4)^2+y^2}+\sqrt{(x-4)^2+y^2}=10$；

（5）$\sqrt{(x+c)^2+y^2}+\sqrt{(x-c)^2+y^2}=10$。

前四题非常相似，只是换了一个数字。小组内的学生都要完成一道习题，这样，让每一个学生都能有具体的任务。让学生来做类似的习题，能让他们比较各自不同的思路和方法。如果学生成员有困难，其他同学能够根据自己的思路，引导和帮助，最后在各自理解的基础上共同完成最后一道变化题，让他们能够更好地合作。这样，每个学生都能得到很好的锻炼，小组之间相互竞争，提高他们的合作积极性和热情。教师再进行必要的引导，让学生思考方程的几何意义，进而掌握曲线的定义和标准方程。

不仅能够让学生掌握知识，而且能够活跃课堂气氛，激活学生的思维。

### 2. 精心安排学习任务，积极引导合作探究

合作学习需要为学生安排科学合理的任务，让学生能够围绕具体任务开展合作学习，以此提高学习的有效性。例如，学习概率及随机事件的问题时，教师可以设置抛掷硬币实验的学习任务。首先，将学生分成两个大组，每个大组再分成六个小组，每个小组的成员进行 15 次抛掷硬币试验，并记好硬币落地时正面和背面的次数，利用 excel（电子表格）统计正面或者背面朝上的次数和频率。学生在实验中，通过分工合作，共同参与，每个学生都能参与其中，相互合作，做好统计，根据结果来探究硬币正面或者背面朝上的概率。他们非常积极，实验非常认真，统计非常细致，且能逐步感知如下一些规律：①抛掷次数越多，正面或者背面朝上的概率越接近 0.5；②虽然抛掷同样的硬币，但是，每次硬币落地时情况不是固定的，带有明显的随意性。这样的合作学习任务具体、目标明确，学生合作有实效，培养了合作学习的能力，掌握了研究问题的基本方式，培养了良好的思维品质。

### 3. 做好多元综合评价，促进学生全面发展

教学评价是课堂教学的重要环节，也是引导学生高效学习、培养学生自信、促进学生全面发展的重要方式。高中数学合作学习需要做好综合评价，对学生合作学习中存在的问题及时加以引导，促进学生高效学习；对学习中表现出来的创新和优点，及时加以肯定。同时，针对学生的基础和能力，坚持分层评价，确保每个层次的学生都能得到指导和鼓励，引导学生相互评价。在合作学习中，小组内成员以及小组之间相互评价能够更好地指出问题，发现优点，相互学习，共同进步。

例如，学习立体几何线和面关系的内容，让学生合作学习探究这些关系时，小组内基础较好的学生能够深入细致地感知这些关系，建立起空间线面关系，而基础薄弱的学生在合作学习中边讨论，边用手、笔、书本搭建一定的空间结构，或者利用教室的墙体结构，把数学当中的较为抽象的线面关系转化为比较具体的实物结构。教师对于学生的努力和尝试应给予肯定，不能抽象理解就选用直观的实物进行直观感知，把抽象的空间问题具体化，以此鼓励更多的学生尝试操作，这对基础薄弱的学生来说是莫大的肯定，也是学习方法的很好推广。

## 六、建立合理的评价机制

对于合作学习科学、合理地进行评价，关系着能否发挥评价的激励作用，所以显得尤为重要。对于合作学习的评价是一项比较复杂的工作，因为合作学习的方式千差万别、各式各样，合作技能和合作技巧的不同加大了评价的难度。新课程提倡评价方式的多样化。因此，我们应该从教师、学生、小组三个方面进行综合评价，才能从整体上把握合作学习的情况，使评价达到激励学生积极参与合作学习的目的。

## （一）教师评价

教师评价是一种传统的、比较常见和重要的评价方式，它对学生的身心发展起到举足轻重的作用。因此，教师在对合作学习进行评价时，要做到公平合理，既要重视对学生个人的情感、合作态度、参与情况等表现的评价，又要注重对合作学习小组之间的整体评价。

重视对学生个人的评价，发现学生的闪光点，能够使每个学生都获得成功的体验，看到自己的进步；注重对小组的整体评价，更能激发起学生的小组意识，培养学生的集体荣誉感，激励学生为了小组利益而互帮互助，为了共同的目标而努力。也可以开展小组间评价竞赛，调动学生的积极性。还可以把学生的每次课堂上的发言加在课堂表现得分里，让负责记录的同学统计得分后评出表现最好的 3～5 个小组，教师上课后对表现好的小组提出表扬，并给他们组的每个人再加上奖励得分，采用个人和小组的捆绑式评价，以小组为单位进行评价。月末对小组评价进行汇总，评出一个月的优胜小组，还可以评出进步最大的小组以示鼓励。为了鼓励学习水平较低的学生上课积极发表自己的意见，还可以对学生发言得分进行调整，对学生按水平高低倒序得分，水平高的得分少，水平低的得分高，这样能够激励小组内成员对水平低的学生切实地进行帮助，有利于促进全组同学的共同进步。

## （二）小组互评

小组互评也是合作学习评价的一种新的特殊评价方式，学生小组内的成员平时合作互助比较多，互相之间比较了解，所以让他们互相评价，不仅有助于调动起小组成员的参与合作的积极性，而且有助于科学合理地对学生进行评价。在笔者所在的学校，小组互评已经成为一种模式。每次合作学习后，教师发给学生一份评价表，表中详细地列出评价的具体内容和评分方式、评分标准等，每个学生参照评价表给组员打分，把所打分的平均分作为这个组员的分数，这样每个学生都参与其中，比较公平合理。

## （三）学生自评

学生作为合作学习的主体，能够及时反思在合作学习过程中的表现，不仅反思不足，而且从中汲取对自己有帮助的经验，通过及时总结自己与同学合作过程中的交流的方式、讨论的方法以及解决问题的方式方法等，引发自己的深入思考，才能不断进步。学生自评的方式可以是多种多样的，可以是组内口头交谈方式，也可以是班内口头交流方式，还可以采用书面方式，让学生写出自己在合作学习中的感悟，当然也可以根据教师给出的自评标准让学生自己进行评价。学生的自我评价是学生不断进步的基础。

数学教学与核心素质培养

# 第四节 高中数学的自主学习法

## 一、自主学习的定义

关于什么是自主学习，在我国理论界有着不同的说法，学习自主性是指学生培养和形成的对自己学习负责的能力。通俗地讲，自主性学习指的就是学生在学习过程中自己主动地学，能够调整掌握自己的学习，对自己的学习行为负责，使被动的学习转化为主动学习的过程。它是近年来教育领域出现的新的教学观念，目的是培养具有独立学习能力、适应社会发展的学习者。

自主学习是学习者在明确学习的宏观教学目标后，在教师的悉心引导下，根据个人的特点和需求，自由主动地选择适合自身的学习目标、学习内容、学习方法并通过个人控制的学习行为完成具体学习目标的方式。

建构主义认为自主学习其实是元认知监控的学习，是学习者依照自己的学习能力、学习任务的要求，积极主动地整合自己的学习方法和用功程度的过程。学习者必须充分调动主观积极性，自主地去发现和探索知识，将知识"同化"和"顺应"到自己的认知结构中，并且会通过其他途径尽可能地解决自己学习中遇到的"疑难杂症"，掌握解决问题的方法，最终成为独立的学习者。

## 二、自主学习的理论依据

### （一）维果茨基的"最近发展区"理论

苏联教育家维果茨基提出了"最近发展区理论"。其基本观点是：在学生发展过程中，要确立学生发展的两种水平。一是其已经达到的发展水平，即现有水平，表现为学生能够独立解决问题的水平；二是他正在形成、发展的水平，即可能达到的水平，但需要他人的帮助。维果茨基将这两种水平之间的差异称为"最近发展区"。维果茨基认为，教学不应以学生的昨天为发展方向，而应以他们的明天为发展方向，只有这样，才能加速学生的发展。有研究证明，任何学生都存在着一个适合他自己的"最近发展区"。因此，教师能否找准每个学生的"最近发展区"，就成为能否充分利用"最近发展区"理论实施教学的重要前提，也是让学生进行有效自主学习的依据。

针对学生的实际情况，找准他们的"最近发展区"，将"最近发展区"理论应用

- 58 -

于数学自主学习学案教学时要做到：第一，设计自主学习学案的预习学案要通过课前设问去发现学生目前已有的知识水平；第二，根据学生的实际水平提出问题，让学生"跳一跳能解决问题"，让不同层次的学生在不同问题中得到不同的发展和进步。

## （二）多元智能理论

心理学家加德纳教授针对比内－西蒙的智力测验理论而提出的多元智能理论认为，一个人除了言语、语言能力和逻辑、数理能力两种基本智能之外，还有其他七种智能。每个人在不同程度上都拥有这九种基本智能，个体间的智力差异正是这些智能之间的不同组合表现出的。为此，他强调在可能的范围内使具有不同智力的学生都能受到最好的教育，这基于详细了解每个学生的智力特点的基础，即教师应该了解每个学生的背景，兴趣爱好，学习强项，确立最有利于学生学习和发展的教学方法和策略。

基于加德纳多元智能的原理，在自主学习学案的设计中，要注意做到以下几方面：

第一，设计的自主学习学案是分层次的，让不同层次的同学都有适合自己的问题思考，都有合适的题目做，为不同学生的发展提高提供充足的题材。

第二，在课后延伸学案中，明确指明使学有余力的同学思考讨论有关问题。

## （三）建构主义的学习理论

建构主义最早的提出者是皮亚杰。他认为学生在与外界环境的相互作用过程中，可逐步建构起关于外部世界的知识，从而使其自身知识结构发生变化。学生与外界环境的相互作用主要涉及两个基本过程即"同化"和"顺应"，通过这两个过程的相互作用达到动态平衡，并且在"平衡—不平衡—新平衡"的循环中不断发展、丰富和提高。

建构主义理论认为，学生的知识并不是纯粹地通过教师传授获得，而是学生在一定的环境中，借助学习过程中其他人的帮助（包括老师和同学），利用必要的学习资料，通过建构的方式获得的。从建构主义理论来看，自主学习学案教学恰好是建构主义理论和现在的教学改革结合的共同产物。

基于皮亚杰的建构主义的原理，在自主学习学案的设计中，要注意做到以下两方面：

第一，自主学习学案的设计中，注意问题情境的创设，以启发学生的思考，使其在认知上出现新的不平衡，并有效利用这种不平衡来刺激其学习活动，使学生在原来知识的基础上针对新知识的情况进行同化或者顺应，以形成新知识结构，达到新的平衡。

第二，在自主学习学案的反思总结设计中，为学生提供机会，同时帮助学生对学习的内容和过程进行反思，使其对原有的知识结构进行调整，使其认知结构较快地从不平衡发展到新的平衡。

## 三、模式构建的基本原则

自主学习教学模式是学生在教师的指导下，以学生为中心进行的自主学习，其基本特征是课堂教学活动的中心是学生。在这种教学模式下，学生和教师的作用、地位与以往教学相比有明显差异。该教学模式构建原则如下。

### （一）学生主体的建构

教学过程中，学习活动的主体是学生，教师要引导他们在学习过程中，能创造性地认识世界；自我发展的主体也是学生，学生具有主体意识和实践能力，在对客观世界认识的同时，对自身的改造与完善必然会加深。学生主体的建构必须明确和尊重学生主体的地位，还给学生学习的主动权，经过教师的指导，学生通过多种感官器官及思维活动，在学习过程中经历主动探索和创新过程。

### （二）师生互动的强调

教学是双向互动的过程，故步自封的闭门造车不是自主学习，自主学习不能没有师生、生生间的交流。教师要引导学生主动融入和谐友好的合作氛围。课堂讨论的问题，教师要事先设计好，引导学生展开讨论，让学生在讨论中获得知识。在课堂互动关系中，教师和学生同时扮演着信息发送者和接受者的角色，双方在两种角色的相互驱动、运作下，教师完成"传道、授业、解惑"的职责，而学生也达到了"学习、成长、成熟"的目的，传统的"要我学"通过师生互动变为学生积极主动参与的"我要学"，从而使学生的主体地位得到了真正的体现。

### （三）激励性评价在教学过程中的重视

学生积极主动地学习可以通过教师赞赏、激励的评价语言来激发，让学生对学习产生浓厚的兴趣，师生情感得到交流，有利于放松和谐的学习氛围的营造，能够坚定学生自主学习的信心。在学生自主学习过程中，要对学生自主学习的结果及时加以积极地评价，在学生自己分析问题，解决问题时闪现的思维的火花要及时予以肯定和鼓励，充分调动学生学习的内部动机、成就动机，使学生自主性活动的积极性和主动性得到增强，创造性得到激发。

## 四、高中数学自主学习的模式及实践分析

### （一）高中数学自主学习的主要模式

目前，国内较有特色的自主学习模式如下。

1. "自学、议论、引导法"

它包括三个基本环节：

第一，独立自学，即学生独立地开展学习活动。其核心思想是还给学生学习的主动权，保证学生有自主学习的时间和空间，其活动形式有"阅读""倾听""演练""操作""笔记"等，关键是学生的积极思维和独立思考。

第二，群体议论。议论是指学生与学生、学生与老师之间开展小组或全班的交流讨论，是合作学习的基本形式。"合作"是"学习"的方式，"学习"是"合作"的目标和内容。

第三，相机引导，即教师运用点拨、解惑、提示、释疑等方法发挥教师的引导作用。如创设合适的情境，生成课题，激发研究兴趣，明确研究内容和研究方法。根据学生学习中出现的问题，或进行启发性的描述，使学生得到仿效和借鉴；或对有关问题的前景进行生动的描述，使学生打开眼界，拓宽思路；或列举一些矛盾现象，选编一些容易发生错误的习题，让学生深入思考、总结经验教训，等等。

通过教师引导，使学生自学有内驱力、有内容、有方法，使议论有序、有激情、有见地、有深度，最终使课堂学习达到预期目标。

### 2."六课型单元教学法"

"六课型单元教学法"由湖北大学黎世法创立。"六课型单元教学法"的理论基础有两点：一是教学方式一定要适合学生的学情；二是宏观教学方式与微观教学方法的统一。六课型：自学课、启发课、复习课、作业课、改错课、小结课。六种课型实际上是按照学习书本知识的六个不同的基本认识阶段划分课堂教学的。

### 3."自学辅导教学法"

自学辅导教学以高中学生为对象，从一开始就把传统课堂教学以教师讲授为主变为在教师指导和辅导下以学生自学为主。教师要保证每堂课学生有连续 30～45 分钟的自学时间。在此期间，教师不打断学生的思考。所用教材有三个本子：课本、练习本和答案本。学生利用这三个本子进行自学、自练和自改作业。自学辅导教学法的优点在于能更多地调动学生学习的主动性，并且能够更好地发挥教师的主导作用，从而提高学生的学习成绩和培养学生独立思考、独立学习的能力。

## （二）高中数学自主学习的实践分析

### 1. 做好课前学习导向，以学定教

#### （1）精心设计"预习案"，做好自主学习导向

自主学习型高效课堂是以"预习案"为载体，首先要根据学生实际情况精心设计"预习案"。现行教材的内容编排符合学生的认知规律，图文并茂，文字浅显易懂，为学生设置了很好的内容环境，学生只要认真阅读，绝大部分的书本知识是能够看懂的，但要充分利用好这一资源，还需要教师做好有针对性的阅读指导，否则学生只会"走马观花"，收效甚微。教师通过精心设计"预习案"，根据教学大纲和本市中考的命

题趋势，预设学习目标，让学生自主学习，有目的、有针对性地进行预习，并且通过完成相应配套的练习题，检验学生自主预习的效果，给学生提出问题与疑惑的机会，减少学生自主学习的盲目性和随意性，使得预习不再是敷衍的学习任务，避免浪费时间，提高自主学习的效率。

"预习案"的编写是在全体备课组教师集体备课的基础上，由每一位教师再作微调，而最终定稿的，以求最大限度符合本班学生的实际学习情况。"预习案"的内容结构分为以下几个方面。

①预习目标及要求

学生明确预习的目标及要达到的要求，使学生在预习的过程中，做到"心中有数"，知道自己要学什么，应达到什么标准，以及如何达到这些标准。

②阅读课本

科学合理安排预习量，使学生明确本课时预习的书本范围，不增加学生课后学习负担；教师应指导学生"三读"课本。第一遍粗读：整体浏览课本内容，了解有哪些知识点，教材的结构如何。第二遍细读：把书读厚，边读边思考，仔细推敲每一个知识点、每一道题。第三遍精读：把书读薄，在重点、难点和疑点上下功夫，深入钻研。

③基本概念和练习

这部分预习检测题以课本例题的同类型基础题为主。通过练习，初步检验学生对概念的理解，即初步运用知识的情况，使学生明确哪些知识、概念理解有困难，并反馈给教师，作为二次备课的依据；知识的获得固然重要，但知识获得的过程更为重要，因此在设计练习时，教师也可根据学生的年龄特点和认知特点，设计探索性和开放性的问题，给学生提供自主探索的机会，让学生在观察、猜测、实验、归纳、分析和整理的过程中理解一个问题是怎样提出来的、一个概念是如何形成的、一个结论是怎样探索和猜测到的，以及这个结论是如何被应用的。通过这样的形式，让学生真正做到快乐地动起来，主动地学起来，创造性地做起来。

④预习收获（谈谈感想、说说疑惑）

知识是完全可以由学生自主学习获得的，只要教师事先做好充分的准备，将目标设定在学生的"最近发展区"，学生就一定会跳起来摘果子，也一定能摘到果子。教师要鼓励学生在自主学习过程中主动进行知识构建，有意识地将新知识纳入原有的知识体系，从而构建新的知识体系。在这部分栏目中，同样留给学生提出问题，抒发困惑的空间，培养学生发现问题，敢于提问的习惯。发现一个问题比解决一个问题更重要。教师要鼓励学生在自主学习的过程中能多问自己"为什么"，在深入思考的基础上提出问题。同时，教师应有意识地指导学生提问的方法，例如，可以从类推、比较、换位、逆向等角度去思考进而提出问题，也可以就书本上看不透的、练习中不会做的、课堂上未听懂的内容提出问题，而学生提出的问题或困惑同时也是教师二次备课的依据。

⑤家长签阅

争取家校合作的力量，通过家长有效监控学生自主学习的过程，在初级阶段，提高孩子自主性学习的效率，逐步提高孩子学习的自觉性与责任心。

"预习案"的编写要求，首先内容必须紧扣新课的重点、难点，不能太散；其次数量要少，篇幅控制在 16 开的一个版面，形式要简单，易操作，要编写人人都必须牢固掌握的知识点，并易于检测出学生自主学习中存在的问题；最后教师的课堂讲解要与检测的内容相关，这样才会有针对性。

（2）以学定教，二次备课

教师要利用好学生的预习成果——预习案，在课前对学生的预习情况进行书面形式的检测。教师的检查活动要灵活，可以事先收起学生的"预习案"，进行批改，也可以将"预习案"以投影的形式在课堂上展示，或在课堂上进行提问。根据检测的结果，及时调整教学活动，根据预习情况，讲学生"最近发展区"的东西；讲学生通过自己的努力仍有疑问或模糊的东西；讲重点、难点、易漏点、易错点、易考点，要将"讲"与学生的"悟"紧紧捆绑在一起。要谨防两个极端：①学生已经自主学习过的内容，课堂上一律不讲；②不管学生的自主学习情况如何，所有知识一律从头讲到尾。在教学中，教师既要承认学生的自主学习成果，又要承认学生的学习差异，应根据学生自主学习的实际情况，以学定教，学生学会了的内容就不再讲了，主要讲学生不会的或容易出错的内容。

**2. 学教互动，少教多学**

教师要减少语言的密度，精讲、精问，把学习的主动权和不该占用的时间都还给学生，教师要变"教"为"导"，学生变"听"为"学"，鼓励学生质疑展示，引导学生合作探究，力争做到学教互动，少教多学。

（1）质疑展示——点燃智慧的火花

课堂的第一个环节是质疑展示：学生可以提出自主学习的疑问，其他学生给予解答，教师给予点拨；学生可以展示自主学习中的收获，其他同学给予补充，教师帮助他们提升。在这一环节中，教师也可进行提问反馈，而且要以提问班级后进生为主，一方面，可以暴露问题，大家共同探讨，引导学生发现自己的学习误区，或者更科学的解法，对后进生起到促进作用，对优生起到培养他们发现问题的能力和求异思维的能力；另一方面，如果这部分学生会做了，那么其他的学生肯定也能完成得较好，这样能起到学情反馈的作用，也激励了学生自主学习的热情和学习效率。问题是思维的起点，高质量的问题是高品质数学学习的"驱动器"。只有通过问题的解决，学生才能理解和掌握知识、感悟思想方法、锤炼思维、磨砺心智、提升观念、丰富情感。为此，教师要鼓励学生大方、大声地畅所欲言，乃至激烈争辩。只有这样，学生才能加深对知识的理解，碰撞出智慧的火花。

（2）合作探究——促进共同发展

课堂的第二个环节是合作探究：教师根据教学内容的重点、难点、疑点，结合学生的实际，组织学生合作探究，把课堂教学内容整合成既是学生自主学习中的问题解决，又是新问题的研讨交流。这一环节旨在让学生在"知其然"的基础上"知其所以然"。具体做法是：

①动态分组

将全班学生按照学业水平、学生性格、个性差异、性别等分成10个小组，每个组4～5人，平均素质同等，合作探究时一般是"围坐型"，使学生在融洽的学习气氛中自主讨论。每组均有一名组长组织组员学习，引导大家研讨老师布置的问题。同时，教师作为参与者，应主动加入学生的讨论、交流之中。作为指导者，要对学生的讨论、交流不断地起促进和调节作用，使问题不断地引向深入。这一过程是学生主动构建、积极参与的过程，是他们真正学会"数学思维"的过程，也是其个性心理品质得到磨砺的过程。

②汇报交流成果，揭示规律

以学生为主，教师为辅的前提下，引导学生小组汇报他们探究的成果，并让学生总结，揭示规律。学生根据教师提出的问题在小组内交流自己的观点，相互启发、相互促进，全员参与、全过程参与。在组内交流的基础上再在班上交流、探索，使问题的认识和解决向更深入的层次推进。不同的学生有不同的思维方式，不同的兴趣爱好以及不同的发展潜能，教学中应关注学生的个体差异，允许学生思维方式的多样化和思维水平的不同层次，对于学生彼此间观点的分歧，一方面，教师要引导学生分享彼此的思想和观点，并重新审视他们自己的想法；另一方面，教师要善于抓住学生的想法，启发学生关注问题的重要方面，进而统一认识。

（3）点拨启思——激发积极的思考

课堂的第三个环节是点拨启思：教师以"夯实基础和提高能力并举"为原则，精选例题、精讲例题。教师的讲解重在点拨，教师不要一贯地认为例题就是要自己去分析，自己去讲解给学生听，或主观臆断学生不会，所以直接由老师讲。老师能不讲的坚决不讲、能少讲的尽量少讲、能让学生讲的一定要让学生讲。让他们来分析思路，如果学生的解释是正确的，教师要给予及时的肯定，鼓励其继续深入地思考；如果分析得不到位，教师便可以加以点拨，点拨要做到"点得恰当，拨得适度"。与其他的问题进行联系渗透，通过变更题目的条件或结论，引导学生学会运用，引导学生交流解题、变题的体会。这一环节旨在引导学生构建新知识体系，在夯实基础的前提下，延伸拓展、提升能力。

（4）当堂训练，及时巩固——为学生的自主学习做好巩固

这一环节旨在达到当堂反馈、诊断教学、及时弥补的效果。教师要立足教学目标和教学内容，设计检测题，进行有针对性的同步训练，题目要典型，应该以中档题为主，包含课前"预习案"中暴露的错误类型，适当有提高题和拓展题，以符合不同层次的学生的需要，既要能让优等生"吃得饱，吃得好"，又要能让困难生"消化好"。练习时，教师在教室内巡视学生答题情况，多关注基础薄弱的学生，发现他们解题困难或解题出现偏差时，可以单独辅导，做到让每一个学生都有所收获，这也是"堂堂

清、日日清"。教师要利用当堂训练检测反馈课堂自主学习情况，对出错多的问题再次组织师生研讨，查找原因，纠正思路，既能达到检测学习效果，又能巩固学习成果，还能根据反馈的学习效果进行弥补教学。

（5）反思小结，拓展延伸——知识梳理，融会贯通

通过前几个环节的努力，学生已对本节课所学内容有了较深刻和较全面的理解和掌握，教师应引导学生进行反思，对知识进行整理、对规律进行总结、对思想方法进行提炼，进而形成观点。这一环节要尽量让学生自我总结、自我评价和对"评价"进行再评价，让学生做的、说的尽可能多些，让学生之间相互补充、完善、提高，构建自己的知识体系，教师主要起启发、引导作用。同时教师应重视引导学生把问题的探索和发现延续到课尾，让学生再提问，以便课后进一步地去探索、去解决，从而培养学生实践能力。陶行知先生说过："生活即教育，社会即学校。"生活中处处有数学，数学来源于生活，又解决着生活中的各种问题，我们可以开放教学，建立大课堂教学观。

### 3. 对学生自主学习进行科学合理的评价

评价既要关注学生学习的结果，也要重视学习的过程；既要关注学生数学学习的水平，也要重视学生在数学活动中所表现出来的情感与态度，帮助学生认识自我、建立信心。对于学生来说，学习评价要促进学生的学习和发展，主要发挥反馈作用、促进反思，实现自我管理和激励的功能。对学生的学习过程进行持续全面的评价，评价的内容要使学生了解哪些知识、哪些技能、哪些能力是重要的，向学生反馈信息可以使之了解自己现阶段的学习情况，促使学生反思自己的学习决策。比如，哪一部分知识还应该努力学习、深入思考，自己的学习方式是否需要改进，等等。系统地对学习过程进行评价，将影响学生日常生活和学习的各个方面，促使学生自我调节。例如，激励学生有意识地强化自身的优势；有意识地纠正学习中的错误；帮助学生明确学习目标，承担学习责任，以便更自觉地学习，学会学习的自我管理。在对学生的自主学习进行评价时，评价的标准应是"以人为本"，着眼于学生的能力发展，面向全体学生，承认学生的个体差异，使得这样的激励性评价有助于让每一个学生体会成功的快乐，体验成功的过程，使得评价成为学生进一步自主学习的动力。同时，教师要引导学生进行学生间的互评及自我评价，让学生在自我评价中发现问题，学会自我纠正问题，总结经验教训。总之，正确的评价应该为学生自主学习能力的发展服务。

## （三）高中自主学习课堂教学模式构建的途径

### 1. 建立和谐师生关系，营造良好的学习氛围

课堂教学是一个双边活动过程，应营造一个宽松和谐、兴趣盎然的学习氛围，才能使学生积极、主动地参与到课堂中，教与学必须步骤和谐，方可实施"师"教和"生"学。课堂教学是实施素质教育的主渠道，在课堂教学各环节上应不断渗入学法指导，使学

生学得积极主动，真正成为课堂学习的主人。一个人的思维在不受外来压力的情况下是最活跃的，教师要想方设法创造适合学生参与的课堂氛围。在数学课堂上，营造和谐的师生关系，学生的学习兴趣和积极性才能被调动起来，才能充分发挥学生的聪明才智和创造力。这需要教师用爱心对待每一个学生，而不是带着歧视的观念看待学生。教师要较多地关注学生的学习生活，多用肯定和鼓励性的话语对待他们的课堂回答和产生的疑问，不要草率地指责，以免增加学生的心理负担，致使学生抵制与教师交流，产生厌学情绪，从而不利于自主学习的开展。只有解决这些问题，才能让学生感受到班集体和教师的温暖与友好，使他们因为接受教师而对数学产生浓厚的兴趣。

### 2. 激发学生学习兴趣，为自主学习提供充足的动力

学生对数学有了浓厚的兴趣时，就会产生一种强烈的求知欲，从而产生主动学习数学的积极性，由"要我学"变为"我要学"，把学数学当作一种爱好、一种乐趣、一种享受。这样不但减轻了学生的学习负担，而且使学生在学习上获得了巨大的成功。教师在教学过程中，充分利用现在教育技术，应用多媒体和网络资源的优势，为相应的教学内容提供更丰富的感性材料，以期进一步激发学生的学习兴趣，使学生得到学习的原动力。这样学生会越学越想学，越爱学，有兴趣的学习事半功倍。相反，"强扭的瓜不甜"，如果学生在逼迫的状态下被动地学习，仅仅是装模作样，其效果必定很差。只要学生学习数学的兴趣长盛不衰，学习的动机就会源源不断，长此以往，数学学习将走向良性轨道，同时将所学的数学知识和数学思想方法应用于现实生活中，这对学生个人成长、发展起到至关重要的作用。

### 3. 培养学生的数学问题意识

善于发现问题和提出问题是学生自主学习和主动探索的开始，也是探求新知识的动力。实践证明，在质疑状态下的学生求知欲和好奇心最强，他们会主动、积极地参与到学习中去，学习兴趣高，效率也高。提出问题是解决问题的开始，很多时候他们都能对问题提出自己的不同见解。只有在学生求知欲强的时候，思维才会积极，而思维积极，学习才会事半功倍。但是，在这方面我们做得很不够，教师包办得多了一些，留给学生的空间小了一些。学生提出精彩的、有价值的问题，教师要在全班给予充分的肯定，让学生获得成就感，并在班级形成思考提问的风气。要容许和鼓励学生有不同于教师的，甚至是一反常态的想法和做法，让学生敢想、敢说。当然这里有一个科学性的"度"，对于学生创造中科学性的不足，可以先肯定后引导。有时候学生提出的问题并不是教师想要的，或者在教师看来是没有价值的提问，但只要是学生经过认真思考的，我们就不能轻易地否定。还可以给学生留一些创意性的作业，如知识拓展性的问题。也可以给学生留一些探索性的小课题，需要的时间可能会长一点，但是学生在解决整个问题的过程中，自主学习的能力、创新意识等一定能得到锻炼。对这些创意作业和研究成果可以通过集中展示、教师引导的"欣赏"、学生之间交流评价等方式给予积极评价，鼓励更多的学生自主学习和创新。

#### 4. 有效开展数学课堂合作学习

合作学习倡导合作成员之间互教、互启、互学的状态，注重个体与集体智慧的结合，通过合作模式能有效地加强学生主动学习意识，同时获得与他人合作的优势互补效应，从而取得意想不到的教学效果。合作学习中，每个学生的主体性都能最大限度地发挥，这对主动学习有着非常大的帮助，所以教师要积极地培养他们的合作学习意识。数学教学中，合作方式可以凭借着学生自主选择来构建，也可以根据学生情况建立相互帮扶型小组来展开。学生分成几个学习小组，每组 3 ~ 5 人，实现组内学生按周轮流当组长，开展组内、组外的讨论和沟通，这样学生不但能自主地参与进来，而且有机会成为小组自主学习的活跃分子和组织者，从而使自主学习在合作的氛围下健康、轻松地进行。

#### 5. 培养学生预习习惯、强化学法指导

在自主学习实践中，有意识地安排学生预习就是为了给学生创造自主学习的时空，让学生自己做主，独立学习，培养学生自主学习的独立性。在自学例题时，要弄清楚例题讲的是什么内容，告诉了哪些条件，求什么，书上是怎么解答的，为什么要这样解答，还有没有新的解法，解题步骤是怎样的，等等。抓住这些重要问题，动脑思考，步步深入，学会运用已有的知识去独立探究新的知识。

在教学过程中，教师要重视对学生学习方法的引导，积极组织学生的思维活动，不断提高学生的参与能力，通过有目的地教学，让学生有意识地掌握自主学习技能和学习策略，提高学生的学习效率。教学中，教师不但要教新知识，还要教学生如何"学"。如教师在对"二次函数"一章复习时，可对学生提出如下问题：①二次函数共有哪几种形式的解析式？②学习和研究某种形式的二次函数时，我们通常从哪几个方面着手研究？③经过哪些步骤，可以画出二次函数的图像？函数的图像在研究函数的性质时有什么作用？通过这样具有一定广度的问题创设，可以引导学生带着问题学习数学，锻炼学生发散性思维，从而提高自主学习效率。

#### 6. 管理学习过程

随着物质生活水平的提高及社会的进步，优生优育下的新一代学生应该智商并不是很差，差就差在学习行为习惯不够理想。通过有效的管理引导，把学生的注意力吸引到课堂内容中去，只有把学生管好了，才能好好教，学生才能好好学，才能切实提高教学的有效性。教师要及时、公平地处理好课堂教学的每一环节，管理好每一个学生的学习状态。因此有利于学生自主学习的管理应是对班级自主学习气氛的管理、不同层次学生的管理，以及对学生课外自主学习过程的引导与管理。当然，管理不是把学生千篇一律管成一个模子，而是要管理出个性鲜明的，一个个活泼的学生，并养成能够进行自主学习、终身学习的学习习惯。

#### 7. 挖掘非智力因素

学生在学习过程中，克服障碍、克服困难、坚韧不拔的精神，会随着每一个新的

问题的解决充实起来，并且从中学会经受挫折与失败，进而激发和促进良好意志品质的形成。教师要充分调动他们的非智力因素，促进他们的学习。笔者经常在学生作业结尾处加注评语，或是表扬和鼓励，或是批评和建议，让同学拿到作业时，不再看到的是冷冷的对与错，还可以看到教师的叮咛，无意中拉近了师生间的距离，激发学生的意志、兴趣、信念等。

# 第三章　新课改背景下的数学教学模式创新

## 第一节　教学模式的基本概念

### 一、关于教学模式定义的研究

关于教学模式的定义，大致有三种看法：第一种是认为模式属于方法范畴，其中有的认为模式就是方法，有的认为模式是多种方法的综合；第二种是认为模式与方法既有联系又有区别，各种方法在具体时间、地点和条件下表现为不同的空间结构和时间序列，从而形成不同的教学模式；第三种是认为模式与"教学结构—功能"这对范畴紧密相关，教学模式是人们在一定的教学思想指导下，对教学客观结构作出的主观选择。

按当前有关教学模式界来说，大致有下列五种：

①教学模式属于方法范畴。

②教学模式和教学方法既有联系又有区别。

③教学模式与"教学结构—功能"这对范畴紧密相关。

④教学模式就是在一定教学思想指导下建立起来的完成所提出教学任务的比较稳固的教学程序及其实施方法的策略体系。

⑤教学模式是在教学实践中形成的一种设计和组织教学的理论，这种理论以简化的形式表达出来。

确定教学模式的概念，既要考虑逻辑学对下定义的要求，又要注意吸收诸如系统论等新科学研究成果，通过研究古今中外教育史上教学模式的发展规律，吸取现代教学模式理论的精华，并对教学经验进行分析、综合后，才能给教学模式下一个比较贴切的定义。

## 二、教学模式的定义

综上研究，对教学模式的定义做如下理解：教学模式是建立在一定的教学理论指导下和丰富的教学实践经验基础上，为设计和组织教学而形成的一套较为稳定的教学活动结构框架和活动程序。"结构框架"意在凸显教学模式从宏观上把握教学活动整体及各要素之间内部关系的功能。"活动程序"意在突出教学模式的有序性和可行性。

## 三、课堂教学模式的结构

世界上一切事物和过程都有自己的结构。课堂教学当然也有自身的结构。所谓结构是指在某个系统范围内元素联系的内部形式，它包含着元素之间的相互作用、活动和信息往来。课的结构，就是指一堂课的各个要素联系的内部形式，它反映了一定教材单元体系中一堂课的教学过程及其组织。一堂课的结构是否优化，直接关系到课堂教学效益的高低，然而，人们对课堂教学结构的研究还不够充分。

任何教学模式都有其内在的结构，教学模式的结构是由教学模式包含的诸因素有规律地构成的系统。完整的现代课堂教学模式结构一般包含如下因素：第一，主题。教学模式的主题因素指教学模式赖以成立的教学思想或理论。主题因素在教学模式结构中既自成独立的因素，又渗透或蕴含在其他因素之中，其他因素都是依据主题因素而建立的。第二，目标。任何教学模式都指向一定的教学目标，也都是为完成一定的教学目标而创立的。目标是教学模式结构的核心因素，对其他因素有着制约作用。第三，条件（或称为手段）。条件因素是指完成一定的教学目标，从而使教学模式发挥效力的各种条件。任何教学模式都是在特定的条件下才能有效。条件因素包括的内容很多，有教师、学生、教材、教学工具、教学时间与空间等。第四，程序。任何教学模式都有一套独特的操作程序，详细具体地说明教学的逻辑步骤、各步骤完成的任务等。第五，评价。评价是教学模式的一个重要因素，它包括评价方法、标准等。由于不同教学模式完成的教学目标、使用的程序和条件不同，因而评价方法和标准也就不同。所以一个教学模式一般要规定自己的评价方法和标准。

主题、目标、条件、程序和评价这五个因素相互依存、相互作用，构成一个完整的教学模式。一般来说，任何教学模式都要包含这五个因素，至于各因素的具体内容，则因教学模式的不同而不同。

## 四、教学模式的发展方向

教学模式的发展具有以下四个趋势：

## （一）重能力趋势

以赫尔巴特理论为代表的传统教学论在强调系统、严格地传授知识的同时，并不否定发展能力的意义；不过它把发展能力置于次要的、从属的、"兼顾"的地位。赫尔巴特在否定以洛克为代表的"形式训练"论时，走向了另一个极端。

现代教育家们不再在知识与能力两方面各执一端，相互否定。人们普遍认为传授知识与发展能力是教学的双重任务。随着知识增长速度的加快、终身教育的普及、社会竞争化程度和个人社会生活复杂化程度的提高，学生的一般能力、创造能力、社会交往能力等必将越来越受到人们的重视。人们在设计或归纳教学模式时，也必将越来越重视能力。

## （二）重学生趋势

可以说，任何一种有价值的教学模式都在某种程度上建立在对学生学习过程的认识上。不过重视对学生学习过程的研究，并不等于承认学生在教学中的主体地位。

在教育史上，美国、苏联都犯过轻视教师的主导作用、轻视系统严格的知识教学的错误。人们在认识到这一错误后，自然又在不同程度上向传统教育回归。在仓促的"回归"中，难免再犯轻视学生主体作用和能动作用的错误，这就需要纠正"过正"的"矫枉"。于是，重视学生的主体地位成了当代教学模式的共同特征，一些教学模式甚至直接把承认学生的主体地位和能动作用作为建立和推广自己的理论体系的前提。

## （三）心理学化趋势

随着心理学的发展，教学模式的心理学色彩越来越浓厚。古代的孔子模式、苏格拉底模式基本上不带任何心理学色彩；近代的赫尔巴特、乌申斯基等人则把教学理论与对学习心理的认识结合起来论述自己的教学模式；现代的布鲁纳模式、巴特勒模式等，在某种程度上则是现代心理学的产物，具有开拓意义的算法教学模式、暗示教学模式等，如果离开了心理学的研究成果，不仅会失去价值，甚至不能成立。

现代心理学取得了可观的成就。其在认识的发生发展、能力结构及其发展、疲劳研究、记忆原理、心理语言、暗示及潜能研究等方面，都取得了重要成果。随着生理学（特别是脑科学）和生物化学研究的不断深入，心理学必能更清晰客观地阐明人类的学习机制。从心理机制角度科学地设计和叙述教学模式，不仅是必然的，而且能够越做越好。

# 第二节　新课程背景下的教学模式的改革创新

## 一、当前的教育改革背景

### （一）教育方式的转变

强调多元化、崇尚差异、主张开放、重视平等、推崇创造的教育思想成为现代教育之主流。在这种教育改革的大背景下，教师要与时俱进，转变教育思想。教学思想的更新是教学模式创新的灵魂。

### （二）教师和学生角色的变化

在平时的课堂教学中，教师在创新教育中起到了关键性的作用，学生是创新教育实施的主体。然而，现在的许多课堂教学模式过于死板，教师讲课方式墨守成规，教师一直教，学生一直学，不管接受的效果如何。这种以教师"灌输式教学"和学生"接受式学习"为突出特点的传统课堂，其教学模式始终制约和束缚着学生创新意识的激发及创新能力的培养，阻碍着我国创新教育的开展。因此创新教学模式是提高课堂教学质量，培养创新人才真正而有效的措施。

## 二、教学模式的创新

### （一）建立课程设计的教学平台

主要是选择合适的教学用具，为学生提供一个良好的软硬件环境。过去，学生课程设计的多数课题为软件设计型，在本机上实现算法设计、分析误差、校正错题，很少有一个实际的系统去测试。受现有实验设备或科研设备的局限，少数硬件课题只能在现有设备上做设计好的实验，很难让学生真正参与、改变它。理论与实践的矛盾在课程设计教学中仍无法得到真正的解决。如今随着科技的发展，大型科技教学设备相继研发出来，为学生进行反复性、实践性、参与性的课程设计提供了很大的方便。

## （二）创立开放式实验教学模式

开放式的实验教学模式的内涵特征就是实验教学的开放性，即实验教学的目标是开放的、实验教学的主体是开放的、实验教学的方式是开放的、实验教学的内容是开放的、实验教学的资源是开放的。这种开放性的特征是基于实验教学过程和能力培养过程的复杂性、培养模式以及教学方式的多样性、人才的个性化和发展目标的多元化等因素。学生学习过程中自主参与的机会不是很多，因此要创造机会让学生亲身实践，参与其中，这样获得知识的方式更加自由化，学生记忆的时间也会加长，不会出现知识到耳边这边进那边出的情况。学生在获得知识及记忆知识过程中具有较强的选择性、目的性，开放式实验教学模式就提供了这种探究的、自主的学习方式和教学环境。

## （三）教学组织形式中教师和学生角色的调整

适合创新教育要求的现代教学模式应当是整合以往教学模式的优点，弘扬创新精神，体现现代教育理念的新型教学模式。一方面，现代化的课堂要求体现学生的主体地位和教师的主导作用，学生要自主性学习，教师成为学生知识学习和能力培养的设计者、组织者和指导者。学生具有更大的独立性、自主性、探索性，更能充分体现学生是学习的主体。另一方面，我国传统的课堂教学通常是教师的"一言堂""满堂灌"或者"满屏灌"，由于课堂纪律的要求，学生不能自由大胆地、随时表达自己的不同想法与见解。这样的课堂无疑将学生的求异思维、批判思维和创新思维扼杀在了摇篮中。

# 第三节　"传递—接受"型教学模式

"传递—接受"型教学模式以"以教为主"为主要特征，由于特别强调充分发挥教师在教学过程中的主导作用，因而该模式被认为对学生的学习主体地位缺少关注，并因此饱受诟病。"传递—接受"型教学模式是主动的、意义建构的学习模式，在现代信息技术条件下，"传递—接受"型教学模式依然具有非常积极的教育价值，因此需要在信息技术与课程整合的实践中使"传递—接受"型教学模式改革获得进一步深化的空间。

# 一、对"传递—接受"教学模式的错误认识

## （一）认为"传递—接受"教学模式是机械式教学

在现代课程教学改革浪潮中，"传递—接受"型教学被等同为注入式教学而遭遇批判和冲击。随着基于研究性学习等新兴教学模式在我国教学改革领域出现并迅速流行，对传统教学模式在理论和实践上都展开了批判。以讲授法为主要教学方法的"传递—接受"教学模式也成为这项改革浪潮直接批判的对象，甚至危及其存在。理论上批判的根基是在"传递—接受"型教学模式中，学生缺乏学习主动性，教师的讲授是注入式的，学生的学习是机械式的。"传递—接受"式教学一切都是为静听准备的，因为仅仅学习课本上的知识不过是另外一种静听，静听的态度是被动的。实践上的冲击主要表现在对教师课堂讲授时间的挤兑甚至抛弃。

## （二）将教学资源和方法"电子化"视为信息技术

信息技术是以电子计算机和现代通信为主要手段来实现教育教学信息的获取、加工、传递和利用等功能的过程。它强调学科课程内容信息的获取、加工、再生和利用的各种信息化技术，这种和课程内容"整合"之后的信息技术融入该学科课程的结构、内容、教学资源、教学方法以及教学模式之中，成为该学科课程有机的、不可分割的组成部分，并形成一个新型的学习环境。因为信息技术以电子计算机和现代通信为主要手段，因此，大多数人将信息技术简化为通过信息技术的使用而改变学科课堂教学结构，促进教学方式和学习方式的转变，信息技术只是一种教学手段和学习工具在教育教学中的应用，认为信息化就是在课堂教学过程中使用计算机（器）、幻灯片等与信息技术沾边的仪器，将现有的教学过程、教学方式、教学资源进行"电子化"转换的过程。

# 二、"传递—接受"型教学模式改革的理论基础

## （一）奥苏贝尔的教学理论是"传递—接受"型教学模式的理论基础

"传递—接受"型教学模式的理论构建的核心内涵是有意义学习理论，即让学生能够真正理解和掌握教师所教的知识和技能。教师的责任是要将学科知识转变成可理解、易于理解的形式，帮助或启发学生去发现或找出这种内在联系。有意义的教学是使学生自己发现这种联系，如果学生不能发现这种联系，该教学就是机械的。首先，"传递—接受"型教学模式要求教师将学科知识实施有意义传递；其次，"传递—接受"

型教学模式要求学生对学科知识做到有意义接受；最后，"传递—接受"型教学模式是适合陈述性知识的课内教学模式。

## （二）信息技术与课程整合是"传递—接受"教学改革的手段

信息技术与课程整合即通过将信息技术有效地融合于各学科的教学过程来营造一种信息化教学环境，实现一种既能发挥教师主导作用又能充分体现学生主体地位的以自主、探究、合作为特征的教与学方式，从而把学生的积极性、主动性、创造性较充分地发挥出来，使传统的以教师为中心的课堂教学结构发生根本性变革。

第一，与信息技术整合是一种教学环境营造。与信息技术整合是一种教学环境营造而非工具转换。在信息技术应用于教学的启蒙阶段，真正意义上的整合，信息技术与课程融合表现为基于教师专业能力和学生学习能力的教学资源的数字化设计和开发，关注信息技术与教师专业学科知识和教学法知识的深度整合，并以新的知识形态予以呈现。第二，与信息技术整合是实现"教"与"学"方法的新型化。为完成预定的教学内容、达到预定教学目标，必须在教学原则指导下采用科学的教学方法，既包括教师教的方法，也包括学生学的方法，是教法和学法的统一。第三，与信息技术整合推动教学结构变革。信息技术与课程整合不仅是把信息技术当作教学辅助工具，还要用以营造信息化的教学环境。

## 三、"传递—接受"型教学模式的实施步骤

这种教学模式通常包含下面四个实施步骤：

### （一）实施先行组织者策略

这个步骤包括阐明教学目标，呈现并讲解先行组织者和唤起学习者先前的知识体验。阐明教学目标是要引起学生的注意并使他们明确学习的方向。先行组织者是利用适当的引导性材料对当前所学新内容加以定向与引导。

### （二）介绍与呈现新的学习内容

对当前学习内容的介绍与呈现，可以通过讲解、讨论、阅读、作业等多种形式。学习材料的介绍与呈现应有较强的逻辑性与结构性，使学生易于了解学习内容的组织结构，便于把握各个概念、原理以及各知识点之间的关联性，从而使学生对整个学习过程有明确的方向感，对整个学习内容能从系统性与结构性去把握。在此过程中，教师还要善于集中并保持学生的注意力。

## （三）运用教学内容组织策略

为了帮助学生有效地实现对新知识的同化（帮助学生把当前所学的新知识吸纳到自己的认知结构中），除了要运用自主学习策略激发学生主动学习的积极性以外，还要求教师应依据当前所学新知识与旧知识之间存在的关系是"类属关系""总括关系"或是"并列组合关系"而运用不同的教学内容组织策略。如果新知识与旧知识之间存在类属关系，则教学内容的组织应采用"渐进分化"策略；如果新知识与旧知识之间存在总括关系，则教学内容的组织应采用"逐级归纳"策略；如果新知识与旧知识之间存在并列组合关系，则教学内容的组织应采用"整合协调"策略。

## （四）促进对新知识的巩固与迁移

在实施这个步骤的过程中，学习者一方面要运用精细加工策略和反思策略来巩固和深化对当前所学新知识的意义建构；另一方面还要通过操练与练习策略在运用新知识解决实际问题的过程中促进对新知识的掌握与迁移。

# 第四节　"三疑三探"教学模式

## 一、三疑三探教学模式产生背景

"三疑三探"教学模式是河南省西峡县第一高级中学在教学实践中探索出的一种良性的教学模式，已经获得全国教学的优秀示范荣誉。"三疑三探"教学模式的基本思想，主要是从建设创新型国家所需要具有创新能力的合格公民出发，从学生终身发展的需要出发，依据新课标的要求和学生的认知规律，让学生学会主动发现问题，学会独立思考问题，学会合作探究问题，学会归纳创新问题，同时养成敢于质疑、善于表达、认真倾听、勇于评价和不断反思的良好品质和习惯，让每一位学生都能在民主和谐的氛围中想学、会学、学好，全面体现学生在学习过程中的主体地位，真切感悟生命的价值和创新的快乐。

## 二、三疑三探教学模式下的教学环节

此模式有四个教学环节：设疑自探—解疑合探—质疑再探—拓展运用。"三疑三探"的好处就在于紧扣了一个"疑"字和一个"探"字。"疑问疑问，有疑便问"，有了疑问才会思考，才会探索，所以课堂的开始首先要提出问题，最后用问题来激发学生学习的动力和兴趣。当然问题也不是提出一次，在课堂教学中要不断地提出问题、解决问题，一波刚落，一波又起，环环相扣，持续推进课堂教学的进展。

## （一）设疑自探

设疑自探是课堂的首要环节，即围绕教学目标，创设问题情境，设置具体问题，放手让学生自学自探。这个环节主要涉及三个步骤：一是创设问题情境。二是设置具体自探问题。根据学科特点，自探问题可以由教师围绕学习目标直接提出，也可以先由学生发散性提出，然后师生归纳梳理，如果问题还没有达到目标的要求，教师再补充提出。自探问题的"主干"就是本节课的学习目标。三是学生自探。这里的自探是学生完全独立意义上的自探。自探前，教师一般要适当进行方法的提示、信心的鼓励和时间的要求。自探中，要让每一位学生都能感到教师对自己的热切关注和期望。无论关注的形式怎样变，有一个底线不能变，那就是不能打断或干扰学生独立学习的思路。

## （二）解疑合探

解疑合探是指通过师生或生生互动的方式检查自探情况，共同解决自探难以解决的问题。合探的形式包括三种：一是提问与评价。操作的办法是学困生回答，中等生补充或中、优等生评价。让学生学会表达、学会倾听、学会思辨、学会评价。二是讨论。如果中等生也难以解决，则需要讨论，对教师在学生自探的过程中巡视发现的学生易混易错的问题也要讨论。讨论要建立在学生充分自探的基础上进行，难度小的问题同桌讨论，难度大的问题小组讨论。三是讲解。如果通过讨论仍解决不了的问题，教师则予以讲解。

## （三）质疑再探

质疑再探就是让不同学生针对所学知识，再提出新的更高层次的疑难问题，诱发学生深入探究。在具体的实践中，对于中等以下学生质疑的问题，有可能还是本节课学习目标的范畴，只是从不同侧面提出，这时让其他学生回答，实际上是起到了深化学习目标的作用。对于优等生质疑的问题，有可能超出书本知识，但教师还应先让其他学生思考解答，提出多种不同的解决办法，然后教师再解答。

## （四）拓展运用

拓展运用就是针对本节课所学知识，分别编拟基础性和拓展性习题，让学生训练运用。在此基础上，予以反思和归纳。

此环节主要包括三个层次：一是教师拟题训练运用。教师首先编拟一些基础性习题，重点考查学生对基础知识的运用情况。检查反馈的原则是学困生展示，中等生评价。二是学生拟题训练运用。如果学生所编习题达不到学习目标的要求，教师应进行必要的补充。三是反思和归纳，具体操作是学生先说，教师后评。

# 三、"三疑三探"教学模式的一般操作流程

## （一）设疑自探

### 1. 操作

①设置问题情境，导入新课。
②根据学生年龄特征以及学科特点，决定是否出示教学目标。
③出示自学指导提纲，让学生通过自学课本或演练，独立探究。
④教师巡视。

### 2. 目的意义

①设情激趣，使学生从开始上课就产生强烈的求知欲望，创造良好的学习氛围。
②让学生带着明确的任务、掌握恰当的自学方法进行探究，使自学更扎实有效。
③教师巡视，能及时了解学生自学的情况，同时以适当的语言或动作暗示，激发学生学习的积极性。

### 3. 注意点

①教师在课前要将心态调整到平静愉悦状态，理性地克服因其他事件而致的心境不佳或过度兴奋，将激情、微笑、爱心、趣味带进课堂，通过生活实例、社会热点、音像资料、实验操作等途径，迅速点燃学生思维的"火花"。
②自学指导要根据学生当前的实际水平设置问题的难易程度。如果学生整体水平高，则问题设置跨度要大一些，留足思维的空间。反之，学困生较多，则必须把一个问题当作两步或三步来问，减缓"坡度"，让学生跳一跳都能摘到"桃子"。
③自学指导要层次分明，让学生看后做到两个明确：一是明确本次自学内容或范围（有的一节课需要通过几次自学，因为每次自学内容较多，学生容易产生厌倦情绪）。二是明确自学的方法。
④学生自学时，教师要加强督查，及时表扬自学速度快、效果好的学生，激励他们更加认真的自学，同时要重点关注中差生，可以拍拍肩、说几句悄悄话，帮助其端正学习态度，但一般不宜同其商讨问题，以免影响其充分的自学。
⑤自学指导在一堂课中根据教学内容和学生水平状况可能出现多次。

## （二）解疑合探

### 1. 操作

①检查自学情况。原则是学困生回答，中等生补充，优等生评判。

②针对自学中不能很好解决的典型问题，要引导学生进行讨论交流，让人人都敢于发表自己的意见，同时能虚心倾听别人的意见，尽量做到表述清楚，观点明确。

③引导学生归纳，上升为理论，指导今后的运用。

④特别难以理解的抽象问题，教师要精讲，有重点地讲。

### 2. 目的意义

①检查自学情况，首先关注学困生，能最大限度地暴露学生自学后存在的疑难问题，如果学困生做对了，说明全班学生都对了，就不需要教师再教了，则节约了课堂时间。

②学困生解决不了的问题，需要中等生补充，如果中等生仍难以解决的问题则需要讨论，这样，什么问题需要采取什么样的合探形式，教师就能准确地把握。

### 3. 注意点

①要解放思想，真正让学困生回答或演示操作，千万不要搞形式主义，让优等生演练，虽然表面上正确率高，但实际上掩盖矛盾，不能最大限度地暴露学生自学后存在的疑难问题。

②讨论不要滥用。学生讨论的问题，一定是学生通过自学仍难以解决的共性问题，或者是教师在巡视中发现的虽属个性，但带有普遍指导意义、学生易错易混的问题。

③学困生回答问题或板演时，要注意提醒其他学生认真聆听或观察，随时准备补充、评判和纠错。

④教师的"三讲三不讲"。"三讲"即讲学生自学和讨论后还不理解的问题，讲知识缺陷和易混易错的问题，讲学生质疑后其他学生仍解决不了的问题；"三不讲"即学生不探究不讲，学生会的不讲，学生讲之前不讲。

## （三）质疑再探

### 1. 操作

学生根据本节内容，提出新的疑难问题，教师引导其他学生共同解决。此外，教师也可根据课堂生成情况向学生再次提出深层次的疑难问题，起到画龙点睛的作用。

### 2. 目的意义

"质疑"有利于培养学生的问题意识，是对本节所学知识的进一步深化。

### 3. 注意点

①要创设民主、平等与自由的氛围，鼓励学生大胆质疑，敢于向书本和教师的所谓权威观点挑战，尽量引导学生提出有价值的深层次问题。

②学生提出的问题，最好引导学生自己解决。

③有的问题可能千奇百怪，超出教材的知识范围，要允许学生表达自己的见解和感受。教师课前应充分做好思想上和知识上的准备，不能指责学生，更不能不懂装懂，搪塞应付。

## （四）运用拓展

### 1. 操作

①运用所学知识，解决有关的问题，并能正确迁移拓展（包括教师编拟习题、学生自己编拟习题和完成课堂作业）。

②反馈学生答题情况。

③引导学生反思归纳本节所学主要内容（包括课本具体内容和通过学习运用所感悟的内容）。

### 2. 目的意义

①通过完成训练题、课堂作业，检测每位学生是否当堂达到了学习目标。

②通过学生自编习题的训练，做到对知识运用的举一反三。

③反思实际是对本节内容的及时归纳和梳理，使学生对本节知识有一个系统性的清晰认识。

### 3. 注意点

①首先进行巩固性训练,若有时间再进行变式训练、学生自编习题训练等延伸环节。

②教师巡视，注重答题情况的反馈和展示，发现问题及时纠正。

③每个小组选一位代表展示自编习题，同时阐述编题思路，师生适当予以点评。

④此环节时间一般不少于15分钟。

# 第五节 "翻转课堂"教学模式

## 一、翻转课堂的定义与特征

传统教学过程通常包括知识传授和知识内化两个阶段。知识传授是通过教师在课堂中的讲授来完成，知识内化则需要学生在课后通过作业、操作或者实践来完成。在翻转课堂上，这种形式受到了颠覆，知识传授通过信息技术的辅助在课前完成，知识内化则在课堂中经老师的帮助与同学的协助而完成，从而形成了翻转课堂。随着教学过程的颠倒，课堂学习过程中的各个环节也随之发生了变化。传统课堂和翻转课堂各要素对比的主要情况如下。

## （一）教师角色的转变

翻转课堂使得教师从传统课堂中的知识传授者变成了学习的促进者和指导者。意味着教师不再是知识交互和应用的中心，但他们仍然是学生进行学习的主要推动者。当学生需要指导的时候，教师便会向他们提供必要的支持。自此，教师成了学生便捷地获取资源、利用资源、处理信息、应用知识到真实情境中的脚手架。

伴随着教师身份的转变，其迎来了发展新的教学技能的挑战。在翻转课堂中，学生成为学习过程的中心，他们需要在实际的参与活动中通过完成真实的任务来建构知识。而教师通过对教学活动的设计来促进学生的成长和发展。

## （二）课堂时间重新分配

翻转课堂的第二个核心特点是在课堂中减少教师的讲授时间，留给学生更多的学习活动时间。这些学习活动应该基于现实生活中的真实情境，并且能够让学生在交互协作中完成学习任务。将课堂讲授的内容转移到课下，在不减少基本知识展示量的基础上，增强课堂中学生的交互性。最终，该转变将提高学生对于知识的理解程度。

学习是人类最有价值的活动之一，时间是所有学习活动最基本的要素。充足的时间与高效率的学习是提高学习成绩的关键因素。翻转课堂通过将"预习时间"最大化来完成对教与学时间的延长。其关键之处在于教师需要认真考虑如何利用课堂中的时间来完成"课堂时间"的高效化。

## （三）学生角色的转变

随着技术的发展，教育进入一个新的时代，一个学生可以进行自我知识延伸的时代。教育者可以利用信息技术工具高效地为学生提供丰富的学习资源，学生也可以在网络资源中获取所需的知识。因而翻转课堂则将学习的掌控权交给了学生。教师把讲的内容、知识点编制成微视频让学生在家里看，这种自行观看微视频的最大好处就是形象生动、方便记忆。并且，学生在家里看的时候可以掌控节奏，不断地看、反复看。每个学生的学习能力和接受能力是不一样的，有的学生对知识接受得快，有的学生则相对来说慢一些，在课堂上直接教学，教师需要统一教学进度与要求，所以不能兼顾每一个学生。而用视频的形式在课前让学生先去看，就能很好地弥补这个缺陷，充分起到预习的效果，是个性化教学的体现。

## 二、翻转课堂教学策略的特征

### （一）整体综合性

教学策略的提出和制订需要教师对教学的整体过程做出综合分析和考量，对过程中的各个因素进行安排与组织。教学过程中的每一个要素都是紧密相连的，若是一方出现变化，其他要素也会适时发生变化。这就要求在课堂教学中教师必须对教学活动进行整体把控，并且在教学状况发生时及时调整教学进程，充分发挥教师的教育智慧，使教学活动顺利地进行。整体综合性主要关注并强调教学是一个人人参与的复杂工程，任凭预期有多缜密，设想有多美好，在实际的操作中难免需要随机而动，这就需要教师兼顾各个环节，采用最合适的教学策略来促成教学的达成。

### （二）指向性

策略是伴随着问题而孕育的。也就是说，问题出现，困境摆在面前，只有采用了与问题相抗衡的解决方案，才能化解疑难。需要明确的是，不同的教学策略有着不同的适用范围，也就是说教学策略有限制性，不存在一种万能的教学策略可以解决任何情境下的教学问题。这就意味着具体的教学场景下，对于具体的疑难需要使用特定的教学策略。当某部分教学内容完成后，教学问题得到解决，此时在进入下一教学内容之际，教学策略的使用也即将发生变化，与其相应的手段也会随之调整。

### （三）操作性

任何教学策略的制定最终都需要通过实际的操作来达到化解疑难的目的。当然，这里的操作不是工厂里的具体改变事物的形状，而是根据需要调动技术、匹配相应的方法、设定好操作步骤之后制定的明晰的"战略"行动。我们可以发现，从问题存在到最后的问题解决，是需要用具体的行动来实现的，而策略就是这些"行动"的原型。因此，操作性赋予教学策略不同于原则理念的本质特征，也使得教学策略成为教学活动中最重要的一部分。

### （四）层次性

教学策略的来源一般有两种，一种是对理论的阐释，另一种就是经验的提炼。然而由于人的理解水平和提炼水平的参差不齐，就很容易导致制定的教学策略在"水平"上是有差异性的，因而造成策略存在层次性。这种情况下的教学策略不能称为好策略或者不好的策略，唯一的区别就是上下位关系或者是母子策略关系。我们需要铭记的是这两类策略所服务的目标是相同的，其差别之处就在于使用范围不同，上位的策略可以用来指导和规范具体的策略。

结合教学策略整体综合性、指向性、操作性和层次性的特征，这里在思考翻转课堂的教学策略时也考虑了策略的层次性，即一个大的策略下要有小策略的支撑。小策略维度下最好有具体操作方式的说明，这样既达到了具体问题的针对性，又体现出策略的操作性，只有在这样的思路下提出的教学策略才是科学合理的。

## 三、翻转课堂的教学模型设计

该教学模型主要由课前学习和课堂学习两部分组成。在这两个过程之中，信息技术和活动学习是翻转课堂学习环境创设的两个有力杠杆。信息技术的支持和学习活动的顺利开展保证了个性化协作式学习环境的构建与生成。

### （一）课前设计模块

#### 1. 教学视频的制作

在翻转课堂中，知识的传授一般由教师提供的教学视频来完成。教学视频可以由课程主讲教师亲自录制或者使用网络上优秀的开放教育资源。

近年来，世界上涌现了一批高校、组织或者个人进行开放教育资源的建设，例如，中国国家精品课程、大学公开课等。教师可以在这些优质开放教育资源中寻找与自己教学内容相符的视频资源作为课程教学内容，不但可以提高资源的利用率，节省人力、物力，也使学生接触到国际性优秀教师的最新教学内容，然而网络上的开放教育资源可能会与课程目标、课程内容不完全相符。教师自行录制教学视频能够完全与教师设定的教学目标和教学内容相吻合，同时教师也可以根据学生的实际情况对教学内容进行针对性讲解，并可以根据不同班级学生的差异性多版本地录制教学视频。在具备这些优势的同时，自行录制教学视频也对教师的教学技术和时间提出了挑战。

#### 2. 课前针对性练习

在学生看完教学录像之后，应该对录像中的收获和疑问进行记录。同时，学生还要完成教师布置的针对性课前练习，以加强对学习内容的巩固并发现学生的疑难之处。对于课前练习的数量和难易程度，教师要合理设计，利用"最近发展区"理论，帮助学生利用旧知识完成向新知识的过渡。

对于学生课前的学习，教师应该利用信息技术提供网络交流支持。学生在家可以通过留言板、聊天室等网络交流工具与同学进行互动沟通，了解彼此之间的收获与疑问，同学之间也能够进行互动解答。

### （二）课堂活动设计模块

翻转课堂的特点之一就是在最大化地开展课前预习的基础上，不断延长课堂学习时间，提高学习效率，关键在于如何通过课堂活动设计完成知识内化的最大化。建构主义者认为，知识的获得是学习者在一定情境下通过人际协作活动实现意义建构的过程。因此，教师在设计课堂活动时，应充分利用情境、协作、会话等要素充分发挥学生的主体性，完成对当前所学知识的内化。

### 1. 确定问题

教师需要根据课程内容和学生观看教学视频、课前练习中提出的疑问，总结出有探究价值的问题。学生根据理解与兴趣选择相应的探究题目。在此过程中，教师应该有针对性地指导学生的选择题目。

### 2. 独立探索

独立学习能力是学习者应该具备的重要素质之一。从个体的发展角度来说，学生的学习是从依赖走向独立的过程。学生的"独立性"有四层意义：第一，每个学生都是一个独立的人，学习是学生自己的事情，是教师不能代替也代替不了的。第二，每个学生都独立于教师的头脑之外，不以教师的意志为转移。教师要想使学生接受自己的教导，首先就要把学生作为不以自己意志为转移的客观存在，作为一个具有独立性的人来看待，使自己的教育教学适应他们的实际情况。第三，每个学生都有一种独立的要求，他们在学校的整个学习过程也就是一个争取独立和日益独立的过程。第四，每个学生（有特殊原因的除外）都有相当强的独立学习能力。

### 3. 协作学习

协作学习是个体之间采用对话、商讨、争论等形式充分论证所研究问题，以获取达到学习目标的途径。学习协作活动有利于发展学生个体的思维能力，增强学生个体之间的沟通能力及学生相互之间的包容能力。此外，协作学习对形成学生的批判性思维与创新性思维，提高学生的交流沟通能力、自尊心与形成个体间相互尊重的关系都有明显的积极作用。因此，在翻转课堂中应该加强协作学习的设计。

### 4. 成果交流

学生经过独立探索、协作学习之后，完成个人或者小组的成果集锦。学生需要在课堂上进行汇报、交流学习体验，分享作品制作的成功和喜悦。成果交流的形式可多种多样，如举行展览会、报告会、辩论会、小型比赛等。在成果交流中，参与的人员除了本班师生以外，还可以有家长、其他学校师生等校外来宾。

### 5. 反馈评价

翻转课堂中的评价体制与传统课堂的评价完全不同。在这种教学模式中，评价应该由专家、学者、老师、同伴以及学习者共同完成。翻转课堂不但要注重对学习结果的评价，还要通过建立学生的学习档案，注重对学习过程的评价，真正做到定量评价和定性评价、形成性评价和总结性评价、对个人的评价和对小组的评价、自我评价和他人评价之间的良好结合。

## 四、翻转课堂实施过程中的挑战

### （一）学校作息时间安排问题

实施翻转课堂这种需要学生在课后花费大量时间的教学模式，需要学校在教学时间安排上予以支持。

### （二）学科的适用性问题

目前，开展翻转课堂教学试验的学科多为理科类课程。理科知识点明确，很多教学内容只需要清楚地讲授一个概念、一道公式、一道例题、一个实验，其学科特点便于翻转课堂的实施。而在文科类课程中，如政治、历史、语文等人文类课程，在授课过程中，会涉及多学科的内容，而且需要教师与学生进行思想上的交流、情感上的沟通才能起到良好的教学效果。

### （三）教学过程中信息技术的支持

翻转课堂的实施需要信息技术的支持。从教师制作教学视频，学生在家观看教学视频到个性化与协作化学习环境的构建都需要计算机硬件和软件的支持。

教学视频制作的质量对学生课后学习效果有着重要的影响。从前期的拍摄到后期的剪辑都需要有专业的技术支持，不同学科的录像设计也会有不同的风格。实施翻转课堂教学实验的学校需要给授课教师提供技术上的支持，并在制作授课录像过程中形成流程化的发布范式，为后续教学视频录像提供经验。

### （四）教师专业能力的挑战

将一种新的教学模式高效地应用在教学之中，教师在其中发挥着重要的作用。在翻转课堂的实施过程中，教学录制视频的质量、学生进行交流的指导、学习时间的安排、课堂活动的组织，都对教学效果有着重要的影响。

加强对教师信息素养能力的培训，在视频录制技术人员的帮助下，录制情感丰富、生动活泼的教学视频，避免死板、单调的讲述。教师在网络教学平台中要引导学生积极地进行交流，通过基于问题、项目的探究式学习，调动学生的积极性、探究性。此外，课堂活动的组织也需要教师根据学科特点来设计。

## （五）对学生自主学习能力与信息素养的要求

学生在课余观看教学视频后，自己完成课余练习并在互联网中查找资料，总结问题，然后在课堂中与教师、同学进行讨论。这一切安排都是建立在学生具有良好的自主学习能力和信息素养的基础上的。学生只有具备较高的自主学习能力才能够通过教学视频进行课程内容的学习，在课前练习中找到自己的疑问，并能够合理地安排自己的学习时间。学生只有具备较高的信息素养才能在网络中进行资源检索，通过网络教学平台与教师和同学进行沟通交流。因此，在实施翻转课堂的过程中，要注重学生的自主学习能力的培养和信息素养的提升。

## （六）教学评价方式的改变

### 1. 对学生的考核

在完成一个单元的课程学习后，教师要组织学生对自主学习状况做出自评、互评，对学习过程和方法给予及时的评价。对学习的过程性考核评价，学生的自评、互评、组间互评要占有较大比重。及时的学习测评有利于教师对课堂活动的设计做出及时调整，更好地促进学生的学习。只要学生确实是经过认真负责地自主学习的，考核就应该是合格的。

课程标准化考试的比例宜小不宜大，难度宜低不宜高，主要用于考查学生对课程最基础的知识和技能的掌握程度。

### 2. 对任课教师的考核评价

主要考核任课教师关于所任课程开发设计的理念和思路，课程标准的编制，对课程实施方案的设计及学习情境的设计；对课程微课视频制作和课程资源建设的贡献情况；对学生自主学习、合作学习的指导方面的态度和方法。其中，学生的评价要作为考核评价的主要内容。

考核重点不是讲授，而是营造学生"吸收内化"的情境和自主学习的状态。深入课堂听课，主要看学生在课前学习任务的完成情况、交流准备情况和课堂组织状态，从而评价教师的引导指导工作。

# 第六节　"数学实验型"教学模式

## 一、数学实验型教学模式简述

信息技术下的数学实验型教学模式就是以信息技术为基础，实验者对所学的数学知识进行实践检验的探索研究活动。它的理论基础是建构主义，也就是说要让学生自己做数学实验，自己去体会，教师只是对学生存在的问题进行指导、纠正。

长期以来，人们对数学教学的认识就是概念、定理、公式和解题，认为数学学科是一种具有严谨系统的演绎科学，数学活动只是高度抽象的思维活动。但是，历史表明，数学不只是逻辑推理，还有实验。不过，传统的数学观仍然认为，即使数学需要实验也只不过是纸上谈兵，抑或只是进行所谓思想上的实验；教学过程中，学生的数学活动只是"智力活动"，或更为直接地说是解题活动，数学家在纸上做数学，数学教师在黑板上讲数学，而学生则每天在课堂上听数学和在纸上做题目。这样，对多数学生而言，数学的发现探索活动没有能够真正开展起来。

数学实验教学模式，通常由教师（也可以由学生自己）提出明确的问题情景，让学生在计算机提供的数学技术的支持下做教学实验，利用小组合作学习或者组织全班讨论，开展研究性学习活动。实验过程中，依靠实验工具，让学生主动参与发现、探究、解决问题，从中获得数学研究、解决实际问题的过程体验、情感体验，产生成就感，进而开发学生的创新潜能。

利用计算机进行数学实验教学，不仅是开展数学研究性学习的一种有效方式，而且为计算机教学的开展提升了层次。引进数学实验以后，数学教学可以创设一种"问题—实验—交流—猜想—验证"的新模式。数学教学采取何种模式，从某种程度上取决于数学教育的目的，而这又与教学的现状、社会对数学的需求密切相关。知识经济时代对创新人才的需求与数学教育中忽视学生创造性能力培养的矛盾日益凸显。在教学中倡导研究性学习，引进数学实验，以及由此引发的教学模式的变革，与当前社会对数学教育的需求是一致的。

## 二、数学实验教学模式的基本环节

数学实验教学模式的基本思路是：从问题情境（实际问题或数学问题）出发，学生在教师的指导下，设计研究步骤，在计算机（器）上进行探索性实验，发现规律，提出猜想，进行证明或验证。根据这个思想，教学模式一般主要包括以下五个环节。

## （一）创设情境

创设情境是数学实验教学过程的前提和条件，其目的是为学生创设思维场景，激发学生的学习兴趣。问题情境的创设要精心设计，创设合适的问题情境有助于唤起学生的积极思维。

## （二）活动与实验

活动与实验是数学实验教学模式的主体部分和核心环节。教师根据具体情况组织适当的活动和实验，数学活动形式可根据具体情况而定，最好是以 2～4 人为一组的小组形式进行，也可以是个人探索或全班进行。教师的主导作用仍然是必要的，教师给学生提出实验要求，学生按照教师的要求，在计算机（器）上完成相应的实验，搜集、整理研究问题的相关数据，进行分析、研究，对实验的结果做出清晰的描述。这个环节对创设情境和提出猜想两个环节具有承上启下的作用。

## （三）讨论与交流

这是开展数学实验必不可少的环节，也是培养合作精神、进行数学交流的重要环节。让学生积极主动地参与数学实验活动中去，对知识的掌握，思维能力的发展，学业成绩的提高以及学习兴趣、态度、意志品质的培养都具有积极的意义。在学生积极参与小组或全班的数学交流和讨论的过程中，通过发言、提问和总结等多种方式培养学生数学思维的条理性，鼓励学生把自己的数学思维活动进行整理，明确表达出来。这是培养学生逻辑思维能力和语言表达能力的一个重要途径。数学交流是现代数学教学中的一个新课题，把实验与交流结合起来凸显了数学知识的形成过程，提倡学生使用计算机（器）可以为学生学习数学提供便捷的实验环节，并且学生使用计算机（器）做数学实验的过程也是一种很好的数学交流途径。

## （四）归纳与猜想

归纳与猜想这个环节和活动与实验、讨论与交流密不可分，常常相互交融在一起，有时甚至是先提出猜想，再通过实验验证。提出猜想是数学实验过程中的重要环节，是实验的高潮阶段。对通过实验观察到的现象进行数据分析，寻找规律，通过合情推理、直觉猜想，得到结论，是数学实验的教学目标实现程度的体现，是实验能否成功的关键环节。

### （五）验证与数学化

提出猜想得出结论，并不代表实验结束，还需要验证，通常有实验法、演绎法和反例法。提出猜想是科学发现的一个重要步骤，目前开展研究性学习，培养学生的创新意识，开发学生的创新潜能，都需要猜想。但数学不能仅靠猜想，验证猜想是科学精神、思想以及方法不可或缺的关键程序，是对数学实验成功与否的"鉴定"。教师有必要引导学生证明猜想或举反例否定猜想，让学生明白，数学中只有经过理论证明而得出的结论才是可信的。

## 三、开展数学实验教学亟待解决的问题

广泛开展数学实验教学还存在着以下几个亟待解决的问题。

①相对于传统教学，数学实验用时较多，而中学数学课程内容多，学时少，为完成教学计划及应付中考、高考，时间宝贵，甚至有人认为没有时间进行数学实验。

②在中学常规的教学中，开展数学实验教师要面临来自专业素质方面的挑战：一方面，对大多数中学教师来说，对计算机知识相对生疏。而利用计算机开展数学实验需要较多计算机知识，有时甚至要用到简单的程序设计知识；另一方面，开展数学实验，需要教师具有更强的数学知识和科研能力，这就对教师素质提出了更高的要求。

③开展数学实验教学需要计算机硬件的支持，由于我国的经济发展不平衡，有些经济不发达地区的学校购买实验仪器设备还有一定的困难，这给推广数学实验造成了客观上的障碍和阻力。值得高兴的是，如今计算机及其网络技术发展迅猛，价格不断下降，为创建数学实验室提供了便利条件。为适应信息技术教育的需要，应克服困难逐步建立数学（计算机）实验室，开展数学实验，让理论与实践接轨。

# 第七节　创新型数学教学所带来的积极作用

新课程理念的核心是创新，创新既是时代发展的客观要求，又是实施数学教学改革的重要手段。中学数学教学正处于学生学习承上启下的关键时期，如何培养中学生的数学创新能力，对中学生的全面健康发展非常重要。数学教学的根本指导思想是提高学生的数学素质：包括数学观念、数学意识、数学思维、数学能力及基本的数学逻辑。而素质教育的核心在于对学生创新能力的培养。如何把数学知识与生产、生活实际结合起来，注重学生应用与创新能力的培养，是每一位数学教师都必须思考的课题。下面谈一谈创新型数学教学模式所带来的积极作用。

## 一、创设良好的学习情境，激发学生学习的主动性、积极性

我们的课堂教学形式单调，知识面窄，严重影响了学生对数学的全面认识，难以激起学生的求知欲和创造欲。数学教学应从学生实际出发，创设有助于学生自主学习的问题情境。只有当主体意识到是其自身在影响和决定学习成败的时候，才能促进主体的主动发展。

因此，教师必须精心创设教学情境，有效调动学生主动参与教学活动，使其学习动机从好奇逐步升华为兴趣、志趣、理想以及自我价值的实现。因此，在创造性的数学教学中，师生双方都应成为教学的主体。

## 二、鼓励学生自主探索与合作交流

解决问题的关键是教育内容的革新、教育观念的更新和教学方法的创新，学生的学习只有通过自身的探索活动才可能是有效的。教师应引导学生主动地从事观察、实验、猜测、验证、推理与合作交流等数学活动，使学生形成对数学知识的理解和有效的学习策略。

## 三、注重开放问题的教学

数学作为一门思维性极强的基础学科，在培养学生的创新思维方面有其得天独厚的条件，而注重开放问题的教学，又可以充分激发学生的创造潜能，尤其对学生思维变通性、创造性的训练提出了新的更多的可能性。所以，在开放问题的教学中，选用的问题既要有一定的难度，又要为大多数学生所接受；既要隐含"创新"因素，又要留有让学生可以从不同角度、不同层次充分施展他们聪明才智的余地。

## 四、尊重学生个体差异，实施分层教学，开展积极评价

教师在调控教学内容时必须在知识的深度和广度上分层次教学，尽可能地采用多样化的教学方法和学习指导策略。在教学评价上要承认学生个体差异，对不同程度、不同性格的学生提出不同的学习要求。

作为一名教师要和学生建立一种平等、信任、理解和相互尊重的和谐师生关系，营造民主的课堂教学环境，学生才会在此环境中大胆发表自己的见解，展示自己的个性特征。对于有困难的学生，教师要给予及时的关照与帮助，要鼓励他们主动参与数学活动，尝试用自己的方式解决问题，发表自己的看法，并及时肯定他们的点滴进步，从而增强其学习数学的兴趣和信心。

## 五、创设和谐愉悦的课堂氛围

创新教育与传统教育的不同在于其改变了知识、能力、创新在教育过程中的性质和地位，所以"教师难教，学生难学，考试难考，成绩难以提高"，其根本原因就是我们当前的数学教学违背了数学本身特有的学科性质，只是进行机械教条的知识灌输和技能训练。

教师必须精心创造教学情境，创设宽松、和谐、多变的课堂氛围，使学生勇于创新、主动创新。对学生中具有独特创新的想法要特别呵护、启发、引导，不轻易否定，切实保护学生"想"的积极性和自信心，这对学生的创新能力会起到积极的推动作用。教师就教学内容应设计出具有探究性、趣味性、适应性和开放性的情境性问题，并对学生适时进行指导，给他们提供自主学习、自由探究的时间和空间，让学生有机会创新。

## 六、激励学生自主探究与合作交流

数学教学是数学活动的教学，是师生之间、学生之间交往互助与共同发展的过程。弗赖登塔尔曾经说："学一个活动最好的方法是做。"所以说自主探究与合作交流是培养创新精神与创新能力的重要途径。由于学生之间存在着各种差异以及学生学习活动的独立性和学习内容的开放性，导致了当面对同样的问题时，学生中会出现各种各样的思维方式，产生各种不同的结果，有些甚至是出乎意料的。

教师让学生在独立自主的基础上进行合作，能为学生提供更多参与交流讨论的机会，满足学生充分展示自我的心理需要。同时，通过生生互动，使学生看到问题的不同侧面，对自己和他人的观点进行反思和批判，从而建构起新的更深层次的理解。

## 七、运用求异法，旨在创新

"求异"是在分析解决问题时，不拘泥于一般的原理和方法，不满足已知的结论，而是运用与众不同的思维方式，标新立异地提出自己新见解的一种方法。首先，教师要挖掘教材，引导学生从多方面去分析问题，形成自己独特的见解。其次，引导学生逆向思维。教师应当注意引导学生敢于"反其道而思之"，让思维向对立的方面发展，从问题的相反方向深入地进行探索，树立新思想，创立新形象。

数学课堂教学是培养学生创新能力的主要阵地。在教学过程中，教师必须给学生创新的机会和足够的时间，必须设置具有挑战性、开放性、探索性的问题，通过让学生寻找解决问题的独特策略和最佳策略的途径，把他们创新的潜能开发出来，让他们的创新精神和创新能力得到培养。

# 第四章  新课改背景下的初中数学课堂有效教学

## 第一节  初中数学新课程标准的解读

### 一、初中数学新课程标准解读

#### （一）新课改下初中数学课堂有效教学原则

##### 1. 逻辑性与适当性相结合原则

数学课程的逻辑性是数学学科的基本特点，主要是指任何数学公式及结论都必须经过严密的逻辑推理，并且加以证明才能被承认。数学课程的适当性主要是指数学课程的逻辑性要与初中生心理发展的规律相结合，注重学生的接受水平，适时适当地调整教学内容，注重知识结构呈现螺旋式上升的发展规律，循序渐进地培养学生的逻辑思维能力。

##### 2. 抽象性与具体性相结合原则

抽象性是指数学课程主要是借助于抽象建立起来并发展起来的。数学课程的抽象不能运用反复的实验来检验，只能借助于严格的逻辑推理方法来实现，它仅仅保留数量关系和空间形式。具体性主要指将抽象的事物通过具体的事物表现出来。初中生受年龄、理解能力、认识能力等方面的影响，思维处于形象思维、经验型的抽象思维水平，具有一定的局限性。为了使学生更好地向理论型抽象思维过渡，教学中要注重抽象与具体相结合，如将立方体的几何图形通过粉笔盒等具体实物来认识其性质，培养学生的空间想象能力。

### 3. 理论与实践相结合原则

理论与实践是辩证统一的关系，理论指导实践，实践又反作用于理论，并促进其完善。数学理论具有应用性，能指导人们的日常生活。初中生在数学教学的过程中应该将理论与实践相结合，在实践中强化和巩固所学知识，在学习知识的过程中间接指导实践，培养学生的动手操作能力。

### 4. 教学与科研相结合原则

新课改中对于教师的培养更加注重教师科研能力的发展，实质上教学与科研应该是同步的，教师在教学的过程中关注学生的参与状况、学习方法、思考状况、个性发展以及心理承受能力，促进自身不断反思，提高自身的发现、分析、解决问题的能力，找到促进学生全面发展的具体方法，提高自身的科研能力。

### 5. 注重学生发展的原则

教学应该注重学生的德育、智育、体育、美育、劳动和心理健康的全面发展，从学生的实际情况出发，注重学生的心理发展规律和记忆发展规律，让学生成为课堂的主角，适时强化原有的知识网络，合理安排教学内容，培养学生的学习能力，促进学生个性发展，锻炼学生的实践能力，形成创新意识和创新精神。

## （二）新课改背景下初中数学课堂有效教学的评价标准

### 1. 教学内容的有效性标准

教学内容的有效性主要通过四项指标来体现，即教学目标、授课内容、课堂练习、作业布置。

#### （1）教学目标

教学内容的设置要依据知识与技能、过程与方法、情感态度与价值观的三维教学目标来设定。既要注重知识的掌握，也要注重技能的培养；既要强调学习的过程，也要找到学习的方法；既要注重情感、态度的养成，也要帮助学生形成正确的人生观、价值观。教学目标要主次分明、突出重点、突破难点，使学生在有限的时间内尽可能多地掌握数学知识。

#### （2）授课内容

为使课堂教学达到预期的效果，教师课前积极的准备是重要前提。结合教学目标，教师要将课前准备、新课导入、新知学习一气呵成，才能达到有效教学的目的。

#### （3）课堂练习

课堂练习是巩固课堂知识的重要手段，课堂练习的题目要有针对性。旨在帮助学生灵活运用，培养学生学习数学的信心。

（4）作业布置

教师要结合个体发展的差异性原则，根据不同学习层面的学生布置不同的作业，达到作业分层，注重全体学生数学成绩的提高。

**2. 教学过程的有效性标准**

生动活泼的教学过程是课堂教学有效的关键。在传统教学中，灌输式的教学过程必然不能培养学生的学习兴趣。教学过程有效性的指标主要有教学方法和课堂设计。教学方法是教师和学生在教学过程中为了实现共同的教学目标、完成共同的教学任务运用的方式与手段的总称，它包括了教师的教法和学生的学法。课堂设计主要指多媒体课件的设计、板书的设计以及合理的提问方式。教师只要在教学的过程中找到适合自己的教学方法，运用诙谐幽默的提问方式，利用现代化的教学手段，就一定能够引起学生的注意，培养学生的学习兴趣，提高课堂效率，完成既定的教学目标。

**3. 教学效果的有效性标准**

有效的教学效果是合理有序的课堂环境，充满个人魅力的教师专业素质，最终促进学生的全面发展。有效的教学效果的评价指标主要包括三点：第一，课堂管理。为了使教学顺利进行，合理有序的课堂环境十分重要。这要求教师合理安排授课时间、注重课堂气氛的调节、对于违纪行为进行适当的处理，保证教学过程的顺利实施。第二，教师素质。主要包括教师的谈吐、着装、修养、处理突发事件的能力等。教师的个人魅力成为吸引学生眼球的重要因素，初中生对于个人魅力的评价有自己的标准，因为喜欢这个教师而喜欢这门课的现象层出不穷。第三，学生发展。教学的最终目的是促进学生的全面发展，课堂教学是否有效，关键在于是否促进了学生的全面发展。课堂教学有效性注重的是全体学生的发展，而教师还要注重学生的个体差异性，培养学生分析问题、解决问题的能力，促进学生在原有基础上不断发展。

**4. 学习兴趣的有效性标准**

教学的最终目的是培养学生的学习兴趣，促进学生的全面发展。一堂有效的数学课，不仅仅要求教师完成一定的教学目标、帮助学生掌握一定的知识，更重要的是培养学生的学习兴趣。试想，如果学生在课堂上掌握了足够的数学知识，但是对数学产生了严重的厌学情绪，那么这门数学课程注定是失败的。学生的学习兴趣主要从学生的学习方式、学习参与和学习结果三个方面来反映，学习方式是学生在教学的过程中找到了适合自身学习的学习方法；学习参与是指学生在教学中的参与状况；学习结果是学生在教学结束后所掌握的知识状况。

## 二、新课改背景下初中数学课堂有效教学的理论基础

### （一）初中数学课程标准的基本理念

数学课程应该在实现义务教育培养目标的基础上做到面向全体学生，注重学生个性的发展，在保证学生得到良好的数学教育的同时，使每个学生都能在数学上得到不同的发展。可见，新课程标准中的数学教育是面向全体学生的教育，它尊重个体的自身差异性，要求全体学生在原有的基础上都能得到发展；注重学生个性的培养，在帮助学生获得基本知识的同时，更加注重学生的动手操作能力和创新精神的培养。初中生处于青春期，各方面还不成熟，需要教师的正确引导才能不断健康成长，这就要求教师在教学的过程中要面向全体学生，尊重学生的个体差异性，因材施教，不放弃每一个后进生，培养学生的学习兴趣，帮助学生不断成长，尽自己最大的努力提高数学课堂教学的有效性。

### （二）建构主义教学理论

建构主义教学理论是在认知主义理论的基础上发展起来的。建构主义认为，数学是模式的构建与研究，数学相对于自然科学最大的共同点和差异性是数学的经验性和拟经验性。数学知识的学习不是个人行为，而是学习者在一定的情境即社会文化背景下，通过意义建构的方式获得的，是新旧知识经验的组织和重组，是形成构建与"具体化"的辩证统一。建构主义认为，知识不是教师的强制灌输、生搬硬套，而是在学习的情景中不断建构形成的。学习者在学习的过程中根据自身的经验，不断解读客观事物之间的联系，建构自身的知识网络。不同的学习者对待同一件事物有不同的解释，由于个体经验背景的差异性，造就了学业成绩上的差异。建构主义认为，学习不是被动地接受外界的刺激，而是个体主动的加工过程，学习者通过同化、顺应，不断积累认知结构的量变，最终达到质变，形成平衡状态的完美过程。学习的过程是新旧知识经验的冲突过程，通过这种相互作用，学习者不断重组认知结构，最终达到"意义的建构"，促进个体的不断成长。

建构主义强调个体的差异性，强调学生已有的知识经验，主张教师引导学生在已有的知识经验的基础上生长出新的知识，强调学生在教学中的主体地位。教师是知识学习过程的组织者、引导者和促进者，教师要与学生多沟通，善于从学生的视角去看待问题，帮助学生达到自身的"最近发展区"。建构主义对初中数学课堂的教学有效性的研究具有非常重要的作用。

### （三）行为主义教学理论

行为主义的教学理论认为，学习的实质在于形成情景与反应的联结，是通过不断地尝试与错误形成的一种渐进的、盲目的过程，是个体在受到外界刺激的作用下，行

为不断强化或改变的过程。它强调对学生学习兴趣的培养，通过将学生喜爱的事物与教学目标联系起来，强化学生正确的行为，惩罚学生错误的行为，并为学生提供榜样行为，以促进学生不断地进步。强化可分为连续强化和间歇强化。连续强化是指每一次正确反应以后都给予鼓励和肯定。间歇强化是指并不是每一次正确行为都给予鼓励和肯定，而是在根据反应的次数和反应的时间间隔来作为选择的理由。对待最初学习数学知识的学生应该给予连续强化，先把一种要求习得的复杂的行为反应分成若干个比较简单的反应，分别给予强化，这样会加快学生学习的速度，这种方法很适用于后进生的数学学习。行为主义还强调教学的过程中教师要正确运用惩罚。教师在使用惩罚时，一定要注意利用惩罚后的反应期，也就是说尽可能要通过强化加强其他的反应行为。惩罚一定要在不良反应发生后立即给予，延迟的惩罚是无效的。另外，行为主义认为，学习的过程是一个循序渐进、不断强化的过程，它主张将整体分为若干个部分，通过对子部分的不断学习、强化，最终整合成相互协调的有机整体，以达到促进学生成长的目的。并且，行为主义认为，教师要对学生不断进行行为训练，通过提问、言语表达、反馈等环节，强化个体行为，形成技能，达到身心和谐发展的目的。行为主义对初中生的课堂教学研究具有深远的意义。

## （四）人本主义教学理论

人本主义的教学理论强调人的尊严和价值，学习的基本原则是尊重学生，注重学生的情绪体验。个体在轻松、快乐的情绪体验中，对所学知识的记忆将更加牢固，赞扬能激发个体的主观能动性，通过内在动力引发个体的学习兴趣，提高个体的智力和记忆能力。人本主义的教育目标是培养适应时代变化、乐观积极向上的心理健康的人。教师在教学的过程中，要善于运用多种教学手段，激发学生多种情绪反应，提高学生的学习效果。人本主义认为，学习就是个人潜能的充分发挥，教师应该由衷地信任学生；人本主义中的意义学习是在"做"的过程中习得的；学习过程中的责任需要教师和学生共同承担；教师和学生抱着负责任的态度参与到学习过程中时，就会促进学生的学习；要创造一种真诚、关心、理解的氛围；鼓励学习者主动学习，让自己成为学习的中心。强调学生是学习活动的主体，教师只是学习活动的组织者和引导者，这就要求教师要尊重学生的个性发展，建立良好的师生关系，通过鼓励和表扬，调动学生学习的积极性，发挥自身的潜能，在自主学习的环境下不断成长。行为主义理论为提高初中数学课堂教学的有效性提供了可能。

## （五）加涅积累学习理论

美国教育心理学家加涅是认知心理学派和行为主义学派的折中主义代表，他注重对学习的内部条件和外部条件的描述。所谓内部条件，是学生在开始某一任务时已有的知识和能力，既包括有利因素，也包括不利因素。所谓外部条件，是独立于个体之外所存在的条件，即学习环境。加涅认为，在一定程度上，教师是可以改变学生的学习条件的，特别是外部条件。在教学过程中，教师可以安排、改变这些外部条件，使其更有利于教学目标的完成。学生的内部条件是影响教学效果的重要因素，因此教师在授课前一定要对学生已有的知识能力有一个充分的认识。他认为，学习的要素主要包括学习者、刺激情境或刺激、记忆和反应。当刺激情境和记忆内容以某种方式影响学习者的操作水平时，学习就发生了。加涅认为，学习的过程主要包括八个阶段，即动机阶段、领会阶段、习得阶段、保持阶段、回忆阶段、概括阶段、作业阶段和反馈阶段。加涅积累学习理论最大的优点就是注重将所学的知识运用到现实生活中，教师可以根据该理论的学习模式做出许多新的尝试。加涅采用信息加工模式，揭示教学过程，使教学中的每项工作都适用于学生的内部加工过程，注重教学工作对学生内部条件的影响，因此特别强调教师的指导作用。教师要以该教学理论为指导，结合教育实践工作，促进学生的不断发展。

# 第二节　影响初中数学课堂有效性的因素

## 一、初中数学教师方面的因素

### （一）数学课堂教学效率意识

初中数学课堂教学的有效性要落实在初中生学习的有效性上，最重要的是学习效率，这就意味着要确立"学习时间有限"的意识，也就是说，提高初中生学习有效性不能单独依靠延长学习时间来进行。初中数学教师如果确立时间效率的观念，就会把更多的时间留给学生进行自主学习，不会占用学生很多额外的学习时间，而且会把教学的重点放在提高每个学生的数学课堂学习时间的利用效率上，这样把数学教师的教学时间和学生学习的自主时间结合了起来，既加强了学生自主学习的能力，也提高了学生自主学习的质量，从而提高初中数学课堂教学的有效性。

### （二）数学课堂教学目标的制定

数学课堂教学目标限定着整个数学课堂的教学过程，有了目标，教师就会为每个目标的实现而倾注努力，合理地分配时间，有的放矢地突出重点、突破难点。初中数学课堂教学的有效性最终要落实在数学课堂教学目标的整体实现上，知识技能、数学思考、问题解决和情感态度价值观四个方面是不可分割的整体。数学知识只有在学生积极地思考和大胆地问题解决中，才能实现经验性的意义建构，真正成为自己的数学知识；情感态度是伴随着学生对知识与技能的反思和问题解决的过程中得到提升的；数学思考和问题解决只有以学生积极的情感态度为动力，以数学知识与技能为应用对象，才能体现它们的真正存在价值。所以，这四个方面是相互依赖的，能够共同促进学生的发展，进而提高初中数学课堂教学的有效性。

### （三）数学课堂教学反馈

数学课堂教学反馈能够保证教学活动向预定的课堂教学目标前进，促进数学教学过程不断优化。一方面，数学教师可以了解学生对知识技能等目标的掌握程度，与预定的目标进行比较，找出存在的差距和原因，及时调整教学过程，以达到最佳的效果。另一方面，能够使学生及时知道自己的学习成果，满意的学习成果能够使学生获得成功的体验，从而使数学学习的兴趣更浓；如果数学成绩不太理想或较差时，学生看到自己的差距和不足，及时调整自己的数学学习行为，更加主动积极地进行数学学习，以达到提高课堂学习有效性的目的。

### （四）教师教学方法及评价手段

随着现代教育研究与教学实践的不断发展，为教师提供的教学方法也不断丰富起来。教学方法是实现教学目的的重要手段。在课堂观察中发现，不同的教学方法课堂效果也不一样。例如，角平分线这节课，一位教师通过游戏的方式复习线段垂直平分线的相关知识点，再由线段垂直平分线的性质推出角平分线的性质定理和判定定理，主要以教师提问、学生回答的方式进行，整节课逻辑性很强，学生的学习氛围很好。另一位教师则直接进入新课，以教师讲授、学生听课为主，师生互动较少，学习氛围较低，学习效果欠佳。工欲善其事，必先利其器。教学方法的选择对课堂教学的有效性影响深远。人们在课堂观察的过程中发现，教师的提问技能有待进一步提高，教师设计的教学问题很难引起学生的思考，并且教师在设置情景教学时提出问题后，没有给学生留有充分的思考时间，而且在学生回答问题之后，也没有给予补充完善的机会和充分思考的时间。初中生处于青春期，好面子，对待事物很敏感。教师在对待学生的回答评价方面一定要给予学生一定的肯定，以免降低学生的学习兴趣。

"课业成绩"一直是有关部门对学校教学质量评价的重要指标，也是学校对教师进行综合考评的重要指标。在对数学课堂的调查中发现，教师在教学的过程中，只注重与成绩较好的学生进行互动，很少提问后进生，对待后进生采取放任不管的态度。这样不利于一切学生的发展。作为一名合格的教师，不应该给学生带上标签，只注重好学生的发展。教师应该尽自己最大的努力，充分理解每一位学生，找到他们身上的闪光点，对学生做出正确的评价。正确的评价会使学生充分认识到自己的学习状态以及存在的问题，便于学生有针对性地学习，对于提高学生的学习效率是非常有必要的。

### （五）教师课堂管理能力及教学反思意识

课堂管理是教师在课堂教学中针对课堂上产生的各种干扰教学的问题行为进行管理，目的是帮助学生营造良好的学习环境。我国学者将课堂问题行为分为三类，即严重破坏行为、中等程度的问题行为、轻度问题行为。教学反思意识是指教师在教育实践的过程中以自己的教学活动为对象，主动反思自己的内部观念的意识，目的是提升自身的教学能力，促进教师的专业成长。

在新课程改革的要求下，教师要经常进行教学反思，且反思不能流于形式，要深层次地对自己的教学进行质疑和批评，通过不断地自我剖析，达到自身能力的提升和超越，提高课堂效率。

## 二、初中生方面的因素

### （一）初中生智力因素

"智力由观察力、思维力、想象力、注意力和记忆力"等基本因素组成。

其中，智力的基础是观察力，核心是思维力。在初中数学学习过程中，思维力和想象力开始逐步提高，逐步形成逻辑思维能力和空间抽象能力，它们成为初中数学有效学习的组成部分，通过大量课堂实践和理论的学习，人们发现观察力、思维力与想象力对初中生数学课堂学习有重大的影响。

#### 1. 初中生观察力

观察是认识事物的开始，是智力发展的基础。观察力是指全面、正确、深入地观察事物特点的能力。观察力主要表现在能够迅速地观察数和形这两个侧面的特点，从问题所表现的形式和结构中发现其中的内在联系，就是初中生对数学符号、字母、数字所表示的数学关系式、几何命题、几何图形的结构特点进行的观察。初中生的观察力影响学生课堂学习的兴趣，如果学生能够观察到数学抽象性所具有的简单统一的内在美、数量关系与空间几何所具有的对称美等，他们就会对数学内容产生浓厚的兴趣，从而产生求知的强烈愿望，提高课堂学习的有效性。

#### 2. 初中生思维力

数学的一大特点就是抽象性和概括性，它舍弃了认识对象的具体形象，通过语言表述反映客观事物的本质和内部的规律。初中生的思维正在由形象性思维向逻辑性思维转变，这种转变需要一定的时间和教师的培养，而且初中数学中的大部分证明是直线型一步步地顺推下去的，并且每一步都要有充分的依据。例如，七年级学习勾股定理时，证明一个三角形是直角三角形，不是用直尺去测量，而是通过逻辑证明获得结果。

### 3. 初中生想象力

想象是对客观事物空间形式的观察、分析和抽象思考的一种能力，也是大脑对物体形状、大小、位置关系的一种再现的心理现象。要是没有一定的想象力，就不容易形成概念，自然就影响了学生课堂学习的效果。初中数学内容的特点之一是具有高度的抽象性，使初中生认为数学枯燥难学，进而丧失了学习数学的兴趣。但是，想象力可以把数学抽象理论还原成贴近初中生生活的数学实际，让初中生体会到数学的使用价值，使更多学生乐学、愿学数学。只要初中生对学习数学有了积极的情绪，就会积极主动地参与到数学课堂学习中来，充分发挥想象力，有助于学生对知识的理解和记忆，最终提高学生数学课堂学习的效果。

## （二）初中生非智力因素

### 1. 初中生数学学习动机

学习动机是直接推动学生进行学习活动的心理因素之一，在形式上表现为需要、兴趣、愿望、好奇心、责任感等；内容上表现为家庭、学校、社会对其学习提出的客观要求。心理学研究表明，学生年级越低，他们的学习动机往往与学习活动的联系越紧密。学生随着年龄的增长、学习兴趣的扩展，学习动机逐步有一定的社会意义。现在的初中生的数学学习动机有的是为了得到好的数学成绩、不甘落后，或者是为了家长和教师的表扬，为了获得奖励而努力学习数学，还有的学生学习数学是为了在中考时考出好的成绩，可以上重点中学，将来可以上名牌大学等。一般来说，学习动机越高，学习自觉性、积极性越高，数学学习越能专心致志，碰到难题也不会轻易放弃，而是以顽强的毅力去克服它。正因为如此，教师要引导学生在数学学习中树立正确的学习动机。

### 2. 初中生数学学习兴趣

学习兴趣是指学生渴望获得知识和积极探究某事物的一种认识倾向。兴趣是最好的老师。对数学感兴趣的学生，把数学视为一种乐趣和爱好，在课堂上，他们会全神贯注地学习数学，竭尽全力去认识和解决数学问题，从中获得巨大的满足，从而促进学习的成功。学生多多少少都有偏科的现象，即使同一门数学课，也存在有些章节内容愿意学、有些章节内容不愿意学的现象；并且也有很多学生对数学学习没兴趣，认为学习数学很苦恼，认为学了这么多数学内容，在生活中也用不到，而他们最感兴趣的是网络游戏还有小说等。可见，兴趣具有一种动力作用，学生对数学感兴趣，在课堂上学习就会感觉到轻松愉快，这又会成为学生课堂学习的动力，进一步提高学生的数学课堂学习效果，从而使学生的学习处于一种良性的循环中。同样，如果学生对数学学习不感兴趣，就会认为数学学习是一种负担，在课堂上就会得过且过、马马虎虎、容易分心，注意力不持久，数学教师讲的内容听不懂、理解不了，这样学生在课堂上听不懂，在课下苦恼，导致学习数学不成功，对数学学习失去兴趣。

### 3. 初中生数学学习意志

数学学习意志是学生为了实现预期的数学学习目标，自觉地调节自己的数学学习行为，克服数学学习过程中遇到困难的一种心理过程。初中生如何对待数学学习过程中遇到的困难，往往成为提高数学学习有效性的关键。如果学生对数学学习中遇到的困难拥有一种坚韧的意志力，那么学生在数学学习中会勤奋努力、刻苦钻研，获得数学学习的成功。同时，有良好数学学习意识的初中生对所学的内容绝不满足于只记公式、结论等，他们会思考公式、结论是怎么推理出来的，关键在哪里，反映了何种数学思考等。比如，九年级上册的一元二次方程根的求法公式，不仅要记住公式的结论，还要思考它是怎么提出来的，导出的关键是什么，如何运用配方法求一元二次方程的根。也就是说，态度端正的学生，不放过学习中的任何一个疑点，从而提高学习的有效性。

## 三、初中数学教学内容方面的因素

### （一）数学教学内容的预设和生成

数学新课程标准中指出，在课堂教学过程中，要处理好教学内容的预设和生成的关系，数学教学方案就是对教学内容的预设，实施数学教学方案就是要把这种预设转化为实际的课堂教学活动，在这个教学过程中，教师和学生的互动往往会生成一些新的课堂教学资源，这些教学资源有助于教师实施教学方案，帮助学生理解教学内容，甚至有可能拓宽学生的知识视野，这就需要数学教师能够及时把握、因势利导，处理好生成与预设的关系，从而提高数学课堂教学的有效性。

### （二）数学教学内容的呈现

数学新课程标准强调，数学教学内容的呈现要贴近学生的现实，这里的数学现实包括学生的生活现实、数学现实和其他学科现实。因此，在课堂教学中，一方面，教学内容呈现应该注重与学生的生活实际相联系，注重把数学问题生活化和情境化。这有助于学生体会数学与社会的联系，感悟数学的应用价值，强化学生从数学角度看待周围事物的能力，激发他们的数学学习兴趣。另一方面，数学内容的逻辑性决定了教学内容的呈现要注重前后知识的联系，新的数学内容可以视为学生已有知识经验的延伸。如果只学习、记忆和获得一些孤立的数学知识，这样也弱化了数学内容本身的系统性，也与建构主义数学知识观相违背。另外，初中数学教学内容的另一特性——广泛应用性，也决定了数学可以解决其他学科中的许多问题，如物理、化学、生物、地理等自然科学问题，与语文、历史等相关的人文科学问题。加强数学与其他学科的关联，可以使学生在对其他学科问题的解决中理解数学的丰富内涵，感悟数学的广泛应用性，形成对数学的正确认识与态度。

总之，教师要用联系的观点看问题，把数学内容的呈现与学生的生活现实、数学现实、其他学科现实联系起来，加强多向联系，将联系的观点贯穿于整个数学教学内容的过程中，并帮助初中生形成积极的数学学习态度和正确的数学观，更好地体验和理解数学，从而提高学生数学课堂学习的有效性。

# 四、初中数学课堂教学心理环境方面的因素

课堂教学环境这个大的系统，主要由两类环境构成，即课堂的物质环境和课堂的心理环境。其中，课堂的物质环境包括班级规模、座位编排方式、教室的照明、通风等；课堂的心理环境主要是指在数学课堂教学过程中，师生之间形成的一种人际环境和课堂气氛。课堂教学的物质环境是基础性条件，现代的课堂可以说都能够为学生提供一个舒适的课堂教学环境。因此，课堂心理环境才是决定性条件。

学生在数学课堂的心理环境中存在以下两个方面的问题。

## （一）人际关系

数学课堂教学活动中的人际关系主要表现为数学教师与学生、学生与学生之间的关系，主要体现在数学课堂教学活动中教师和学生之间的互动和交流，而且这种交流既有知识层面又有情感方面。一方面，师生在数学问题的交流中，学生既可以获得认知的发展，也可以感受到自己被关注和期待，从而产生积极主动的数学学习心态。另一方面，在数学课堂教学中，由于不同层次的学生在学习习惯、思维特点及学习迁移能力等方面存在着差异，因此他们在相互合作、争论、模仿的学习过程中，每一位数学优等生的数学认知特点都能得到优化和提高，特别是数学后进生的进步较为明显。

## （二）课堂心理气氛

数学教学气氛主要指在数学课堂教学过程中，通过师生之间的相互作用而形成的一种心理环境，主要包括师生的心境、态度、情绪和课堂秩序。愉悦的心理气氛有利于情感和信息的交流，同时，按照人本主义理论的观点，学生学习不能脱离学生的情绪感受而孤立地进行，消极沉闷的数学课堂教学心理环境不仅阻碍教师传递数学信息，也阻碍学生接受和理解数学信息，进而影响数学课堂教学的有效性。

可见，积极愉悦的数学课堂教学心理环境对数学课堂教学活动的创设起到积极作用，有利于初中数学教师和初中生在课堂上产生心理上的共鸣和情感上的沟通，有利于克服和缓解初中生在数学学习中产生的身心疲劳，从而提高数学学习的效率。

# 第三节 提高初中数学课堂教学有效性的对策

## 一、初中数学教师方面采取的策略

### （一）增强数学教师的课堂教学效率意识

#### 1. 合理分析教学内容

数学教育应通过具体的问题来教抽象的数学内容，应从学生所接触到或经历过的客观实际中提出问题，然后升华为数学概念、运算法则等。初中数学教师应该首先对数学内容有一个整体的把握和认识，这样在进行课堂教学时才能从整体上出发，把握好数学知识的重点和难点，提醒学生哪些知识点是特别需要注意的地方，哪些需要从生活中找到事例，哪些需要直接点题等，使数学教师在课堂教学中有所侧重，提高课堂教学时间的利用效率，从而提高数学课堂教学的有效性。初中教学数学内容中的许多数学知识都有很好的实际生活做背景，如负数、数轴、绝对值、方程等，可以适当地通过情境创设引入教学内容，但也有很多的数学内容，如代数式、公式、定理等直接点出教学主题，凸显主要矛盾，节约课堂教学时间资源，使学生可以利用腾出的时间思考教师提出的问题，进一步强化本节课的教学内容，从而提高课堂教学的有效性。

#### 2. 重视精讲精练

初中生要想提高数学成绩，能够熟练运用所学数学知识来解决实际问题，是离不开习题训练的。但是，搞题海战术既造成学生过度疲劳，又会使学生逐渐失去对数学学习的兴趣，不利于学生能力的培养，所以必须实现在数学课堂上习题的精讲精练，这样才可以取得事半功倍的课堂教学效果。数学教师应从数学题海中研究知识的重点，找到学生最应该掌握的数学内容，哪些题对学生来说是较难理解、不容易接受的，哪些题是最容易出错的地方等，要预设好提示，设计好要提问的数学问题，引导学生思考，从而用最少的学习时间取得最好的教学效果。

### （二）注重数学课堂教学目标的整体实现

#### 1. 数学课堂教学目标的制定要以学生的发展为本

数学教师促进学生在"三维目标"方面的整合发展，最大限度地提高了初中数学课堂教学的有效性。从目前的数学课堂教学来看，有些数学教师对数学课堂教学目标的制定多偏向知识与技能目标，对其他三个方面关注得很少，几乎不关注。这些教师没有意识到数学教学目标的四个方面是一个整体，不是相互独立的四个维度，任何一个维度的缺失都无法实现真正意义上的学生发展。

总之，初中数学课堂教学不仅要使学生获得数学知识与技能，而且要把数学思考、问题解决、情感态度价值观等四个方面有机地结合在一起，促进学生的全面发展。

**2. 数学课堂教学目标的制定要有层次性**

学生的发展是参差不齐的，在学习接受能力上也会呈现好、中、差三个层次。这种学习接受层次的差异在教师、学生和家长之间是心照不宣的。在新课程理念下，学生的发展是一种个性化的发展，课堂教学目标也应适应这种"个性化"，数学课堂教学目标的制定一定不能追求统一化和标准化，应首先根据学生身体的实际情况合理分层，要适应不同基础水平的学生，让所有学生通过数学学习探究活动得到最佳发展。

# （三）重视数学教师课堂教学反馈

及时清晰的课堂教学反馈能够正确地反映初中生的学习状态和课堂教学目标的达到程度，因此，初中数学教师要增强课堂教学反馈的意识，善于捕捉反馈信息，以达到提高初中数学课堂教学有效性的目的。

**1. 重视课堂练习**

对学生课堂练习中暴露出来的错误，数学教师不仅要指出其错误所在，还要正确分析产生这种错误的原因，指出应该怎样纠正这种错误，找到解决问题的办法，并在下次作业中有意安排类似的数学练习。同时，加强数学课堂教学的反馈，减少初中生数学学习的错误率，全面提升初中生的数学学习能力，提高学生课堂学习的有效性。

**2. 重视课堂提问**

在课堂上向学生提问能够启迪学生的思维，让学生进行思考、讨论，很容易暴露学生在思维过程中的错误、概念理解的错误、定理法则运用条件的不足、思维方法不对等方面的问题。同时，数学教师既要鼓励学生积极思考问题和敢于提出问题，又要根据不同层次的学生回答的数学问题，从中提炼出学生理解问题的共同误区，及时给予纠正。例如，讲平行四边形时，教师可以向学生提出一个问题："平行四边形有哪些性质和判定的方法？"如果学生回答得乱七八糟，没有一点顺序，教师就会感觉学生四边形这一章节学得特别混乱，而下面还有矩形、菱形、正方形的性质和判定要学，怎么办呢？这时候如果教师调整教学思路，把性质和判定分了类，都从边、角、线三个方面去进行性质和判定，而且告诉学生接下来要学的矩形、菱形、正方形的性质和判定也从边、角、线三个方面去学。这一大章节上完后，学生的思路就会清晰很多，学生学习省力了，课堂教学的有效性也得到了提高。

## 二、初中生方面采取的策略

### （一）加强初中生智力训练

#### 1. 培养初中生敏锐的观察力

在初中数学教学过程中培养学生的观察力，能够提高初中生的数学学习质量以及数学教师的教学效率。因此，要想提高初中数学课堂教学的有效性，就必须在数学课堂教学过程中重视学生观察力的培养。纵观数学中考数学试题，会发现每个省份的填空题最后一道试题都是规律探索题，好多学生都感觉这个题目不好得分，不知道从哪里入手。探索规律题主要考查初中生的观察和分析能力，认真观察、比较得出规律是基本的解题步骤。引导学生进行观察与分析，既让学生学会了观察的方法，也能养成观察的习惯，提高观察的能力，从而提高学习的有效性。

#### 2. 培养初中生思维力的广阔性

数学被认为是思维的"体操"，在思维的训练方面具有其他学科无法替代的作用。同时，现代数学教学理论认为，数学教学就是数学思维的教学。所以，在数学课堂教学过程中培养学生的数学思维，能够提高学生的数学素质，发展学生思维的广阔性和灵活性，提高课堂学习的有效性。

在数学课堂教学过程中，教师可以恰当地引导学生探索证明同一命题的不同思路和方法，激发学生的兴趣，发展其数学思维的广阔性和灵活性。

#### 3. 培养初中生丰富的想象力

在数学课堂教学过程中，想象力有很重要的作用。想象力可以促进初中生抽象思维能力的发展，有助于初中生对数学知识的理解和记忆，同时还能够激发初中生学习数学的兴趣，从而有助于提高学生课堂学习的有效性。

（1）加强数学基础知识的教学，不断深化想象

学好数学基础知识的过程，就是逐步形成空间概念发展空间想象力的过程。理解掌握数学概念、数学命题，有助于学生在头脑中清晰地再现有关的空间形式，从而把那些空间形式用几何语言表达出来。比如，在"两圆位置关系"一节中，通过直观的图形，学生的头脑中只是获得了初步的形象，只有当学生理解了两圆的位置关系实质是两个圆的圆心距与两个半径之间的关系时，学生才真正发展了关于两圆位置关系的想象力。

（2）借助具体模型教学，不断深化想象

在初中数学课堂教学过程中要培养初中生的想象能力，如果仅有丰富意象，没有具体的模型，就会使初中生的想象力永远停留在直观形象的水平上，而不能上升到高

度抽象的层面。为了使初中生便于想象和深化想象，数学教师必须用直观形象的事物为抽象的问题设计模型，做好抽象与直观之间的转化。只有这样，才能使初中生的想象力更具有概括性、深刻性。具体事物有助于初中生逐步形成空间概念，而且使空间概念在学生的头脑中具体直观化，然后离开实物进行空间形式的想象。比如，讲解平行四边形性质时，可以让初中生先观察平行四边形的教具，在变化中观察平行四边形边与边之间的数量及位置关系，使学生对运动变化中的各种图形特点都有一个完整的认识，从而有利于学生把这些空间形式在头脑中具体化。

（3）渗透数形结合思想，不断深化想象

数学是研究空间形式数量关系的一门学科，数与形是初中数学中被研究得最多的两个方面，数形结合是一种极富数学特点的信息转换，它把代数方法与几何方法的精华都集中了起来，既发挥了代数方法的一般性、解题过程的程序化优势，又具有几何方法的形象直观特征。初中数学教学内容中的数轴与坐标系、函数及其图像、曲线及其方程等，都是数形结合的辉煌成果。作为初中数学教师，必须注意自觉地对数学教材进行充实和完善，有意识地引导初中生在课堂学习过程中进行"遇到代数想几何"的针对性训练。这样做不仅可以加深与强化初中生对每一个代数知识点的理解和识记，还能促进学生的数形结合能力，从而提高学生的想象能力。

其实，数形结合的思想反映的是一个数学定义、公式、定理等用数学文字语言、图像语言的两种表达形式。这样描述和呈现数学定义、公式、定理，能够使学生有效地获得对定义、公式、定理等背景的深刻理解，使学生的心理活动更丰富，促进学生对知识的理解和记忆，建立起学好数学的信心，提高学生学习的有效性，进而提高数学课堂教学的有效性。

## （二）注重初中生非智力的培养

### 1. 激发初中生的数学学习动机

数学学习动机具有激发、维持数学学习活动的功能，因此，在数学课堂教学过程中，激发初中生的数学学习动机，能够调动初中生数学学习的积极性，提高数学课堂教学的有效性。

（1）引导学生主动参与课堂学习

在数学课堂教学过程中，教师应尽量避免枯燥抽象的理论推理，努力地采用生动有趣的教学方法来创设"数学问题"情境，激发学生的数学求知欲和数学学习的积极性。

（2）多给学生表达的机会

建构主义学生观告诉我们，数学课堂教学要充分体现学生的主体地位，多给学生思考的机会，让他们参与数学知识的发现和探索过程。数学并不一定是多讲、多练，搞题海战术，只要抓住数学问题中的一题多解、多变，培养初中生的数学探究能力，按照人本主义理论的观点，每个学生都有表达自己才能的欲望，充分满足他们的这种欲望，有助于提高学生的数学学习动机。所以，在数学课堂教学中，要鼓励学生发表自己的意见，多给他们表达自己思想的机会，比如，一道数学问题首先从哪里入手？有哪些思路？是如何进行数学思考的？当学生的思路都呈现出来时，让他们去讨论哪种思路最简单、最好理解等，这样有助于激发学生学习的兴趣和动机，培养初中生思考问题和分析问题的能力，提高数学学习的有效性。

**2. 提高初中生的数学学习兴趣**

新课标特别强调，数学教师在进行课堂教学活动时，应当重视如何使学生愿意学、喜欢学，对数学感兴趣。课未始，趣先行。心理学研究告诉我们，学习兴趣是学生顺利完成学习任务的心理前提，学生一旦对所学的内容感兴趣，就能积极主动地学，乐学而不疲倦。所以，数学教师在课堂教学中要善于激发学生的数学学习兴趣，让学生在轻松的状态中学习新知识。

激发兴趣的方法很多，下面将介绍两种在实践中行之有效的方法以供参考。

（1）以美激趣

美的东西多半是新奇的、形象的、具体的，可以凭借人们的感官（主要是听觉和视觉）直接感受到的，数学知识相对来说比较抽象，理论性较强，因此，要使学生充分感受到数学中的美，就必须给学生提供一些审美的材料，这些数学材料必须具备形象性和可感性，它们既有生动直观的感性形象，又有理性思维的抽象性，这样不仅把抽象的问题直观化，又把"枯燥"的数学知识融合在美的感受、鉴赏中，并表达出来。如此一来，既加强了学生对数学的学习兴趣，促进了学生的注意力集中，又刺激了学生的思维去主动探究知识本质的积极性。例如，在讲授九年级上册"比例线段——黄金分割比例"一节时，教师可以提供给学生这样的审美材料：舞台上主持人站在什么位置报幕能够给人以美的感受？

数学本身具有多种类型的美，线、形、体的美，对称有序的美等，这些都能激发学生的学习兴趣。

（2）操作激趣

初中生的思维处于直观形象向抽象逻辑思维过渡的阶段，数学内容的特点决定了学生学习新知识不能仅仅靠抽象与想象来解决，更需要学生动手操作，边动手边动脑，还要加上口述的过程，这既有利于学生对知识的理解和掌握，也有利于增强学生的数学学习兴趣。例如，教"小蚂蚁爬行圆锥最短路径"一节时，教师可以要求学生动手准备一张长方形的纸和自己剪的一个扇形，让学生去探索两点之间的最短距离。如果只是单纯地讲，学生也不理解，教师也很费劲。通过实际的操作，给学生以直观的感受，学生也很容易理解。通过学生这样的操作、思考，多种感官参与学习，学生饶有兴趣地参与了公式的推导过程，也培养了学生的动手操作和思维能力。

### 3. 加强初中生的数学学习意志

（1）说明数学学习的重要性

数学教师应从初一就开始给学生灌输数学学习的必要性，初一数学学习直接影响初二物理、初三化学以及其他学科的学习，也影响学生的智力发展水平和影响远大理想的实现等。因此，要让学生把眼前的数学学习与自己今后的学习、工作、生活以及理想的实现联系在一起，使他们明确学习数学的目的，从而增强克服困难的自觉性和坚定性。

（2）提供克服数学困难的机会

初中生独立意识在慢慢增强，有一定的自学能力和自信心，尤其是九年级学生，他们能看懂的数学内容不喜欢教师先讲，自己会做的题不想问其他同学。因此，数学教师应该为学生提供独立的数学学习活动和克服困难的机会，培养学生良好的数学学习意志。比如，在数学课堂上，让每一个学生都有回答问题的机会，体验到参与课堂学习带来的愉快。把简单的数学问题留给"数学学习困难户"，让基础差的学生回答；稍难的数学题目，留给中等生，当他们回答有遗漏时，让优等生来做补充，这样既提高了优等生，又启发了中等生，带动了后进生，让他们共同参与，增强学好数学的信心，共同提高数学学习效果。

## 三、有效呈现数学课堂教学内容

### （一）处理好课堂教学内容的预设与生成的关系

建构主义理论认为，数学教师一定要明白数学课堂教学不再是数学知识的传递，而是如何把数学教学内容呈现给学生，从而提高学生课堂学习的有效性。教学内容的预设和生成就像数学课堂教学的两只翅膀，没有预设的数学课堂是不负责任的课堂，没有生成的课堂是一种封闭的、没有活力和激情的课堂。但是，现在的数学课堂教学中出现预设过多，几乎没有处理"生成"。这种课堂看起来井然有序，实质上是以知识为本位的一种教学观的表现。这种只有预设的数学课堂，学生没有独立思考、积极互动的时间，学生只能获得表层的知识，虽然牢牢地记住了教师教的知识，却不能灵活运用，不能转化为自己的知识，所以，从根本上讲，这种数学课堂是低效的课堂。对于数学课堂教学中那些无法预见的教学资源或信息，数学教师要及时地捕捉，从而构建起开放的、以学生为主体的数学课堂。

按照维果茨基的发展理论来说，学生有两种发展水平，即现有的发展水平和可能达到的发展水平。现有发展区的知识和能力是学生可以独立学习和解决的，学生能够自己解决的问题，教师要把这些内容的讲解权利交给学生，这种方法既是对敢于讲解的学生的一种鼓励，也是对怯于讲解的学生的一种促进。数学课堂教学有效性的提高不仅要学生参与学，还要学生参与教。

数学教师要学会倾听学生的思路，随时捕捉他们的新思想，选择有效的信息转化为数学教学资源，不要怕耽误预设的教案完成不了而忽视课堂中某些有效的资源，教师要智慧地捕捉这些资源去开展课堂教学，这样才会使数学课堂教学更加精彩生动，学生的学习效果才能显著提高。因此，有效的教学在着眼于课堂教学内容预设的同时，还要善于利用生成的教学资源，达成课堂教学目标，从而使教师的教和学生的学在预设和生成的积极转化中提高数学课堂教学的有效性。

## （二）课堂教学内容的呈现要体现过程性

建构主义理论认为，数学教师一定要明白数学课堂教学不再是数学知识的传递，而是如何把数学教学内容呈现给学生，从而提高学生课堂学习的有效性。学生在课堂上学到的知识，多半是通过间接经验获得的，通过直接经验获得所有的知识，是不切合实际的，也是没有必要的。前辈们留下来的知识和结论，教师可以直接拿来用，这为教师节省了不必要的代价和付出，而且能够使教师少走许多弯路，但这并不是说，过程就不再重要了。呈现数学教学内容的过程，其实也是一种结论的再证明过程，要发展学生的合情推理能力。学生通过体验结论的推理过程，把握知识的本质，就会对知识的记忆更加牢固，也许当他们忘了结论时，可能会通过推理过程而重新回忆起知识。这种学生自己探究而得到的结论，肯定比机械的记忆效果要好。

总之，数学课堂教学不是单纯的数学知识的讲授，而应该设计必要的教学活动，让学生通过交流、推理去感悟数学知识的形成和应用，这样的学习过程才有助于学生理解数学知识与方法，形成良好的数学思维，从而提高学习的有效性。

## （三）教学内容的呈现要贴近学生现实

建构主义教学观认为，在课堂教学过程中不要忽视学生的经验，学生不是空着脑袋进教室的，他们有着自己的经验，教学内容应该以学生的已有经验为基础，才容易使学生把新的知识同化或顺应到自己已有的知识结构中去，从而获得新的知识内容。

### 1. 数学教学内容呈现要贴近学生的生活现实

按照"数学源于现实，也必须寓于现实"的思想，初中数学课堂教学内容的呈现必须与学生的生活现实紧密联系。在实践教学中很多学生很迷茫，不知道学习数学有什么用处，除了学好数学中考能够取得好的成绩之外，他们感觉数学与自身的生活联系不大，从而导致学生学习数学的兴趣不高、动力不强。其实数学教学的许多内容都可以从学生身边的生活中找到相似的背景。从学生身边的生活中选取一些学习的材料，这样不仅可以提高学生的学习兴趣，还能使他们感受到数学就在自己的身边，体会到数学的应用。

数学是现实的数学，应该源于生活现实，寓于生活现实，用于生活现实，数学内容应该通过具体的问题来呈现，从学生所接触的客观实际中提出问题，这样才能使学生明白和学会如何从现实中提出数学问题，帮助学生感受数学与生活的密切联系。

### 2. 数学教学内容呈现要贴近学生的数学现实

数学的逻辑性很强，以前所学习过的数学知识、方法就可以成为学生现在的数学现实（成为学生进一步学习数学的素材）。利用这些素材，不仅有利于学生理解所学数学知识的内涵，还能够更好地揭示相关数学知识之间的内在联系，有利于学生从整体上去理解数学，同化或顺应新的数学知识，建构完整的数学认知结构。例如，反比例函数图像、二次函数图像画法的学习可以借助一次函数图像画法的步骤来学习。

### 3. 数学教学内容呈现要贴近学生的学科现实

初中数学与其他学科有着密切的联系，如物理、化学等学科的知识都可以成为学生的学科现实。数学教师在选择数学学习素材时，要注意这方面的联系，使学生感受到学科之间是相互关联的，不是独立存在的，学好任何一科都有利于其他学科的学习。比如，物理中的一些物理量之间存在反比例函数的关系，如气体的密度、质量和体积，电压、电流和电阻，压力、压强和受力面积等，都可以作为教师讲解反比例函数的资源。

## 四、营造有效的数学课堂教学心理环境

课堂教学的有效性，不仅体现在学生的成绩上，也体现在成功地营造一种支持性的、和谐的课堂心理氛围上。现代研究表明，情感与认知是相互促进、不可分割的两个方面，学生在良好情感的参与下，能取得更好的认知效果。人本主义心理学认为，学生在较少威胁的教育情境下才会有效学习，一种安全、愉悦的心理体验，能激发学生继续学习的愿望。学生在数学课堂上情绪紧张，肯定会影响到他的听课效果。国外对课堂心理气氛与课堂教学有效性的研究表明，课堂心理气氛对课堂教学有效性的影响是极大的，国外学者将这种具有建设性的课堂心理气氛看作达到课堂教学目标的方法和途径，甚至把课堂心理气氛看作一个有价值的目标。因此，必须营造良好的数学课堂心理环境，以提高数学课堂教学的有效性。

### （一）建立良好的师生关系

初中生的心理正处于叛逆期，学生如果对教师有不喜欢或讨厌的情绪，那么学生就不会听教师所说的一切（包括知识），甚至有可能与教师作对，也就根本谈不上有效学习了。反之，如果学生喜欢某位教师，那么学生就会愿意听取这位教师的教导。即古人所云："亲其师，信其道。"可见，建立良好的师生关系对课堂教学有效性的重要性。自古以来，在师生关系中，教师一直都处在高高的地位上，要想和学生建立一种平等的师生关系，就应该从高高的讲台上走下来，走到学生中间，以真诚、积极的情绪和学生交流，在课堂上多一些表扬，少一些指责；多一些肯定，少一些否定；多

一些欣赏，少一些批评。学习的体验是一种巨大的情绪力量，它可以促进学生好好学习的愿望。和学生建立良好的师生关系有很多方法，但是教师首先要做到的是有一颗平等的心，对待学生要一视同仁。

数学教师和学生良好关系的建立，关键不仅仅在于数学教师，更需要师生之间相互尊重、互敬互爱。作为数学教师，应该以身作则，加强自身的修养，提高师德素养，以高尚的品格和过硬的素质去感染学生和征服学生，从而营造一种和谐的课堂气氛。良好的师生关系的建立，有助于数学教师和学生之间形成积极的情感体验，而且学生能够更好地理解数学教师，"亲师信道"，从而提高学生认知的发展。因此，建立良好的师生关系有利于提高数学课堂教学的有效性。

## （二）增加愉快的情感体验

第一，必须消灭学生数学课堂上消极心理。比如，在数学课堂上进行热烈讨论活动时，总会有几个学生被忽视、被遗忘，此时，消极心理在这些学生的心中潜滋暗长，时间久了，他们会慢慢地失去参与课堂讨论的积极性。因此，要想拥有良好、愉快的课堂学习环境就必须控制和避免这种消极心理的产生。

第二，对学生产生积极地期待。罗森塔尔效应表明，教师的期待可以给学生提供获得信心的力量。数学教师应该积极地参与到学生的数学学习中去，与学生一起制订数学学习计划，选择数学学习内容，一起体验数学学习过程，一起做游戏。总之，无论是数学教师参与其中还是作为旁观者，都要对学生充满期待，通过积极地暗示或态度的倾向，把数学教师的期待传递给学生，使学生感觉到自己是有可能取得进步的，数学教师还是相信自己的。

第三，关注学生的点滴进步。消极信息和积极信息，学生更倾向于积极信息的选择，积极信息更能够激发学生的主观能动性和内在潜能。具有主动性的学生在求知时，更有积极性、主动性、创造性。可见，求知的过程也有情感投入的活动，从而使学生的求知过程变成获得积极情感的过程。所以，作为数学教师，要用欣赏的眼光来看待每一位学生，把注意力转移到激发学生的潜能、动机等品质上来，发现和赏识学生的优点和进步，多给学生一些鼓励和支持，少一些冷漠和否定。教师要用发展的眼光看待初中生，他们是发展中的学生，要多给予学生一些鼓励和赞赏。面对成绩较差的学生，教师应多用鼓励性的言语进行引导，如"你再往……想想""这样想就对了""说明你还是挺聪明的……""我相信你肯定能够想到的"等，使学生在宽松的数学课堂上，变苦学为愿意去学，变教师要我学为我要自己学，充分发挥学习主体的作用，从而提高学生的学习效率，最终得以提高数学课堂教学的有效性。

总之，愉快的数学课堂教学环境让数学课堂教学焕发出旺盛的生命活力，使学生产生成功的体验，树立了学习数学的自信心。

# 第五章　数学核心素养的理论与教学设计

## 第一节　核心素养的含义

### 一、核心素养的内涵

#### （一）"双基""三维目标"与"核心素养"的提出

20世纪50年代教育部颁发的相关文件中首次明确提出"双基"的概念，到20世纪末，"双基"要求一直是核心的课程理论，"双基"强调基本知识和基本技能的课程理念。它影响深远，我们当今的中小学课堂无不有它的影子。21世纪初教育部颁发的相关文件提出，将"三维目标"作为国家课程标准，标志着新课程的开始。"三维目标"更加注重具有方法论意义的学习方式和学习能力，更加关注学生情感、态度、价值观等品质的发展。"三维目标"强调知识与技能、过程与方法、情感态度与价值观在教学中是不可分割的一个整体，只是划分为三个维度来解释。三维目标体现了学生要全面和谐发展、个性发展和终身发展的理念。

核心素养结构框架从学生未来的工作和生活层面规定了教学目标，它分为文化基础、自主发展、社会参与三大部分，更详细具体地体现了现代化素质教育的理念。

#### （二）"双基""三维目标""核心素养"的联系与区别

"双基""三维目标""核心素养"是一脉相承的。"双基"的提出与当时经济实力和生产状况息息相关，由于那时的工业还不是很发达，工业发展需要有知识有技能的人才，所以学生基本知识和基本技能的培养得到特别重视。后来随着经济相对发达，生产力达到一定水平，新兴职业不断涌现，只具备基本知识与基本技能的人才已经不能满足社会的需要，因此教育提倡注重过程与方法、情感态度与价值观的培养，注重人才综合素质的提升，以使人们能胜任各种职业。现在，在新的大环境下，"核心素养"这一教学目标出现，核心素养强调文理学科所具备的综合素养，还强调人在社会生活中所具备的人际交往能力、自学能力、实践能力、国际理解力等。核心素养是对学生应具备的素养全面而又详细的表述。总体来说，无论是"双基"，还是"三维目标"，或者是"核心素养"，都是教育对人才培养的要求，而人才培养的规格随时代发展而变化。

## （三）核心素养的定义

核心素养主要是指为了实现终身发展和满足社会发展需要，学生应该具备的品格和关键能力。我国核心素养结构框架是以"全面发展的人"为核心，分为文化基础、自主发展、社会参与三大部分，这三大部分具体表现为人文底蕴、科学精神、学会学习、健康生活、责任担当、实践创新等六大素养，这六大素养又进一步具体细化为十八个基本要点，然而这些要素并不是独立的，而是相互协调、相互促进、共同发展的。目前，我国正在根据这一总体框架，制订针对不同年龄段的学生核心素养内涵、具体的课程实施策略以及课程质量评价体系。

### 1. 人文底蕴

人文积淀：具有古今中外人文领域基础知识和成果的积累；能理解和掌握人文思想中所蕴含的认识方法和实践方法等。

人文情怀：具有以人为本的意识，尊重、维护人的尊严和价值；能关切人的生存、发展和幸福等。

### 2. 科学精神

理性思维：崇尚真知，能理解和掌握基本的科学原理方法；尊重事实和证据，有实证意识和严谨的求知态度；逻辑清晰，能运用科学的思维方式认识事物、解决问题、指导行为等。

批判质疑：具有问题意识；能独立思考、独立判断；思维缜密，能多角度、辩证地分析问题，做出选择和决定等。

勇于探究：具有好奇心和想象能力；能不畏困难，有坚持不懈的探索精神；能大胆尝试，积极寻求有效问题解决的方法等。

### 3. 学会学习

乐学善学：能正确认识和理解学习的价值，具有积极的学习态度和浓厚的学习兴趣；能培养良好的学习习惯，掌握适合自身的学习方法；能自主学习且具有终身学习的意识和能力等。

### 4. 健康生活

勤于反思：具有对自己的学习状态进行审视的意识和习惯，善于总结经验；能够根据不同的情境和自身实际，选择或调整学习策略和方法等。

信息意识：能自觉、有效地获取、评估、鉴别实用信息；具有数字化生存能力，主动适应"互联网 +"等社会信息化发展趋势；具有网络伦理道德与信息安全意识等。

珍爱生命：理解生命意义和人生价值；具有安全意识与自我保护能力；掌握适合自身的运用方法和技能，养成健康文明的行为习惯和生活方式等。

### 5. 责任担当

健全人格：具有积极的心理品质，自信自爱，坚韧乐观；具有自制力，能调节和管理自己的情绪，具有抗挫折能力等。

自我管理：能正确认识与评估自我；依据自身个性和潜质选择适合的发展方向；合理分配和使用时间与精力；具有达成目标的持续行动力等。

社会责任：自尊自律，文明礼貌，诚信友善，宽和待人；孝亲敬长，有感恩之心；热心公益和志愿服务，敬业奉献，具有团队意识和互助精神；能主动作为，履职尽责，对自我和他人负责；能明辨是非，具有规则与法治意识，积极履行公民义务，理性行使公民权利；崇尚自由平等，能维护社会公平正义；热爱并尊重自然，具有绿色生活方式和可持续发展理念及行动等。

### 6. 实践创新

国家认同：具有国家意识，了解国情历史，认同国民身份，能自觉捍卫国家主权、尊严和利益；具有文化自信，尊重中华民族的优秀文明成果等。

问题解决：善于发现问题和提出问题，有解决问题的兴趣和热情；能依据特定情境和具体条件，选择制定合理的解决方案；具有在复杂环境中行动的能力等。

技术运用：理解技术与人类文明的有机联系，具有学习掌握技术的兴趣和意愿；具有工程思维，能将创意和方案转化为有形物品或对已有物品进行改进与优化等。

## 二、数学核心素养与"双基""四基"的关系

"双基"是使学生获得"现代科学的基础知识和基本技能"，"四基"是使学生掌握基础知识、基本技能、基本思想与基本活动经验。从中可以看出，"四基"包含了"双基"，并有所发展。培养学生的中学数学核心素养与培养学生的"双基""四基"的不同在于，"双基""四基"要求的是培养学生对数学基础的掌握，没有给出明确的培养目标与方向，而中学数学核心素养六要素在"四基"的基础上明确了培养学生的方向与目标。而且"双基""四基"仍然没有摆脱知识本位的课程观，"双基"教学侧重于知识的积累，"四基"教学侧重于学生经验的积累，在教学过程中依然存在强调知识传授的倾向，注重课程标准重于内容标准，是重视结果的教学。中学数学核心素养的提出力图改变教育现状，变"课程育人"为"育人为本"，课堂从注重知识的传授到关注学生的个人发展，从以教师为主到以学生为主。数学核心素养的培养思考的是学习了数学之后，到底给学生留下了什么，对学生的成长有什么特殊的贡献。

"双基"以基础知识和基本技能为核心内容，要求学生基础知识扎实，基本技能熟练，但是慢慢地就"走偏"了，知识扎实全靠记忆，技能熟练全靠练习，这样得来的知识与技能来得快，丢失得也快。所以，核心素养的提出，就是要教给学生一些让他们终身受益并能留下来的东西。"四基"的提出在"双基"的基础上添加了基本思想与基本活动经验。中学数学核心素养的六要素是对学生数学学习与运用掌握的高度与广度的一个拔高。比如，如果"双基""四基"是建筑高楼大厦所必需的基石，那么中学数学核心素养的六要素就是钢筋与水泥，从而使高楼大厦更坚固。基石决定了高楼大厦的稳固性，钢筋水泥决定了高楼大厦的高度。所以，中学数学核心素养与"双基""四基"是一脉相承、共同发展的。

## 三、中学数学核心素养与数学能力之间的关系

数学能力是指一种特殊的能力，是顺利完成数学学习活动、数学研究活动所必须具备且能够直接影响其活动效率的一种个性心理特征。它是指在学习、研究、发现数学知识和运用数学知识解决数学问题的活动中，同其他问题、符号、方法和证明结合起来的能力；也是在解数学（或类似的）课题时应用它们的能力。

在理论上，根据对数学核心素养与数学能力概念的分析，可以看出，数学核心素养与数学能力是有交叉关系的。关于数学核心素养的研究，有关学者还曾提出数学核心素养具有综合性、阶段性以及持久性的特点。综合性是指数学核心素养是数学核心知识、核心能力、数学思考与数学态度等的综合体现。由此可以看出，在内涵上，数学核心素养比数学能力的含义更广泛，数学能力属于数学核心素养的一部分。所以，数学核心素养是数学能力的拓展与延伸。

实践上，数学能力既可以通过先天得来，也可以通过后天培养形成。而数学核心素养是通过后天的培养形成的，它是通过教育者有意识地对教育进行规划、设计与培养，通过教师的教学、学生的学习以及在此期间教师长期对学生有意识地引导而使学生获得的。所以，数学核心素养的培养，并不妨碍学生数学能力的培养，二者是相互促进、相辅相成的。

## 四、数学核心素养与素质教育之间的关系

素质教育以全面提高个体的基本素质为目的，尊重个体的主体性和主动精神，以个人的性格为基础，注重开发个体的智慧潜能，以形成个体的健全个性为特征。

### （一）从内涵上来说

对比素质教育与中学数学核心素养的内涵，不难发现，两者不仅不存在冲突，而且是相辅相成的。素质教育注重的是人整体基本素质的发展，是为个体未来做人与发展奠

数学教学与核心素质培养

定基础的教育。中学数学核心素养的发展要在继承素质教育的基础上，使个体整体基本素质发展得到进一步的深入。

## （二）从实践上来说

素质教育以提高人的根本素质为目标，着重培养学生的创新精神和实践能力，旨在造就"四有"以及德智体美劳全面发展的社会主义事业建设者和接班人。中学数学核心素养旨在培养个体具有数学基本特征的思维品质和关键能力。在具体实践中，素质教育是培养学生全面发展，中学数学核心素养是针对数学学科特点进行培养，但并不是说脱离素质教育来谈中学数学核心素养，而是在素质教育全面发展的基础上进行有针对性的深入与拓展。从培养方式上来说，二者均是需要通过后天的培养，以及通过教育机构与教育者有意识地对教育进行规划、设计与实施，再经由正规的课程教学，通过教师的教学、学生的学习以及在此期间教师对学生有意识地加以长期的教育引导，从而使学生得到整体提升的一种教育。所以二者并不存在培养与发展上的矛盾与冲突，相反它们是一种继承与拓展。

# 第二节　数学核心素养的含义

## 一、数学学科核心素养的内涵

汉英双解词典中"素养"的释义是"平日的修养"，如果将这两个字进行拆分，"素"原本指"白色"，或"本来"，后来引申为"本来的，向来"。"养"的本义为"生活资料或基本费用的供给"，后来引申为"培育"，通过以上对"素养"一词的分析，可以看出"素养"是一个人平日里的基本修养，应该包括通过先天以及后天训练、实践而获得的技巧或能力，具体包括个体的知识与技能、品德与观念、思想与方法等。总之，"素养"是一种应对社会所必须具有的各种能力的综合体，包含知识、技能、情感、态度和价值观。个人在发展的过程中需要多种素养，进而可将素养分为一般素养和核心素养，对于"核心素养"的理解，目前有两种比较有代表性的观点：第一种观点认为，核心素养就是基础素养，核心就是基础。比如，核心素养是素养系统中具有基础性的成分，是人进一步成长的基础和可能，是人进一步成长的内核。第二种观点认为，核心素养就是人的全面发展，也就是人的各方面得到充分的、自由的发展。其内涵就是全面贯彻党的教育方针，贯彻以德治国的根本任务，最终实现人的全面发展。例如，在价值定位方面，核心素养是党的教育方针的具体化，是连接宏观教育理念、培养目标与具体教育教学实践的中间环节。党的教育方针通过核心素养这一桥梁，可以转化为教育教学实践可用的、教育工作者易于理解的具体要求，明确学生应具备的必备品格和关键能力，从中观层面深入回答立什么德、树什么人的根本问题，引领课程改革和育人模式变革。综合以上对核心素养的分析，一般认为核心素养是人们普遍需要的能力和素养，不仅仅是着眼于当前发展所需要的能力和品质。"核心素养"是素养中最关键、最重要、最核心的部分，它是当代课程改革和发展的灵魂，它进一步诠释了教育应该培养"什么样的人"，具有前瞻性和整合性。

核心素养的培养必须依赖于各个学科的教学，所以学科核心素养是核心素养的延伸和落实，是指"在某学科知识和技能教学的过程中，体会该学科的思想和方法，从而形成必备的学科能力"。学科核心素养是"核心素养"在特定学科（或特定学习领域）的具体化，是学生学习一门学科（或特定领域）之后所形成的具有学科特点的关键成就，是学科育人价值的集中体现，此外，每个学科的核心素养也不尽相同。数学是逻辑性和应用性很强的学科，它对学生提出的要求是具有课程标准要求的数学学科核心素养。在数学新课程标准没有颁布之前，不同的学者对数学核心素养有着不同的看法。比如，数学核心素养就是会用数学的眼光观察世界，会用数学的思维思考世界，会用数学的语言表达世界。所谓数学的眼光，本质就是抽象，抽象使得数学具有一般性；所谓数学的思维，本质就是推理，推理使得数学具有严谨性；所谓数学的语言，主要是数学模型，模型使得数学的应用具有广泛性。

本书认为数学学科核心素养是指学生在数学学习的过程中，通过对数学知识和技能的理解与掌握，对思想和方法的积累和运用，能够在实际的问题情境中从数学的角度去分析问题、解决问题。数学核心素养的形成有利于促进学生的全面发展，所以数学教育的终极目标是：一个人学习了数学之后，即使以后不从事与数学相关的工作，或是在已经忘记数学知识的前提下，仍然能用数学的眼光去观察世界，用数学的思维去思考世界，用数学的语言去表达世界，能通过头脑中的逻辑思维和理性思维有条理、有目的地分析和解决生活和工作中的问题。

## 二、数学学科核心素养的要素

基于对数学学科核心素养的界定与分析，为了体现数学核心素养的育人功能，为了落实立德树人的任务，《普通高中数学课程标准》提出了数学学科的具体内涵，数学学科核心素养是数学课程目标的集中体现，是具有数学基本特征的思维品质、关键能力以及情感、态度和价值观的综合体现，是在数学学习和应用的过程中逐步形成和发展的。数学学科核心素养确定为数学抽象、逻辑推理、数学建模、直观想象、数学运算、数据分析六方面（见表5-1），这些数学学科核心素养既相对独立又相互交融，是一个有机的整体。

表 5-1　数学学科核心素养的六大方面

| 要素 | 内涵 | 主要表现 |
|---|---|---|
| 数学抽象 | 数学抽象是指对数量关系和空间形式的抽象，得到数学研究对象的素养。主要包括：从数量与数量的关系、图形与图形的关系中抽象出数学概念及概念之间的关系，从事物的具体背景中抽象出规律和结构，并用数学语言予以表征。 | 数学抽象主要表现为：获取数学概念和规则，提出数学命题和模型，形成数学方法和思想，认识数学结构与体系。 |
| 逻辑推理 | 逻辑推理是指从一些命题和事实出发，依据规则推出其他命题的素养。主要包括两类：一类是从特殊到一般的推理，推理形式主要有归纳、类比；另一类是从一般到特殊的推理，推理形式主要有演绎。 | 逻辑推理主要表现为：掌握推理基本形式和规则，发现问题和提出命题，探索和表述论证过程，理解命题体系，有逻辑的表达和交流。 |
| 数学建模 | 数学建模是对现实问题进行抽象，用数学表达问题、用数学方法构建数学模型解决问题的素养。数学建模过程主要包括：在实际情境中从数学的视角发现问题、提出问题、分析问题、建立模型、确定参数、计算求解、检验结果、改进模型、最终解决实际问题。 | 数学建模的主要表现为：发现和提出问题、建立求解模型、检验和完善模型、分析和解决问题。 |
| 直观想象 | 直观想象是指借助几何直观和空间想象感知事物的形态和变化，利用空间形式特别是图形，理解和解决问题的素养。主要包括：借助于空间，认识事物的位置关系、形态变化和运动规律；利用图形描述分析数学问题；建立数与形的联系，构建数学问题的直观模型，探索解决问题的思路。直观想象是发现问题、分析和解决问题的重要手段。 | 直观想象主要表现为：建立形与数的联系，利用几何图形描述问题，借助几何直观理解问题，运用空间想象认识事物。 |
| 数据分析 | 数据分析是指针对研究对象获取数据，运用数学方法对数据进行整理、分析和推断，形成关于研究对象知识的素养。主要包括：收集数据、整理数据、提取信息、构建模型、进行推理、获得结论。 | 数据分析主要表现为：收集和整理数据，理解和处理数据，获得和解释结论，概括和形成知识。 |
| 数学运算 | 数学运算是指在明晰运算数学对象的基础上，依据运算规则，解决数学问题的素养。主要包括：理解运算对象、掌握运算法则、探究运算思路、选择运算方法、设计运算程序、求得运算结果等。 | 数学运算主要表现为：理解运算对象、掌握运算法则、探究运算思路、求得运算结果。 |

　　在数学抽象核心素养形成的过程中，要让学生体会到从具体到抽象的过程是如何发生的，具体如何转变为抽象知识的，对数学的本质特征能够有一个概括性的认识和把握，逐步养成思考和分析问题的习惯，对其他学科和生活中遇到的问题都能分析事物的本质。

　　逻辑推理是分析推理数学内部的联系与变化，这一素养的形成过程能促进学生从已知的条件推导出所要的结果，对数学知识之间的联系有清楚的认识，构建知识框架，有利于学生形成严谨的逻辑思维习惯，理性客观地看待周围的事物。

数学建模是指在数学抽象的基础上解决数学问题，它可以使学生体会到数学与现实生活的联系，加深对数学知识的理解，尝试对于问题构建数学模型，运用数学知识求解数学模型，进而增强创新意识。

培养中学生直观想象的素养有助于提高学生的发散思维，从不同的角度分析并解决问题，提高学生的空间想象能力。

数据分析有利于学生从复杂的数据中提取处理有用信息，有利于提高学生用数据表达数学问题的意识，使其养成用数据思考问题的习惯，提高他们的数据分析能力。

数学运算素养的形成有利于进一步提高学生快速运算的能力，使其有效地选择运算方法，不仅能够培养学生解决数学问题的能力，还有利于学生养成思考问题的习惯。利用数学运算不仅能促进数学思维的发展，更有利于学生养成严谨的科学态度。

# 三、数学学科核心素养的特征

根据国内外对数学学科核心素养的研究，国内学者总结了数学学科的三大特征：综合性、阶段性和持久性。

## （一）综合性特征

中学数学学科核心素养集中体现了数学核心知识、数学能力、数学思想方法、数学文化、数学习惯和态度。学生在进行数学学习的过程中，除了要具备数学基础知识和基本能力外，更重要的是要学会用数学语言去描述问题，用数学眼光去看待问题，用数学思维去分析和解决问题。数学的核心素养依赖于数学的基本知识和数学的基本能力，其外在表现形式是用数学知识解决数学问题的数学素质和态度。

## （二）阶段性特征

数学学科核心素养在每个阶段所表现出的水平不同。因为每个年龄阶段的学生心理和认知能力不同，对每个阶段的学生所要达到的数学核心素养的要求也不同，所以对于同一个数学问题，不同层次、不同年级的学生会有不同的分析和解决的方法。学生的思维水平和对问题的理解程度因年龄和知识水平的不同而有所差异，所以在不同的阶段数学核心素养也会有不同的表现。

## （三）持久性特征

数学的核心素养是在学习和内化数学知识和技能后，形成未来生活中的关键能力和必要品质。每个人在以后的工作和生活中都会有意和无意地从数学的角度分析问题，用数学的思维解决问题，这是数学学科核心素养的基本体现。数学核心素养不是即时

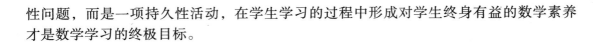

性问题，而是一项持久性活动，在学生学习的过程中形成对学生终身有益的数学素养才是数学学习的终极目标。

# 四、数学学科核心素养内容的具体阐述

## （一）直观想象素养

直观想象素养是指借助几何直观和空间想象感知事物的形态与变化，利用几何图形理解和解决数学问题。它主要包括了借助空间认识事物的位置关系、形态变化与运动规律；利用图形描述、分析数学问题；建立数与形的联系，构建数学问题的直观模型，探索解决问题的思路。就其学科价值而言，直观想象素养促进了数学问题的发现、提出，是探寻论证思路、开展逻辑推理、构建抽象结构的思维基础。就其教育价值而言，直观想象素养有助于学生将很多抽象晦涩的概念、公式、定理转化为直观、生动形象的图式，促进他们的理解和记忆。在本书中也采用该定义来界定直观想象素养，直观想象素养不仅囊括了"数形结合"的几何直观，也蕴含了对事物的位置关系、形态变化与运动变化规律的空间想象，直观想象不等价于数形结合，不等价于几何直观，更不仅仅是空间想象，它是几何直观和空间想象的综合体，拥有其丰富的内涵和价值。

## （二）推理与数学推理

"推理"是人们在学习、工作和日常生活中经常进行的一种思维活动，是逻辑学、心理学以及认识论研究的重要对象。逻辑学称推理为"思维形式"；心理学将其看作"思维过程"；认识论则认为推理是对人类抽象思维方面的"单纯模拟"。三种说法，选自不同的角度来刻画推理，可以相互借鉴与补充。关于"数学推理"，不言而喻，它是有逻辑的，对此，这里存在一个尴尬的问题，什么是有逻辑的推理？这一问题显然对数学教育以及哲学认识论都极为重要。在此，基于形式逻辑的角度来看，数学推理直接与命题有关。简单地说，在数学中，我们把对客观事物的情况有所肯定或否定的思维形式称为判断，并把表示判断的语句称为命题。而数学推理则是一种以一个或几个数学命题推出一个新命题的思维形式。在清楚数学推理概念的基础上，有必要了解数学推理的思维基础。

### 1. 推理的分类

关于推理分类的观点有很多，一般而言，按其结论的可信度，推理分为必真推理（演绎推理和完全归纳推理）和似真推理（类比推理和不完全归纳推理）两类。按其所表现出的思维倾向性，主要有合情推理和演绎推理。其中，合情推理又分为归纳推理和类比推理。这里值得注意的是，合情推理与演绎推理联系紧密、相辅相成，合情推理的结论需要演绎推理的验证，而演绎推理的思路一般是通过合情推理获得的。不论按何种方式进行分类，每种推理都有其对应的推理方法，它们构成了分析、论证数学问题的基本工具。

**2. 推理的方法**

（1）归纳法

归纳是指通过对特例的分析引出普通的结论。因此，归纳法是由特殊到一般的推理方法。归纳法按照研究的对象是否完全，分为完全归纳法与不完全归纳法。

①完全归纳法

完全归纳法是根据考察一类事物的全体对象，肯定它们都具有某一属性，从而做出该类事物都具有这一属性的一般性结论的归纳推理方法。它是一种严格的推理方法，由正确的前提必然能得到正确的结论，即所得的结论是可靠的，在数学中可以用来证明其他数学问题。

②不完全归纳法

不完全归纳法是考察一类事物的部分对象具有某一属性，从而做出该类事物都具有这一属性的一般性结论的归纳推理方法。需要注意的是，由于不完全归纳是由部分推广到全体，其前提和结论之间未必有必然的联系，故结论未必可靠，只能看作一个猜想，因此它不是一个严格的推理方法，不能作为一种数学证明方法。但是，它却是一种发明创造的方法。数学上的许多发现都是运用不完全归纳法得出某种猜想或定理，进而去证明判定它的真实性，如哥德巴赫猜想、欧拉公式等。此外，中学数学中的一些概念、公式以及定理，如果通过不完全归纳法引出，更适合学生的年龄和知识特点，在问题解决教学中也可引导学生探索发现解决问题的思路。以现行中学课程标准实验教科书为基准，其中有许多知识都体现了归纳法的价值所在。

（2）类比法

类比法是根据两个或两类事物在某些属性上相同或相似，推出它们在其他属性上也可能相同或相似的推理方法。简言之，类比推理是从特殊性前提推出特殊性结论的一种推理。

例如，在关于数列的相关知识中，等比数列的许多性质或结论（等比中项、通项公式等）都是通过类比等差数列相关性质或结论而得出的。在数学教与学的过程中，通过类比可将复杂问题简单化处理，从而更好地解决问题。需要注意的是，由类比推理所得的结论只具有一定程度的可靠性，是否真实还需要证明。

（3）演绎法

演绎法即演绎推理，是指从一般到特殊或个别的推理方法。只要前提可靠，用演绎法推得的结论就是完全可靠的，它是一种严格的推理方法。演绎推理的种类有很多，这里仅对数学中最为基础且应用较多的三段论演绎法进行简要介绍。所谓"三段论"，是指从某类事物的全称判断（大前提）和一个特称判断（小前提）得出一个新的、较小的全称或特称判断（结论）的推理。

### 3. 推理能力

根据心理学的理论研究，能力是人顺利完成某种活动所必须具备的心理特征之一。数学能力是一种特殊的能力，是顺利完成数学活动所具备的、直接影响其活动效率的个性心理特征，是在数学活动中形成和发展起来的。而推理能力是数学能力的一种，是数学能力的核心。推理能力的发展应贯穿整个数学学习过程。在数学活动中，推理能力主要体现在，运用合情推理获得理解数学概念、公式、法则等知识或探究解决问题的方法，或者发现、得出猜想或结论，并用演绎推理对所得出的猜想结论加以检验、证明。

## （三）数学抽象素养方面

近几年来数学核心素养的研究大部分是关于数学核心素养的整体观点和策略，对于其中特定的某个数学核心素养的具体研究相对较少。众所周知，概念教学是数学教学的重中之重，而得出数学概念的过程是最典型的数学抽象的过程。着眼于发展数学抽象素养的函数概念教学，应该以学生熟悉的客观世界中的运动变化现象、在初中已经学习的知识为基础构建问题情境，强调让学生亲身经历解决问题的抽象思维过程。重视概念教学，提升概念教学水平，其中最切实的是抓数学核心概念形成的教学，选取学生熟悉的典型实例，提供丰富材料，让学生经历完整的数学抽象过程，熟悉数学抽象的基本套路，从而在概念形成的学习中学会数学抽象。

### 1. 抽象与数学抽象

"抽象"一词最早来自拉丁语中的"abstracio"一词，表示排除、抽取的意思。如今人们对于抽象主要有两种不同的理解：第一种形容偏离人们的具体生活经历和理解，表示对象性质难以理解的程度；另一种说法认为抽象是一种思维活动，一般是指从具体事物对象中抽取本质属性或特征，不考虑事物对象所具有的其他方面的非本质属性和特性，把事物对象所需要的某一方面特性分离出来的思维活动和过程，由此可以看出抽象的过程是一个概括、分离和提取的过程。古往今来，无论是数学家还是哲学家，对于数学在本质上研究的是抽象的东西这句话都秉持着赞同的想法。数学抽象是数学哲学的基本概念，是指抽取出同类数学对象的共同的、本质的属性或特征，舍弃其他非本质的属性或特征的思维过程。所以数量化、符号化、公式化和图形化是数学抽象的特点。

数学抽象的基本形式主要有两种：一是直观现实化抽象，在感性认识中，排除事物的一些性质从而得到我们需要的某些其他性质；二是概括直观化抽象，这种抽象不仅仅能够提取事物对象的一般的、本质的属性，还对题目做了相应的处理。对于数学抽象可以从数学的认识目的和抽象的程度等不同的角度进行分类，包括弱抽象、强抽象和广义抽象，并可用"数学抽象度"来反映抽象对象所具有的抽象层次性。

### 2. 数学的特征及数学抽象的作用

我们知道数学有众多特征，其中最主要的三大特征是高度抽象性、逻辑严密性和应用广泛性。数学学科的特点和研究对象的性质决定了数学抽象思维是数学思维的核心和基础，所以如何培养学生的数学抽象素养成为数学教育亟待解决的重要问题。在数学学习过程中，学生只有具备了一定的思维水平和抽象能力，才能透过事物的表象看到问题的本质，最终获得事物对象的本质特征和属性。这对学生来说不仅是一个获取知识的过程，也是一个探究发展的过程，对于学生所有学科的学习和自身的发展都有十分重要的作用和意义。

在数学抽象核心素养的形成过程中，要积累从具体到抽象的活动经验。学生能更好地理解数学概念、数学命题、数学的方法和体系，能通过抽象、概括去认识、理解、把握事物的数学本质，能逐渐养成一般性思考问题的习惯，能在其他学科的学习中主动运用数学抽象的思维方式解决问题。

在数学教学中培养学生的数学抽象素养，首先，可以使学生更好地理解数学这门学科。通过数学抽象这一过程，教师可以让学生清晰地体会获得某一知识的基本过程，让学生了解数学知识的基本特点。其次，数学抽象可以让学生更好地掌握所要学习的数学知识。通过数学抽象，学生可以很好地理解那些复杂的公式和定理，真正明白它们的含义，并且能够知道这些公式和定理是怎么得来的。最后，数学抽象有利于学生思维的发展和提高。

### 3. 数学抽象素养

"数学抽象"居于六大核心素养的第一位，对于学生的数学学习和思维发展影响较大。数学在本质上研究的是抽象的东西，数学的发展所依赖的最重要的基本思想也是抽象。数学抽象是指舍去事物的一切物理属性，得到数学研究对象的思维过程。其要分为两个方面：一是能从数量和图形的关系中抽象出数学概念及其概念间所具有的关系；二是能从事物的具体背景中抽象出规律和结构，并且能够用数学语言和数学符号进行表征。

数学抽象反映了数学的本质特征，是形成学生理性思维的基础。数学抽象作为数学最基本的思想过程之一，不仅在数学的产生过程中起到重大的作用，而且对于数学的发展和应用也有不可替代的价值，这使数学成为高度概括、表达准确、结论一般、有序多级的系统。

数学核心素养是在新的历史时期发展素质教育的大环境下，为了适应时代的要求和学生的发展而提出的。教育部和有关研究人员正在抓紧研究不同学段数学核心素养的具体内容，制定核心素养的学科结构体系，促进课程改革和建设。在数学抽象核心素养的形成过程中，积累从具体到抽象的活动经验，学生能更好地理解数学概念、数学命题、数学方法及其体系，能通过抽象、概括去认识、理解、把握事物的数学本质，能逐渐养成一般性思考问题的习惯，能在其他学科的学习中主动运用数学抽象的思维方式解决问题。

数学抽象思维过程作为众多数学思维中最基本、最重要的思维过程，无论是对于学生的日常生活还是学习发展，都有不可替代的作用和意义。在日常生活中，数学抽象能使学生从具体事物中抽象出本质特征，排除无关特征，得到所需要的信息。而在数学学习中，形成数学概念、证明数学命题和运用数学规律都不能缺少数学抽象的思维过程。数学核心素养彼此间相互独立，相互交融，是一个有机的整体，如"数学建模"素养是在对现实问题进行数学抽象的基础上，建构模型解决问题的过程。所以要在教学过程中培养学生的数学素养，就要更加重视对学生进行处于六大核心素养第一位的数学抽象素养的培养，使学生掌握教学抽象的规律和方法，这对于学生将来的实际生活和数学学科的学习有着十分重要的作用和价值。

# 第三节　核心素养的相关理论

## 一、培养数学学科核心素养的相关理论

### （一）认知学习理论

认知主义的代表人物主要有布鲁纳，他的结构和发现学习理论认为学习是主要的认知过程，在学习过程中要重视人的主动性和独立性，要注重学习和掌握各门学科的基本结构。他强调说："不论我们教什么学科，务必使学生理解该学科的基本结构。"掌握了该学科的基本框架，学生认识所形成的抽象结构就能广泛适用，而数学核心素养的界定是培养学生适应社会生活的关键能力和必备品质，那么只有将数学核心素养进行迁移，才能认为一种素养真正形成，所以教学中教师要引领学生整体把握知识结构，促进学生对知识的迁移，有效培养学生的核心素养。另外，布鲁纳还提出了强化对学习的重要性，所以在数学知识的学习中教师要让学生养成总结知识和方法的习惯，向学生渗透每一部分知识所用的数学思想方法，强调数学思想方法的应用，促进数学核心素养的形成。美国心理学家奥苏贝尔提出了有意义的学习理论，强调有意义地接受学习，他认为有意义的学习实质是以符号为代表的新观念与学生认知结构中原有的适当的观念建立实质性非人为的联系。他在教学中强调，有意义地接受学习必须向学生提出先行组织者材料，所以在中学数学教学时间紧、任务重的前提下，对于培养学生的数学核心素养来说，有意义接受学习更接近数学教学常态。比如，学习了函数的定义和基本性质，接着再学习一些特殊的函数，如指数函数、对数函数、三角函数，就可以类比函数的基本性质进行讲解，与学生原来掌握的基本函数的性质发生联系，建立完整的知识结构，这不仅有利于加深学生对数学知识的领悟，促进知识的迁移，

更有利于数学核心素养的形成。

## （二）人本主义学习理论

人本主义学习理论是 20 世纪 60 年代在美国兴起的一个心理学流派，它强调人潜能的激发，反对行为主义的机械化，又不赞成认知主义对学生的情感、态度和人生观培养的忽视。人本主义明确了教师与学生的师生关系，教师应该充分信任学生能够发展自己的潜能，应该真诚地接受、理解学生，让学生自由地发表看法，为学生提供帮助，只有这样学生才能形成有意义的学习，才能促进学生各方面能力的培养。在人本主义理论的指引下，在数学学科核心素养培养的教学过程中，首先应该培养学生学习的积极性和主动性，应该以学生为本，教师应将注意力集中在学生身上，思考学生在教学中应该达到什么目的、学生究竟想学什么、怎样培养学生数学素养才能使学生顺利地学习与成长。人本主义认为要努力把学生培养成为知识丰富、思想深刻、人性善良、品格正直、心灵自由的人。在教学过程中，教师要创设各种教学条件让学生的学习态度发生一定的转变，激发学生的学习动机，使学生有意愿、有需求地去学习，进而促进学生个性的发展、潜能的发挥，从而产生真正有效的学习，培养学生适应未来生活的关键能力和素养。

## （三）建构主义学习理论

建构主义认为学习是学生在一定的环境下，以原有的知识经验和认知结构为基础，主动进行知识建构的过程。建构主义对当今的教学改革有重要的指导作用。建构主义学习理论的主要内容为建构主义知识观、建构主义学习观和建构主义学生观。建构主义认为知识是动态的，知识并不是问题的最终答案，而是随着人类的进步不断改正，并且会随之出现新的假设和解释，学习者会基于自己的经验背景进行理解并建构属于自己的知识。因此每个学生对知识所建构的理解都是不同的。教师在培养学生的学科核心素养时，应更加注重学生的个性化特点，因材施教，并不是对所有的学生都采取相同的教学方法，而是让每个学生都能够按照自己的知识经验建构出新的知识内容。建构主义在学习观上强调学习的主动建构性、社会互动性和情境性三个方面。所以在培养学生的数学素养时，应当引导学生将已有的知识和新获得的知识进行有意义的组织，建构自己的知识体系，教师要适当运用一些教学策略引导学生能够自主地完善自己的认知结构。建构主义学生观认为学习者在学习新信息、解决新问题时往往可以基于相关的经验，依靠其认知能力形成对问题的解释。学生是有意义的建构者，而不是外部刺激的被动接受者和被灌输的对象。因此，在教学过程中，除了传统的知识教学外，还应充分发挥学生的主体地位，强调学生的自主性和主动性，使其积极主动地发现、分析和解决学习过程中的问题。

## （四）终身学习理论

20世纪60年代后提出的终身教育思想强调每个人在每个阶段都要接受教育。法国教育家保罗·朗格朗最早系统论述了终身教育。他认为终身教育的核心是以时间为主线，将人所要接受的教育和训练贯穿于出生到死亡的全过程。终身教育是适应科学知识的快速增长和人的持续发展要求而逐渐形成的一种教育思想和教育制度，包括各个年龄阶段的各种方式的教育。终身教育在学校教育中更加注重学生人格的养成、思想方法和能力的获得。对于教育过程，终身教育理论认为，教师和学生在教学过程中共同交流与进步。学生数学学科核心素养的培养具有持久性，而且数学核心素养对学生成长生活的各个阶段都具有至关重要的作用，贯穿学生的一生。因此，应树立终身教学的观念，加强学校、家庭和社会的联系，为学生创造安全和谐的外部环境。教师要为学生树立终身学习的榜样，让学生形成终身学习的意识，养成终身学习的习惯。

# 二、关于数学核心素养的见解

## （一）数学核心素养理论方面

数学教育的终极目标是让学生具有数学的眼光、数学的思维以及数学的语言。数学眼光即数学抽象，数学思维即逻辑推理，数学语言即数学建模。所以，中学数学核心素养的六个要素中，数学抽象、逻辑推理、数学建模尤为重要。

## （二）数学核心素养实践方面

关于如何培养学生的数学核心素养，数学教育应该继承和发展传统数学教育的"双基"和"四基"，数学核心素养与传统数学教育是相辅相成的。为了实现培养学生数学核心素养的教育目标，要遵循两个基本原则：一是要把握数学知识的本质；二是要设计并且实施合理的教学活动。在数学教学过程中，教师要通过设计并实施合理的教学活动，启发学生独立思考，并鼓励学生进行师生、生生之间的交流与互动，使学生能够掌握知识技能和理解知识的本质，并感悟数学知识中所蕴含的数学思想，从而发展数学思维和积累实践经验，在这个基础上潜移默化地使学生发展数学核心素养。

针对以上两个基本原则，下面给出了相应的教学设计。首先，教师要改变教学设计的思路，把具有逻辑联系的知识点融为一体进行整体设计，不仅要关注知识技能，还要认真思考数学的本质以及所体现出来的数学思想，进而达到培养学生数学核心素养的效果。其次，在设计与实施教学时要注重情境与问题。情境与问题的设计能够启发学生思考，合理的情境设计有助于学生感悟、理解、形成和发展数学核心素养。

# 三、王尚志关于数学核心素养的认识和理解

数学核心素养的每一要素都具有独立性，但在数学的教学和学习中，更应该强调其整体性，它们是有机联系、相互渗透的整体。数学核心素养综合体现在个体对数学知识的理解、对数学技能方法的掌握、对数学思想的感悟和对数学活动经验的积累，以及"发现与提出问题、分析与解决问题"的过程中。

## （一）数学核心素养在数学课程体系中的体现

### 1. 中学数学课程结构应体现选择性

不同的学生有不同的发展，应该为他们提供多方面发展的机会。课程应该分为必修课和选修课，选修课也应该有分类，可分为选修课 I 和选修课 II。选修课 II 又分为五类：一是理工类数学课程；二是经济、社会和部分理工类数学课程；三是人文类数学课程；四是艺术类数学课程；五是校本课程，包括大学数学选修课程等。其中必修课和选修课 I 为高考要求的内容，选修课 II 为学生的发展和兴趣指引方向。

### 2. 中学数学内容结构应该体现数学核心素养的发展

中学数学内容结构在体现数学核心素养方面，应该抓住贯穿中学数学始终的三条主线：一是函数及函数的应用、代数与几何、统计与概率；二是数学建模和数学探究；三是在中学数学课程中渗透数学文化。通过抓住这三条主线，在教学过程中让学生反复经受抽象、推理、模型和直观的体验，才能有效地提升和发展学生的数学核心素养。

### 3. 中学数学课程要突出数学本质

在对中学数学课程内容结构以及主线整体认识的基础上，要突出数学本质，对于支撑中学数学课程结构主线的关键问题以及重要概念、公理、模型、数学思想方法与数学应用等，需要深入地思考与研讨，从而层层递进地提升中学生的数学核心素养。

## （二）在数学教学中对学生数学核心素养的培养

### 1. 教师在数学教学中要整体把握数学课程

在数学教学中培养学生的数学核心素养，对于数学课程的整体把握是基础。中学数学课程本身就是一个有机整体，教师对中学数学课程的性质与理念要有一个整体的认识与理解，对中学数学课程目标也要有整体把握，而且对中学数学核心素养要有整体感悟。因此，教师要对中学数学教学内容进行整体设计与实施。

### 2. 教师在数学教学中要以"主题（单元）"为教学对象

教师对数学教学课程内容要有一个整体的纵览，可以把每一章作为一个单元，或

者把数学课程中的重要主题作为一个单元，还可以把具有通性通法的数学知识作为一个单元。这既是对数学知识的一个深度学习，也是突出数学核心素养的一种途径。对于中学数学核心素养的培养，教师需要把握三个关注点：第一，提升学生发现问题、提出问题、解决问题的能力，这是被关注的教学重点。第二，注重在数学教学过程中创设合适的教学情境，这是另一个应该被关注的教学重点。第三，根据学生的实际情况来教学，即因材施教，教学生"会学"知识比教学生"学会"知识更重要。

### 3. 学生对于中学数学核心素养的学习

对于中学数学核心素养的学习，首先，要求学生具备广阔的视野和见识。在中学数学核心素养的学习中，学生要对数学有一个全面的认识与了解，包括数学的历史、发展以及数学对社会发展所起的作用。其次，教师要引导学生通过自主学习达到"会学"。数学核心素养的培养，是要让学生以"做数学"代替"做题"，在问题—猜想—条件—方法这一过程中层层递进地提升学生的数学核心素养。最后，还需要学生能够积极主动地多参加数学建模和数学探究活动。同时还要学会交流，师生之间、生生之间的交流对于数学核心素养的学习也是至关重要的。

# 第四节　基于核心素养的导学案设计

## 一、基于核心素养的导学案设计理论根据

基于核心素养的导学案设计是实施导学案教学的出发点，它直接决定了导学案教学模式的高效与否，教师要在授课前做足充分的准备工作，包括做好学情分析、合理设置教学目标和规划好上课流程等。

### （一）基于数学学科核心素养导学案含义

#### 1. 基于核心素养的导学案含义

基于核心素养的导学案是教师根据课程标准、教材及学情（如心理特征、知识基础等），为指导学生进行自主学习和提高学生数学素养而编制的一种学习方案。它是教师帮助学生掌握教材知识内容、沟通教师的教和学生的学的纽带，同时也是帮助学生提高自主学习能力、建构知识能力的有效介质。

**2. 基于学科核心素养的导学案与普通导学案的异同**

普通导学案和基于学科核心素养的导学案,形似但内涵却有所不同,两者概念相关,后者在前者的基础上作了进一步发展。从产生的背景来看,普通导学案主要是新课程改革提倡学生主体教学方式下的产物,而基于学科核心素养的导学案则顺应新课程改革的主流,重在学生的自主与合作学习能力的培养,意在增强学生数学核心素养的培养。从内容上看,两者的服务对象都是中学生,但是着重点有所不同:基于核心素养的导学案意在指导学生学习以及培养学生能力,着眼于学生如何学,如何促进学生高效学习,目标明确而方法灵活,关注学生把在课堂上学习到的知识内化成自己的能力,即核心素养;普通导学案虽然提出以学生为主体,但是功能更多的是为教师教学服务,着眼学生掌握或理解教师所"教"知识的情况,没有真正考虑到学生"学"到的知识是否内化成学生能力的问题,学生在课堂上更多的是探究出机械解题做题的方法。从作用来说,基于核心素养的导学案是学生学习的"行军图",然而普通的导学案则是教师进行教学的蓝本。

基于学科核心素养的导学案与普通导学案都是由教师通过研读材料而编制的,但基于核心素养的导学案关注学生把从课堂上学到的知识内化为自己的能力,关注知识到能力的过渡。而普通导学案是教师为讲授学科新知识点来编写的,二者虽本源相同,但关注的目标有所不同,具体表现在以下五个方面。

第一,部分普通导学案主要突出教什么内容和怎样教,在教师教的过程中,主要指导教师先讲解数学学科知识内容,过程中少有学生参与,导学案的功能便与教案基本一致。而基于核心素养的导学案则重在突出学生马上要学什么和怎样去学,这样使学生在学习的过程中不仅知教师所说其然,还能知其所以然。

第二,基于学科核心素养的导学案是教师在钻研教材的基础上,在充分考虑学生现有的知识水平和认知能力的前提下,尊重学生的个体差异性,站在学生的位置上为学生制订的学案。基于核心素养的导学案引导学生按照教师所指引的方向进行学习,自学后带着自己的问题走进课堂。普通导学案的编制主要强调教师所教授知识的内容和解题方法,缺少教师对学生的学法指导,没有充分为学生设身处地考虑。所以,反观基于核心素养的导学案,更多地关注了学生学习方法的使用和指导,有助于学生融入课堂提高学习效率,有利于激发学生学习数学的内在动力。

第三,基于核心素养的导学案使教师可以清楚地了解学生的学习能力和知识水平,即学情。教师可以通过做导学案完成课前调查,有助于反映学生的学习能力,方便教师了解学情,进而方便教师在课堂上突破教学的重难点,弥补学生学习的弱点。但是普通的导学案是教师自己独立地分析学情,再预设学习的方法和内容而制订的,严重脱离了学生这一主体,因此不易把控学生真实的学习过程。

第四,基于学科核心素养的导学案能够有效地诱导学生跟着导学案的内容进行学习,进而可以使学生了解设置导学案的意图和要学习的重点内容,大大提高了教学效率和学习效率。但是普通导学案的预设形成于教师自己的心中,导致学生不易了解教师的教学设计思路，容易造成在课堂上学生都不知道教师在讲什么，更别提如何进行高效的学习活动了。

第五，关于设计时存在的问题，在普通导学案的基础上教师在讲课时虽然是按照预设的问题对全班同学进行了提问，但是能主动回答问题的也就是那几张常见的面孔，他们便成了全班同学的依赖，学生参与度少，久而久之学生便养成了不爱独立思考的习惯。但是在基于核心素养的导学案的基础上教师在设计好问题后便分发给每位学生，为学生留了足够的时间和空间进行思考，从而使导学案的指引作用得到了很好的发挥。基于核心素养的导学案是普通导学案的进一步发展和创新，教师根据学生的学情有层次地预设学生课堂学习的内容，培养学生的发散性思维和个性，有效地培养了学生善于独立思考的习惯和不断发现新问题，并解决新问题的创新能力。

## （二）先行组织者策略

有意义学习理论认为学生的已有知识经验是直接影响其学习的主要要素。所以教师在进行教学前应为学生提供一些具有概括性的学习材料，以学生能理解的方式表达。这样的学习材料就是"先行组织者"，其作用是为学习者创建新知识和旧知识的桥梁，以便于新知识的学习。该理论启示教师：在教学过程中要充分考虑学生已有的知识和经验，为学生准备好预习的知识材料后再进一步讲解新的内容，要起到承上启下的作用。

## （三）学习动机理论

学习动机理论是指教师设置适当的教学情境，诱发学生向课程内容学习的动力倾向，让学习过程充满乐趣、学生充满求知欲，尤其是学生内部动机的激发十分有助于课堂的有效教学。数学导学案设计要能激起学生的学习兴趣，问题情境要新颖有趣，最好能引起学生学习兴趣或造成认知冲突，产生认知内驱力。

例如：判断下列命题中的真假。

① "$a > b$" 是 "$a^2 > b^2$" 的充分条件。

② "$|a| > |b|$" 是 "$a^2 > b^2$" 的必要条件。

对于该题，会有部分马虎的学生忽略了 $a$ 和 $b$ 的正负取值问题，从而导致失误，引发了学生的重新思考，激发了学生的求知欲，这对于教师进行课堂的高效教学会助益颇多。

## （四）建构主义理论

建构主义认为学习的过程就是学生对知识的自我建构，教师为学生提供指导，帮助学生对所学知识进行意义建构。基于核心素养的导学案是帮助学生学习的辅助工具，可以诱导学生进行自主学习且系统地掌握和理解所学的知识内容。学生运用基于核心素养的导学案，可以有效地建构学科知识架构体系。此外，基于核心素养导学案着眼于学生合作探究以获得新知识，各个教学环节紧密相连，知识层层递进，是学生进行知识构建的有效载体，也为教师的教学和学生的学习搭建了合作平台。

### （五）人本主义理论

人本主义教育把教育的目的归于能满足个体自我发展的要求，认为学生是不断发展中的人，教育教学活动都必须以学生为中心，包括教师和学校皆要为学生的终身发展服务。学生具有无限发展的潜力，而基于核心素养的导学案教学为学生创设了一个良好的学习环境，学生在学到需要的知识的同时，又可以将学习的新知识和已有知识联系起来。

基于核心素养的导学案内容需要注重问题设计的趣味性，可以将教学内容与时事政治或与学生已有的生活经验相结合，发掘对学生个人的成长有助益的教学情境问题，为学生的终身学习和发展助力。

## 二、基于核心素养的导学案设计工作

设计好基于核心素养的导学案是教师课堂教学的第一步，教师在课堂上要充分利用好导学案，它直接关系到学生课堂学习的效果。教师根据学情调查了解学生的认知水平，并依据课程标准要求，将课本中的知识内容设置成适当的教学情境，充分体现学生的主体地位，让基于核心素养的导学案更好地服务于学生课堂上的学习活动，使学生将所学知识转换为内在能力。

### （一）查阅有关导学案和数学学科核心素养的资料

首先，教师要实施基于核心素养的导学案教学模式，就必须了解什么叫做导学案和核心素养。其次，明确如何编制导学案，在编制导学案时怎样合理预设教学流程，以及在教学过程中如何培养学生的数学核心素养等。所以基于核心素养的导学案设计准备工作要求教师要查阅有关导学案和数学学科核心素养的资料，做好基础知识准备工作。

### （二）了解学情

教师在授课前必须了解学生的知识水平、自学能力以及对所学学科的学习兴趣等。根据学情分析，教师大致了解了学生的学习情况，再以此为根据设计有针对性的基于核心素养导学案的教学内容。再则，教师要仔细分析教材内容，包括知识点之间的联系和顺序等，运用螺旋式教学方式设计不同层次的教学情境问题，照顾学生的个体差异并做到因材施教。

## （三）梳理知识系统

在课前学生已经完成基于核心素养导学案的自我学习，教师在审阅该导学案后对学生暴露的问题已有了初步了解，故课堂上教师可依据教学的重难点和学生难以理解的内容进行重点讲解，帮助学生理清数学知识，进一步提升能力。中学数学教材逻辑性强、概念高度抽象，学生难以理解，但它仍是学生学习数学知识的主要材料。因此，在设计基于核心素养的导学案时，教师要灵活运用数学教材，理清其中知识点之间的关联，当然必要时教师也可以根据学生学习的实际情况调整教学内容，以便于适应学生的实际学习情况。

## （四）找准教学切入点

基于核心素养的导学案中情境创设是学生建构数学知识的纽带，有意义的教学情境问题有助于启发学生脑海中的知识经验，让学生自我建构知识并赋予新知识以某种含义，让学生运用原有知识经验同化新知识。基于核心素养的导学案在设计情境问题时，要注意寻找教材内容与实际生活的缝隙，找准教学切入点，使得教学过程一环紧扣一环，从而让学生对学习新知识充满兴趣，并形成内部永久的学习内部驱动力。形成持久的学习内部驱动力后，学生才会体会到数学学习过程中"山重水复疑无路，柳暗花明又一村"的乐趣所在。

教师在编制导学案时要找准命题，判断教学切入点，运用学习动机理论进行恰当设问，引导和帮助学生理解命题的判断，实现最近发展区的过渡，从而提高学生的自我学习能力。

# 三、基于核心素养的导学案设计原则、构成要素和模式

## （一）设计原则

### 1. 主体性原则

主体性原则是指教师设计基于核心素养的导学案时要凸显学生的主体性，明确学生学习过程中的主体地位，并从学生的角度设计基于核心素养的导学案。它的设计和使用始终都是以学生为主体，并为学生服务的，要求教师将课堂充分让给学生，体现学生是学习中的主人翁。

### 2. 指导性原则

学生只有明白在即将展开的新课中自己要学些什么内容，才能更好地安排自己的计划，并组织好学习。要发挥好基于核心素养导学案的作用，教师就需要将明确的学习目标、具体的学法指导和本课的重点难点等教学内容在导学案里统筹起来。

但是注重学生学习的主体地位不等于完全让学生自学，完全没有教师的指导。实际的教学中有很多环节需要教师，教师的作用是不可或缺的。比如，在讲解新知识时，教师要提供合理的情境问题，提供解决该问题的思考方向和方法，帮助学生结合生活经验分析并解决问题等。

### 3. 分层性原则

根据最近发展区的理论来进行问题的设计，实施分层诱导。情境问题要照顾到每一名学生的特殊需求，使每一名学生都得到进一步的发展和提升，做到个性化教学；基于核心素养的导学案设计难度应以中等难度为宜，对不同层次的学生分层设置教学情境，让每一个学生都得到最大限度的进步，这样教师才能照顾所有学生的发展。

### 4. 问题情境化原则

教师创设的情境问题要具有驱动性，难度也要有适当性，方便学生接受，从而有效激发学生的学习兴趣，学生通过努力后可以解决教师所提出的问题。切忌让学生生搬硬套、死记硬背课本上的知识概念，所以教师的提问要设在关键处，让学生在解决问题后自身的能力得到增强、思维得到提升。

## （二）构成要素

基于核心素养的导学案主要有六部分，即核心内容主要有：学习目标；测验预习；新课探索；课堂检验；能力升华；当堂小结。当然，教师可以根据实际的情况作适当的改变。

### 1. 学习目标

"学习目标"是教师根据课程标准的要求，建立在知识结构框架上，用来衡量学生知识掌握和理解程度而制定的，具体包括知识技能、过程方法、情感态度价值观三个维度。学习目标表述要清晰，观点明确且可测，能够检验学生学习成果。例如，"平面向量基本定理"一课的讲解学习目标可设置为以下三个维度。

知识技能：掌握平面向量基本定理及其含义；能用平面向量基本定理解决问题，培养抽象概括能力。

过程方法：利用几何画板软件，在"做"数学中经历知识的建构过程。了解平面向量基本定理的推导流程，感受从特殊到一般的数学思维模式。

情感、态度与价值观：树立数学与实际生活紧密相连的理念，养成探索求知的学习习惯。

### 2. 测验预习

"测验预习"意在检验学生的预习效果，有助于学生更好地学习新内容。教师在备课时，要把本课突出的重难点在基于数学核心素养的导学案里清晰明确地给学生展示出来，同时还要把重点难点明确地标注和清楚地描述出来。

### 3. 新课探索

"新课探索"是授课的核心部分，教师在设置基于中学数学核心素养的导学案中的合作探究部分时需要进行细致安排和设计，辅之以必要的指导点拨，帮助学生积极参与新课的探索。探索的过程有助于学生感受成功的喜悦和学习的乐趣所在。

### 4. 课堂检验

"课堂检验"是对课堂上教师讲授过的知识和内容进行巩固，精做练习题即可，切不可满堂练。在检验过程中教师要帮助学生进行知识点归纳和总结，突破本堂课的教学重难点，要注意在面向全体学生的同时也要关注学生的差异性。

### 5. 能力升华

"能力升华"主要针对不同的学生情况提升能力，一般包括两部分内容：自主探究和合作探索。学生通过自我归纳和总结来理解知识的形成过程，将所学的知识内化为自身的能力，进而提高自身的综合素质。小组的合作探索可以有效培养学生的团队协作能力，以及提高学习的效率，能有效达到共同进步的学习目标。

### 6. 当堂小结

"当堂小结"是为教师而设计的，教师总结整堂课的学习内容，不仅有助于学生系统地掌握知识的结构，也有助于教师提高自身的教学水平，有效地促进教学相长。

## （三）导学案的一般模式

目前比较普遍的导学案模式包括框架式、格子式和综合式三类，不同的类型具有各自鲜明的特点，教师可以根据实际的设计要求选择不同的版式，具体的结构如下。

### 1. 框架式导学案

框架式导学案的特点是将学生的学案和教师的导案统一起来，两侧边设有教师和学生的笔记栏，有利于学生补充要点和归纳知识点，也有利于教师记录课堂中呈现的问题等，并有利于下堂课的改进。

### 2. 格子式导学案

格子式导学案具有各个部分内容清晰，教学流程框架完整，版面工整规范的特点。但是容易造成各个部分的知识支离破碎、衔接不当。

### 3. 综合式导学案

综合式是整合各种类型的重要部分而组成的，形式上比较灵活，教师可以根据实际需要做适当的增减。它最能考验教师编制基于核心素养导学案的功底，比较适合高年级且成绩较好的班级使用。

# 四、典型数学课型的基于核心素养的导学案设计

在中学数学学科教学中主要有新讲课、温习课和评论课三种类型。无论哪种课型，基于核心素养的导学案都应该包含课程流程的基本环节，包括情境引入、讲解测评和总结归纳等，只是在实施的过程中教师的关注点不同，实施授课的方法也不尽相同。

## （一）基于核心素养的新讲课导学案设计

学生学习新的知识总是要经历知识的同化、顺应和再平衡三个阶段，情境问题的预设要运用维果茨基最近发展区的相关理论。新讲课导学案侧重新旧知识意义建构，要关注以下三方面。

### 1. 知识意义构建的基础是学情分析

基于中学数学核心素养的新讲课导学案是以学习新知识为关键目标，在这个过程中学生将学到的新内容融入已有的知识体系当中，所以教师要提供适当的教学情境，了解学生的知识水平和认知能力，尽可能地让学生结合自己已有的知识经验有意义地建构新知识。

### 2. 掌握核心知识理解是关键

因为新课程对学生而言是全新的，所以教师在讲授过程中要关注学生对新知识的掌握情况，以完成基于核心素养导学案的教学目标。如果数学教科书的表述充满抽象性，学生就会很难透彻理解以至于造成浅层的理解甚至产生错误的观念。教师在设计基于核心素养的导学案时应当将情境问题和所学知识点相结合，以帮助学生纠正错误的观念，及时弥补知识的缺漏。

### 3. 积极思考，升华思维

基于中学数学学科核心素养的导学案始终关注学生的终身发展，它是一种教学的资源也是知识的呈现方式。学生在学习中学数学课程后，既开阔了视野，又增强了数学洞察力和创新力，同时学到了智慧并提升了素养。

除此之外，教师还要做到在教学中时时刻刻紧扣中学数学课程标准的要求，尊重学生学习的主体地位，并积极地关注学生分析与解决问题能力的发展，关注学生将知识内化为自身能力的过程，从不同的视角和形式创设问题情境。

## （二）基于核心素养的温习课导学案设计

在不同的温习环节侧重点有差异，第一次温习关注知识的系统化，第二次温习则关注能力提升和方法点拨，第三次温习主要针对学生考试内容的全面锻炼。在实际设计的过程中还应当注意以下内容。

### 1. 整合知识并总结规律

很多教师在数学温习课中总是课本知识的贡献者，学生总是受赠者，教师给什么学生就接受什么，在这种教学模式的前提下学生的学习主动性往往很差，学生缺乏参与感。而基于核心素养的导学案放权给学生自己去把新、旧知识串联起来，归纳知识点并从中发现疏漏，有助于学生再将知识系统化。

### 2. 着眼于考点提升能力

从事高中数学教学的教师在吃透教材和充分解读了数学课程标准的条件下，主动地深入研究历年的高考真题，发掘每一年命题的特点，把握高考命题新趋势。并有针对性地将相类似的题目编入基于核心素养导学案的达标检验部分，以此来让学生感知高考命题的新规律，再加以强化，做到面对高考成竹在胸。

### 3. 立足于实践，开阔眼界

温习课导学案应关注学生创造性解决实际问题的能力，将数学知识运用于生活中，进一步培养学生的发散思维和创新思维。

## （三）基于核心素养的评论课导学案设计

评论课导学案的设计主要是针对学生考试测验后对学生学习情况的讲评和归纳总结。现在有很多的教学网站可以帮助教师分析试题的难易程度和学生的失误情况，为我们提供一定的参考价值。同时在讲解中让学生主动发掘知识的缺漏并及时总结弥补。讲评课中教师要帮助学生进行正确的归因，改进学习方法，继续保持优秀的方面，让学生不要气馁、戒骄戒躁，进而培养学生学习的内部驱动力。基于核心素养的中学数学评论课型导学案设计要注意以下三个方面。

### 1. 精准掌控学情才能合理预设目标

教学目标是一堂课的出发点也是一堂课的归宿。教师要设计出好的评论课教学目标，必须在制订学习目标前分析试卷的情况，做到有针对性地提高学生的知识水平和能力，即恰当地运用统计网站统计出典型的失误之处，包括学生解答中的疏漏之处、有争议之处，分析有没有哪些题目的表述不恰当导致了学生的误判等。

### 2. 讲解错题集弥补知识缺漏

必要时教师可以让学生把测验中的错题再做一遍，换个角度寻找失误的原因，从中得到启发并增强知识体系的牢固性。

### 3. 合理情境有助于衔接思维

评论课也要重视创设合理的情境，把学过的知识和测验中的失误知识点整合起来，完善答题思路和答题技巧等，依据试题归纳做题方法。

教师帮助学生整理出相关知识点的考题，同一种类型的数学题讲解有助于学生的理解和解题思维的锻炼。对考试失常的同学，教师要及时帮助他们查漏补缺，对于情绪波动较大的同学可以进行心理疏导，教师和家长要多些鼓励少点责备，共同呵护孩子脆弱的自尊心和自信心，让他们能够健康快乐地成长、成才。

## （四）基于核心素养导学案的应用

教师精心设计好的基于核心素养的导学案凝聚着教师的时间和心血，基于核心素养导学案能否充分发挥其"神奇功效"，重点在于教师在课堂上如何真正地利用好。

### 1. 应用流程

基于核心素养的导学案使用流程主要有自主学习、合作学习和总结归纳等。高效课堂中的"三查五步"模式是现在使用较为广泛的，"三查"主要包括：一查，在学生自学时；二查，在组内展示时；三查，在整理导学案、达标测评时。同时有自学、群学、组内展示、班级展示、达标检验五个步骤。

#### （1）自学

自学主要指的是学生自我预习，它是基于核心素养导学案应用的首要环节，好的自学可以帮助学生对新课的内容有大致的了解，有能力的学生在自学中就解决了部分简单的问题。在学生完成预习后教师应及时了解情况，这是教师进行的第一次学情调查。

#### （2）群学

群学即小组的合作学习，它的主要功能是通过小组探讨进一步解决自学时难以独自解决的问题。在实施群学时应当安排不同程度的学生构成一个小组，锻炼学生共同合作发现问题并解决问题的能力。

#### （3）组内展示

组内展示的是群学的成果，并提出组内尚未解答的问题，以便得到教师或其他组的帮助。教师针对学生呈现的问题进行适当的引导和点拨。这也是教师要进行的第二次学情分析。

#### （4）班级展示

班级展示主要是在各个小组之间进行，各个小组依次轮流展示，其他的小组则可以进行补充甚至质疑。该过程很好地培养了学生的团队精神和合作能力，但是也要求教师严格把控，切莫让小组展示流于形式或效率低下。

#### （5）整理基于核心素养的导学案进行达标检验

班级的达标检验有助于学生了解自身的学习情况，帮助学生系统地梳理知识脉络。同时也便于教师分析不同层次的学生在学习中亟待解决的问题，尤其是要关注学困生的问题。这也是教师要进行的第三次学情分析。

### 2. 基于数学学科核心素养导学案的应用情况

基于核心素养的导学案在应用中有以下六个优点。

第一，自身方面：在知识呈现上，分类明确、知识点明确、讲解详细、核心内容更突出；在框架设计上，知识系统结构清晰，知识点更清晰，有方法指导。

第二，教学过程方面：在预习上，预习目标明确，更加高效；在落实基础方面，关注基础知识，及时巩固基础；在重、难点落实上，提炼重点，详略得当，思维清晰；在学习方式上，便于学生自主学习、提高自我探索能力、加强合作交流；在个性化培养上，尊重个性差异，尊重以学生为主的教育理念。

第三，基于核心素养的导学案帮助学生找到自学方向，准确抓住学习重点，提高学习效率，同时培养了学生自学能力。

第四，基于核心素养的导学案有助于学生对知识进行全方位的把握。

第五，基于核心素养的导学案承认学生自学能力的差异，为学生提供了先行组织者，适应不同个性的发展，犹如教师在旁边指导一般。

第六，基于核心素养的导学案以自学与合作交流为主，设置了不同梯度、难度的问题，更好地做到能力较强的学生不轻松、能力较差的学生不困难。

## （五）基于中学数学学科核心素养导学案的评价

评价主要针对基于核心素养导学案设计的评价和基于核心素养导学案应用后师生收获效果的评价。没有实时的评价就无法了解使用的情况，通过评价可以发现设计和使用中暴露的问题，方便教师及时调整教学策略，有助于教学相长。

### 1. 基于核心素养导学案评价要素

基于核心素养的导学案设计的评价除了应当遵循导学案设计的主体性原则、指导性原则、分层性原则和情境化原则等之外，还要从以下三个方面考查基于核心素养导学案设计的整体质量。

（1）基于核心素养导学案要素

①知识呈现方面

分类明确，讲解清晰，核心内容突出等。

②教学操作方面

结构层次清晰，方法指导得当，注重个性差异等。

③目标达标方面

知识的掌握程度，学生参与度，自学和小组合作概况等。

④能力锻炼方面

发现、解决问题的能力，表述能力，思维创新能力等。

⑤学生情感方面

对数学学科的情感态度和价值观，学习收获的心得，做事严谨性等。

（2）学生要素

①预习成果方面

预习案的完成，发现有深度的问题，基础概念的理解等。

②小组合作方面

积极参与小组合作，敢于表达不同观点，团队协作能力等。

③课堂参与方面

回答教师的提问，解答其他小组的困惑，课堂知识的掌握等。

④达标检验方面

知识的掌握，考试测验，数学竞赛等。

⑤思维创新方面

思维的发散性和创新性，对数学知识的理解，将所学知识应用于实践生活的能力等。

（3）教师要素

①学情把控方面

学情分析准确，灵活调整教学内容和方法，准确预设各环节等。

②课堂指导方面

知识内容讲解脉络清晰，讲授方法得当，学生积极参与等。

③重点难点方面

能在教学过程中突出重点、突破难点，学生在教师的讲解和指导下更深入地理解，数学思维的锻炼等。

④课后评价方面

教师的自评和学生的评价相结合，学生知识的掌握程度，教学相长情况等。

⑤目标达成方面

预设教学目标达成，学生的数学素养得到培养，情感目标达成等。

除此之外，有关学生的形成性评价是长期发展的，教师要关注的方面很多，主要包括以下五个方面：

第一，教学目标要突出数学学科核心素养；

第二，情境创设和问题设计要有利于发展数学学科核心素养；

第三，整体教学内容要促进数学学科核心素养连续性和阶段性的发展；

第四，不仅要重视教，更要重视学，帮助学生学会学习；

第五，重视现代信息技术的运用，实现信息技术与数学课程的融合。

**2. 基于核心素养的导学案评价内容**

基于核心素养导学案的评价从大的层面来说可以分为两个方面：一方面，从教师的角度来看，基于核心素养导学案评价指的是能否将导学案的功能最大化，即实现教学效果的最优化，实现课堂的高效教学，培养学生的智力，发展学生的能力，进一步促进学生的全面发展并为学生的终身学习助力；另一方面，从学生角度来看，基于核心素养导学案的评价内容更多的是学生上课时的使用感受和使用后学习进步的效果，以及是否有利于学生学习成绩的提高，学生是否愿意运用它参与到课堂的教学活动中等。

（1）基于核心素养导学案设计质量评价

基于核心素养的导学案设计评价不仅要看学生学习地位的主体性是否突出、情境问题的设置是否合理、教师的指导和教学目标设置是否科学等，还要关注是否将教学与实际生活相结合、学生的创造力有没有得到发展、难易层次是否符合学生的基本学情，以及基于核心素养的导学案是否脉络清晰且有创新点等。

（2）基于核心素养导学案应用效果评价

基于核心素养的导学案应用评价是体现其核心的价值所在，其中必须包括学生是否掌握了课堂上教师讲授的新知识，掌握到几分程度；学生自己是否有意识地构建系统的知识，有没有具备将所学知识应用于日常生活的能力。此外，对其的评价还要包括教师在课堂上的教学指导有没有恰如其分，有没有充分发挥学生参与课堂活动的积极性，课堂过程是否生动有趣充满活力，最终的教学目标有没有顺利达成等。

（3）基于核心素养导学案发展性评价

人的成长是一个漫长的过程，学生的学习和发展同样也是一个漫长的过程，这就启示我们教育者不能只着眼于当下，而要为学生的长远发展深谋远虑、高瞻远瞩。世界上没有相同的两块鹅卵石，也没有完全不相同的两块鹅卵石。基于核心素养的导学案发展评价首先要关注学生的个体差异性，每个学生的兴趣和爱好都不尽相同，我们不能仅仅关注学生的考试成绩，还应该关注学生的学习过程，包括学生的主观努力程度等。对学生的评价是为了促进其发展，所以评价体系要做到科学、全面。

**3. 基于核心素养导学案评价方法**

评价方法是人们为了更加了解一件事物而应用的手段。对基于核心素养的导学案进行评价，主要着重于形成性的评价以及结果性的评价两个方面，不局限于某个角度或者某个方面的评价才是科学的评价。基于核心素养的导学案评价要贯穿学生的整个学习过程，并把结果性的评价和过程性的评价相结合。

（1）观察评价法

观察评价法是指教师在教育教学活动中通过肉眼观察学生的学习情况，进而给出诊断性评价，该方法受主观意识的影响较大。教师可以通过观察学生的日常表现和课堂上的具体表现，包括课下是否认真完成教师布置的任务、课上是否认真听讲等来得到结论。对于这些内容，教师都可以在基于核心素养的导学案上进行实时记录和反馈，促进学生和教师的沟通。

（2）检测评价法

检测评价法主要是考查学生掌握学科知识和利用学科知识解决问题的能力的方法，

可以将平时不易观察到的问题显现出来，方便教师实时调整教学工作。

（3）调查评价法

调查评价法主要通过对被研究者发放问卷或者访谈的形式了解被访者的感受。评价基于核心素养的导学案的使用效果，调查学生可以应用问卷调查的方法，了解学生使用后的情况再做适当的改进。

### 4. 基于核心素养的导学案的缺点及建议

（1）不够重视突出学生的主体地位

学生是基于核心素养的导学案使用的主体，可是落实到教学当中依然是以教师为中心，基于核心素养的导学案形同虚设。教师在实际操作中更多在意的是教学任务的完成情况，因而在授课过程中较少顾及学生在课堂上的学习过程，造成教师教得很累，学生同样也学得很累。

在实际的教学中，教师应该做好学情分析，了解学生的学习情况和学习水平等。教师要站在学生的位置思考，创设符合实际生活的教学情境，设置难度层层递进的问题，满足不同发展层次的学生需求，这样课堂才能生动有趣，每个学生的能力才能得到发展。

（2）难以避免习题化倾向

很多中学教师在高考的指挥棒下总认为学生的能力就是解题能力，殊不知练习题不过是呈现问题的一种途径。这种观念导致新讲课变成了习题课，数学基础知识的系统和深入、数学学科所蕴含的思想方法、学生所获得的情感体验被忽略了，学生的学习也变成了单调的做题，容易产生厌学情绪。学生没有学到对自身发展有意义的内容，做题能力虽然得到了强化，但学习能力和创造力却还是没有得到丝毫改进，十分不利于日后的长远发展。

在实际的教学中教师应该提供一些能有效锻炼学生思维能力的问题，避免过于机械化地操练，以问题为驱动，激发学生学习数学的兴趣，让学生成为课堂的主人。

（3）学习目标设计不可测

使用基于核心素养的导学案教学前，应该让学生明确学习目标，学习目标是教师评价学生自主预习效果的重要参考，也是即将教授的新课要达成教学目标的重要组成部分。然而很多学习目标的预设无法起到上述作用。

# 第六章　中学数学核心素养的培养策略

## 第一节　数学抽象素养与能力的培养

### 一、数学抽象素养的内涵

#### （一）数学抽象素养的含义

"数学抽象"居于六大核心素养的第一位，对于学生的数学学习和思维发展影响较大。数学在本质上研究的是抽象的东西，数学的发展所依赖的最重要的基本思想也是抽象。

数学抽象是指舍去事物的一切物理属性，得到数学研究对象的思维过程，主要分为两个方面：第一是能从数量和图形的关系中抽象出数学概念及其概念间所具有的关系；第二是能从事物的具体背景中抽象出规律和结构，并且能够用数学语言和数学符号进行表征。

数学抽象反映了数学的本质特征，是形成学生理性思维的基础。数学抽象作为数学最基本思想的过程之一，不仅在数学的产生过程中起到了重大作用，而且对于数学的发展和应用也有不可替代的价值，这使得数学成为一个高度概括、表达准确、结论一般、有序多级的系统。

数学核心素养是新的历史时期发展素质教育的体现，为了适应时代的要求和学生的发展，教育部和有关研究人员正在抓紧研究不同学段数学核心素养的具体内容，制定核心素养的学科结构体系，以促进课程改革和建设。在修订稿的课程标准中，从课程宗旨、课程内容、教学活动和学习评价四个方面对核心素养的培养提出了具体要求。具体落实到"数学抽象"素养，课程标准指出：在数学抽象核心素养的形成过程中，积累从具体到抽象的活动经验。学生能更好地理解数学概念、数学命题、数学方法及其体系，能通过抽象、概括去认识、理解、把握事物的数学本质，能逐渐养成一般性思考问题的习惯，能在其他学科的学习中主动运用数学抽象的思维方式解决问题。

数学抽象思维过程作为众多数学思维中最基本、最重要的思维过程，无论是对于学生的日常生活还是学习发展，都有不可替代的作用和意义。在日常生活中，数学抽象能使学生从具体事物中抽象出本质特征，排除无关特征，得到所需要的信息。而在数学学习中，形成数学概念、证明数学命题和运用数学规律都不可缺少数学抽象的思维过程。因为数学核心素养彼此间相互独立，又相互交融，是一个有机的整体，如"数学建模"素养是在对现实问题进行数学抽象的基础上，建构模型解决问题的过程，所以要在教学过程中把培养学生的数学素养作为六大核心素养第一位的数学抽象素养。我们要重视对学生的培养，使学生掌握抽象的规律和方法，这对于学生将来的实际生活和数学学科的学习有着十分重要的作用和价值。

课程标准中将数学抽象进行了定义，认为数学抽象是指舍去事物的一切物理属性，得到数学研究对象的素养。其主要包括从数量与数量关系、图形与图形关系中抽象出数学概念及概念之间的关系，从事物的具体背景中抽象出一般规律和结构，用数学语言予以表征。

数学抽象是数学的基本思想，是形成理性思维的重要基础，反映了数学的本质特征，贯穿在数学产生、发展、应用的过程中。数学抽象使得数学成为高度概括、表达准确、结论一般、有序多级的系统。

数学抽象素养是指，通过中学数学课程的学习，学生能在情境中抽象出数学概念、命题、方法和体系，积累从具体到抽象的活动经验；养成在日常生活和实践中一般性思考问题的习惯，把握事物的本质，以简驭繁；运用数学抽象的思维方式思考并解决问题。数学抽象素养主要表现在获得数学概念和规则；提出数学命题和模型；形成数学方法与思想；认识数学结构与体系。

## （二）数学抽象素养水平的划分

课程标准中对数学抽象素养水平进行了划分，主要分为以下三个水平。

水平一，能够在熟悉的情境中直接抽象出数学概念和规则；能够在特例的基础上归纳并形成简单的数学命题；能够模仿学过的数学方法解决简单问题；能够解释数学概念和规则的含义，了解数学命题的条件与结论；能够在熟悉的情境中抽象出数学问题；能够了解用数学语言表达的推理和论证；能够在解决相似的问题中感悟数学的通性通法，体会其中的数学思想；在交流的过程中，结合实际情境解释相关的抽象概念。

水平二，能够在关联的情境中抽象出一般的数学概念和规则；能够将已知数学命题推广到更一般的情形；能够在新的情境中选择和运用数学方法解决问题；能够用恰当的例子解释抽象的数学概念和规则；理解数学命题的条件与结论；能够理解和构建相关数学知识之间的联系；能够理解用数学语言表达的概念、规则、推理和论证；能够提炼出解决一类问题的数学方法，理解其中的数学思想；在交流的过程中，能够用一般的概念解释具体现象。

水平三，能够在综合的情境中抽象出数学问题，并用恰当的数学语言予以表达；能够在得到的数学结论基础上形成新命题；能够针对具体问题运用或创造数学方法解决问题；能够通过数学对象、运算或关系理解数学的抽象结构；能够理解数学结论的一般性；能够感悟高度概括、有序多级的数学知识体系；在现实问题中，能够把握研究对象的数学特征，并用准确的数学语言予以表达；能够感悟通性通法的数学原理和其中蕴含的数学思想；在交流的过程中，能够用数学原理解释自然现象和社会现象。

## 二、培养学生数学抽象素养与能力的建议

### （一）制定有利于学生数学抽象素养发展的教学目标

教师制定教学目标，要树立发展学生数学抽象素养的意识。学生的数学抽象素养是在日常的数学学习过程中逐渐形成的，其发展具有连续性和阶段性，所以教学目标的设计要有阶段性目标和每堂课的教学目标，将阶段总目标分解细化成具体、可操作的每堂课的教学目标，注重教学过程性目标的达成，促进学生学习的稳步进阶，最终实现阶段教学的总目标。同时，我们也要认识到，数学学科的每一个核心素养并不是孤立存在的，而是一个相互联系的整体。在培养数学抽象素养的过程中，也会涉及其他的核心素养。

教学目标设置可以从关注学生从情境中抽象得到数学问题的能力培养；学习过程中，感悟数学知识之间的相互联系，将所学的知识形成知识体系；设置课堂的学生活动，以促进学生基本活动经验的积累；设置交流与反思的环节，给学生留有感悟数学基本思想的空间这四个方面入手，促进学生数学核心素养的提升。以函数性质教学为例，设置目标要考虑函数性质与函数概念相结合，注重知识的系统性和完整性，培养学生在各种情境中发现，提出函数性质问题的能力，在课堂活动的过程中去发现函数性质，交流反思感悟函数思想。教师设置教学目标要从传统的注重数学知识的理解和运用转换成重视学生个体能力和习惯的培养。

在制定教学目标时，教师要结合教学内容，思考如何将数学抽象素养的培养融入教学内容、教学过程中，通过教学内容和教学过程来承载数学抽象素养的培养。

### （二）创设有利于学生数学抽象素养发展的教学情境

创设问题情境不仅仅是为了学生顺利接受新的知识，更重要的是通过创设有效的问题情境能够将课堂所学数学知识与现实生活建立联系，拓展学生的认知领域，将学生带入具有真情实感的生活化、社会化、科学化的氛围中。创设与学生的智力和知识

水平相适应的、与社会文化背景相联系的情境，有利于调动学生的学习兴趣，培养学生的数学抽象素养。在情境作用下，生动直观的形象能有效地激发学生的联想，唤起学生在原有认知结构中的相关知识和经验，从而使学生利用有关知识与经验去同化或顺应当前的新知识，达到对新知识的构建。因此，教师可以通过设置恰当的情境引发学生探究结论的兴趣，发展学生的数学抽象素养。

数学情境和问题要结合具体的教学任务设计。数学情境和问题是多样化的，首先可以从学生熟悉的生活情境出发设计数学问题，不仅可以把抽象的知识具体化，激发学生的求知欲望，有利于学生对知识点的理解和掌握，同时还可以打破学生固有的思维定式，让学生真正体验数学与生活的关系，树立学以致用的意识，提高解决实际问题的能力。其次教师还可以考虑学生已经知道了什么，掌握到何种程度，并根据数学教学内容的难易程度来提出问题，使学生原有认知结构与新的数学知识同化或顺应。再次教师还可以设计情境，让学生了解数学知识的实际发现过程，体验数学家探索和发现数学知识的过程和方法，实现对数学知识的再发现。最后教师还可以从其他学科中挖掘资源来创设问题情境，不仅让学生切实体会到数学思想无处不在，提高学生学习的兴趣和分析、解决问题的能力，培养学生的科学素养和人文素养，还能有效加强学科间的联系与综合，体现数学的应用价值及其工具性。通过恰当的情境与问题的设置，使学生理解数学的本质，促进学生数学抽象素养的发展。

## （三）注重数学知识系统性以促进数学抽象素养持续发展

数学知识与技能在数学抽象素养培养中有着重要的地位和作用。数学知识是数学素养的载体，很多数量的计算与表达，包括一些图表、语言和图形描述的信息的抽象过程都需要相应的数学知识。分析这些数量和图形所表达的含义以及数学抽象的能力要比单纯教给学生怎么解题更加重要。根据学生的认知水平和数学知识的抽象度，每个数学知识与其他数学知识之间都有着递进的抽象关系，数学知识都不是独立的，而是相互之间有着逻辑关系。教师在实际教学中要充分认识到数学知识的联系性和系统性，以加强数学知识间联系的教学。新知识的传授要在原有认知结构的基础上，通过同化或顺应来获得，并对学生学习新知识的过程进行密切关注和适当调节。

在巩固新知识的习题类型选择上要力求多样化，通过各种不同的呈现形式，让学生体会到看待问题要从多角度出发，要看到问题的本质。只有这样，学生在面临复杂的实际问题时，才能做到从整体上考虑，对抽象所得数学问题进行合理推断，真正做到学以致用。整体把握数学课程内容，有利于数学抽象素养水平的发展。

## （四）感悟数学基本思想方法以促进数学抽象素养养成

数学思想方法是在认识数学知识的过程中提炼上升的数学观点，它具有更一般的指导意义，是数学的灵魂。数学抽象是数学的基本思想之一，因此要引导学生领悟和掌握以数学知识为载体的数学思想方法，从而在生活和科学情境中拥有选择和运用数学方法解决问题的数学素养，做到真正懂得数学的价值，建立科学的数学观念，促进数学抽象素养的养成。

在教学中，教师要充分挖掘数学知识中体现的数学思想方法，有计划、有步骤地选择恰当的方法使学生体会和掌握数学思想方法。例如，数学概念的教学过程可分为知识发生和应用两个阶段。对于新知识的学习过程也就是其思想方法发生的过程，教师不应直接给出定义，而应该通过现实生活中简单而直观的实例或使学生通过亲身操作体验得到定义。在获得定义的体验过程后，从具体问题及其解决过程得出具有一般性的解决思想和方法，这一过程也是数学抽象素养培养的过程。解决数学问题的过程就是命题不断变化和数学思想方法反复运用的过程，教师应充分利用学生解决数学问题的过程深化数学思想方法，这样学生才能在其他情境中创造性地运用数学方法解决问题，这也是数学抽象素养水平提升的表现。总结与复习是揭示知识之间的内在联系以及归纳、提炼知识中蕴含的数学思想方法的过程，是数学思想方法系统化的形成过程，使学生感悟到数学学科是高度概括有序多级的知识体系。

### （五）经历数学抽象活动过程以培养数学抽象素养

数学抽象过程就是经历一次完整的发现问题过程，数学抽象活动可以发展和培养学生的抽象素养。在课堂学习的过程中让学生经历一个完整的数学问题发现过程是十分有必要的，学生通过发现问题的活动，就能逐渐理解怎样用数学的眼光看待事物，学会舍弃表面，看到问题的本质，从而培养学生对待新生事物能够透过表面现象研究本质的素养。另外，学生每进行一次抽象的过程，都能对所学的数学知识和技能有更加深入的认识。正是在解决实际问题的过程中，才能逐渐把知识转化为能力，而拥有扎实牢靠的知识基础是学生能解决情境中抽象数学问题的保证。

在现实数学课堂教学中，教师对学生经历抽象活动过程并没有加以重视，甚至是忽略。学生没有机会去感受知识的发生发展过程，他们的思维也就没有机会经历数学问题得出的抽象过程，基本概念、基本原理甚至由教师直接给出，在学生还没有对基本概念有清晰的理解时，就要求他们应用概念去解决问题。显然，这与数学知识的抽象过程背道而驰，对培养学生的抽象素养是很不利的。

针对这样的教学现状，课堂教学要从关注课堂教学任务是否完成转向关注学生学习的效果，关注学生知识、技能和品格的实际变化。现在的课堂教学往往将焦点放在教师教学计划的完成情况上，而不重视评价学生通过学习后是否获得了切实的发展。

### （六）探索多样化课堂教学方式培养学生数学抽象素养

教师课堂教学的最终目的就是使学生学会学习，发展数学素养。因此，数学课堂教学的方式不能仅局限于讲授与练习，教师还应该探索多样化的课堂教学方式。

数学抽象素养的培养目的是使每个学生都能得到发展，阅读自学的教学方式恰恰可以为学生提供个性化的学习空间，并且阅读是提高学生数学语言水平的有效方法，阅读自学有利于培养学生的数学抽象素养。首先，在教学中要重视学生独立思考的过程。在传统教学中，教师往往会通过讲授的方式将知识传授给学生，但这种教学方式会增加学生对教师的依赖程度，不利于学生形成数学素养。在学生独立思考的过程中，教师应加以引导，让学生通过独立思考来解决所遇到的问题。其次，要使学生积累独立思考的经验，培养数学抽象素养。动手实践的教学方式能使学生的主动性和主体性得到发挥，学生自己经历知识的发生过程，有利于增强学习兴趣。在动手实践的过程中，学生将活动经验抽象成数学问题，使学生的数学抽象素养得以发展。自主探索的学习方式是数学课堂充分体现以人为本的教学理念的体现，把学习的主动权交给学生，使学生能够积极有效地参与课堂活动，主动地获取知识，最终得到数学素养水平的提升。最后，在数学课堂教学时要给予学生充分合作交流的机会。学生通过交流讨论不但可以起到相互促进的作用，而且有利于培养学生的数学语言表达能力。课堂上要给学生展示自己、表现自我的机会，使学生在收获知识的同时，数学素养也得以提升；要充分利用计算器和相关软件，促使学生进行数学抽象。对于特别抽象的数学问题，应利用相应的教学软件处理，关键是掌握数学知识与技能背后的数学原理和思想。

总之，数学抽象素养的培养是多种因素交互作用的过程。在实际教学中，教师在讲授数学知识和技能的同时，也应把多种有效的方式和途径应用于数学课堂教学中，促使学生把学到的数学知识内化为自身的思考和看待问题的习惯，形成适应今后社会生活需要的数学素养。

# 第二节　培养逻辑推理素养与能力的培养

## 一、逻辑推理素养的内涵

### （一）逻辑推理素养的含义

课程标准中对逻辑推理素养进行了定义，认为逻辑推理素养是指学生在已有逻辑推理能力的基础上，在逻辑推理活动中通过对逻辑推理的体会、感悟和反思，在真实情景中所表现出来的一种综合性特征。从广义上来说，它是一种综合性特征；从狭义上来说，是指在真实情景中应用逻辑推理能力与技能理性地处理问题的行为特征。

## （二）逻辑推理素养的构成要素

从信息社会对逻辑推理素养的需求特征、时代要求的公民以及受过教育的人的特征、我国颁布的科学素养框架、数学课程标准以及国内外对逻辑推理素养分析框架的剖析，从中我们可以发现逻辑推理素养是由五个要素构成的。

### 1. 逻辑推理知识素养

任何素养的产生都离不开知识，逻辑推理素养的产生离不开逻辑推理知识。逻辑推理知识是逻辑推理的本体性素养，逻辑推理素养只有在学习逻辑推理知识，以及应用逻辑推理知识的过程中才能生成，没有逻辑推理知识，逻辑推理素养就是无源之水、无本之木。只有在具备逻辑推理知识素养的基础上才会拓展形成其他素养，这一点是国内外逻辑推理素养研究者的一致观点。

### 2. 逻辑推理应用素养

关注知识的应用是任何教学价值的追求之一。凡是所教授的知识教师都应该当作能在日常生活中应用并有一定用途的知识去教。这就是说，学生应当懂得，他所学的东西不是从某种虚拟世界取来的，也不是从柏拉图式的观念借来的，而是我们身边的事实之一，他们应当懂得适当地熟识它对生活是大有用处的。这样一来，学生的精力和精确性就可以得到长进。

逻辑推理应用素养指的是学生在真实情景中应用逻辑推理知识和技能解决问题的能力，是最直观地反映逻辑推理素养的重要方面，个体的逻辑推理素养的其他方面都是通过在现实情景中对逻辑推理的应用而体现的。

### 3. 逻辑推理思想方法素养

逻辑推理思想方法素养表现为学生对逻辑推理中蕴含的科学方法和逻辑推理特有方法的掌握和在真实情境中的应用。在义务教育阶段，逻辑推理能力主要包括判断真假是非的能力、抽象概括能力、论证反驳能力、理解识别能力、形式推理能力、比较类比能力等。

### 4. 逻辑推理思维素养

思维素养的生成是当代教育家的共识。真正的教育就是智慧的训练。学校的存在总要教些什么东西，这个东西就是思维能力。教育的中心目的是向学生传授主要的思维形式，所以，培养学生的思维是教育的主要价值之一，因为思维的重要性在于，一个有思维的人，其行动取决于长远的考虑。它能做出有系统的准备，能使我们的行动具有深思熟虑和自觉的方式，以便达到未来的目的，或者说指挥我们去行动以达到现在看来还是遥远的目的。

### 5. 逻辑推理精神素养

教育过程首先是一个精神成长的过程，然后才成为科学获知过程的一部分。也就是说，在逻辑推理教育中，逻辑推理教育精神素养的生成是逻辑推理素养的最高层次。

但是，逻辑推理精神的生成是逻辑推理教学中最容易被忽视的部分，也即在我们的逻辑推理教学中，对逻辑推理精神的教育与研究尚未引起应有的重视，相当多的教师不懂得什么是逻辑推理精神，更谈不上用逻辑推理精神铸造学生高尚的人格。因此，导致不少学生在数学学习中会解题、能考试，却缺乏理性精神；唯书、唯师、唯上，却缺乏求真与创新精神；有追求，敢实践，却不知反思和自省。这种在数学工具论指导下的形式主义的数学教学，对学生的发展是不利的，既影响了他们的综合素质发展，又影响了他们的专业水平提高。

总之，上述讨论基本明确了逻辑推理素养各层次的含义，而这五者之间的关系是，逻辑推理知识素养是逻辑推理的本体性素养，在逻辑推理知识素养的基础上拓展出逻辑推理应用素养、逻辑推理思想方法素养、逻辑推理思维素养和逻辑推理精神素养。

## 二、培养学生逻辑推理素养与能力的建议

一切科学的理论认识，一旦离开了为实践服务这个根本的目的，都将失去其存在的意义，而且人类认识世界的根本任务不仅仅是要正确地说明世界，更重要的是要有效地改造世界。下面从教学策略实施的基本理念、教学过程、教学内容、师生关系设计以及评价方式等方面构建逻辑推理素养生成的教学策略。

### （一）以具有真实情境的问题为驱动，指向素养的各个层面

从逻辑推理素养的内容构成来看，其包括逻辑推理知识素养、逻辑推理应用素养、逻辑推理思想方法素养、逻辑推理思维素养、逻辑推理精神素养。通过对学生逻辑推理素养的教学现状研究表明，我国学生的逻辑推理素养的教学现状是注重数学知识的教学，忽视逻辑推理素养的整体生成；注重数学知识与技能的常规应用，忽视在具有真实的、多样化的、开放性问题情境中的应用；注重数学问题的解决，忽视学生对问题解决以及对数学的体验、感悟、反思和表现能力的引领；注重课堂教学，忽视社会生活中应用数学的引领。所以，逻辑推理素养生成的教学必须以具有真实情境中的问题为驱动，在具有真实情境的问题解决中以数学应用为核心，在数学应用的过程中引领数学精神素养、数学思维素养、数学思想方法素养和数学知识素养的生成。

具有真实情境的问题是指将数学真实地与现实世界结合起来，凸显数学在现实世界中的作用，使学生建立数学特别是逻辑推理与现实生活的联系。

在逻辑推理素养生成的教学中，应该以具有真实情境的问题为驱动。具有真实情境的问题能够使学生真实地体验、感悟和反思数学在现实生活中的作用，并且在处理问题的过程中，表现自身的逻辑推理知识素养、逻辑推理应用素养、逻辑推理思想方法素养、逻辑推理思维素养、逻辑推理精神素养。如果情境不真实，就会造成学生对

数学与现实生活是否紧密联系产生怀疑。

逻辑推理素养生成的实践指向性表明，逻辑推理素养的生成是在认识真实世界、解决现实问题、完成真实世界的任务中进行的。因而，逻辑推理素养的生成是在数学与真实世界的联系中实现的。数学思维是通过抽象概念来运作的，数学思想需要抽象概念的逐步精炼、明确和公理化。在结构洞察力达到一个新高度时，重要的简化工作也变得可能了。然而，科学赖以生存的血液与其根基又与所谓的现实有着千丝万缕的联系，只有通过这些力量之间相互作用以及它们的综合才能保证数学的活力。归根结底，数学生命力的源泉在于它的概念和结论尽管极为抽象，但如我们坚信的那样，它们是从现实中来的，并且在其他科学中、在技术中、在全部生活实践中都有广泛的应用，这一点对于理解数学是最重要的。所以，无论是数学知识的获取，还是理解数学；无论是数学思想方法的掌握，还是数学思维的活力，都来自学生对真实情境问题的处理。

### （二）以多样化的数学活动为载体，引领学生体验与感悟逻辑推理素养

逻辑推理素养的生成需要引导学生体验数学发现、质疑数学问题解决、数学审美以及数学精神的熏陶，体验、感悟和反思的结果，并在各种活动中表现出来。也就是说，课堂教学应该关注在生长、成长中的人的整个生命。对智慧没有挑战性的课堂教学不具有生成性；没有生命气息的课堂教学也不具有生成性。从生命的高度来看，每一节课都是不可重复的激情与智慧综合生成的过程。所以，逻辑推理素养生成的教学过程需要通过设计多样化的数学活动，引领和激发学生体验、感悟逻辑推理素养。

所以，需要在数学教学中设计与逻辑推理素养各层面对应的综合性的数学学习过程，在这个过程中，学生要有与之对应的数学活动经验，并在此过程中引领和激发学生体验、感悟逻辑推理素养。

### （三）从教材走向社会生活教学资源，引导学生体验逻辑推理在现实的应用

课程资源是课程建设和教学的重要方面，逻辑推理素养的开放性表明，逻辑推理素养的生成不能仅靠教科书和一些辅助性的练习册，还需要在教学中不断地建设。而逻辑推理素养生成的课程资源来源于真实的社会生活。教学不是学院式的，必须与校外和日常生活中的情境联系起来，创设能够使学生的经验不断生长的生活情境——经验的情境。

此外，逻辑推理素养的课程资源需要数学教师和学生共同建设，从开发的社会资源中挖掘指向逻辑推理素养展示的开放性的真实问题。

逻辑推理素养生成的课程资源分为几个方面，即逻辑推理应用、逻辑推理思想方法、逻辑推理思维以及逻辑推理精神。具有真实情境的问题需要从教材走向社会，从社会

不同的环境中寻找来自生活中的逻辑推理、作为人类文化遗产的数学、工作场合的数学、科技领域的数学等。所以，逻辑推理素养生成的课程资源需要走向社会，挖掘社会生活中不同层面存在的和应用的逻辑推理，激发和引领学生体验、感悟、反思逻辑推理在现实生活中的应用，并在真实的情境中表现学生自身的逻辑推理素养。

### （四）以开放性的情境问题为工具，激发和引导学生逻辑推理素养的养成

逻辑推理素养的境域性表明逻辑推理素养评价需要与之对应的真实情境。逻辑推理素养的综合性特点表明，逻辑推理素养的培养需要逻辑推理素养的评价方式多元化。而逻辑推理素养的外显性特征需要学生能够把逻辑推理素养表现出来。所以，创建适合于学生表现逻辑推理素养的情境极为重要。为此，逻辑推理素养评价策略关注表现性评价和真实性评价策略。

真实情境是指学生所面临的一种情境。在这里强调真实情境，是因为有些情境是不真实的，通常是为数学知识的应用而有意编写的情境。基于逻辑推理素养的特征，构建真实的、开放性的问题情境是逻辑推理素养在评价过程中的核心。

总而言之，通过进一步的研究可以明确，逻辑推理素养的生成教学策略可以从中推动素养的整体生成，对于数学的教育教学发挥了巨大的价值作用。逻辑推理素养的生成只有进行全面的拓展，才能处理好不同情境的不同问题，才能对数学的体验、感悟具有较为深刻的影响，通过进一步的概括分析发现，对素养生成的策略影响具体包括以下三个方面。

第一，逻辑推理素养生成策略，主要就是针对当前中学生的学习情况进行掌控，保持一定的优势所在，并给予相应的弥补。

第二，逻辑推理素养生成策略，对学生的学习情况具有较强的影响，同时对素养生成教育教学也发挥了巨大的作用。

第三，逻辑推理素养生成的教学策略，注重以具有真实情境为侧重点，将情境与数学知识进行有机结合，共同促进学生逻辑推理素养的提升。

# 第三节　数学建模素养与能力的培养

## 一、数学建模素养的内涵

### （一）数学建模素养的含义

数学建模是建立数学模型并用它解决问题这一过程的简称，也就是说，把一个现实生活的问题经过一番必要的简化假设，用数学的符号、公式、图表等对客观事物的本质属性和内在规律进行描述，运用恰当的数学工具，得到一种抽象、简化的数学结构，并反过来将这个数学结构用于研究实际问题。也就是把现实问题抽象成一个数学问题，又合理地返回到实际中去，这个过程就是数学建模。数学建模与应用题有着明显的差异，又有密切联系，主要体现在以下四个方面：一是问题给出条件的充分程度不同；二是问题解决过程中是否需要假设；三是问题的讨论与验证的复杂程度不同；四是问题解决的表达形式不同。

### （二）数学建模素养的重要性

数学建模素养在这里是指运用数学建模知识解决实际问题的思维和能力，是素质教育的较高体现。

数学建模素养对青少年的发展尤为重要。近年来，国内外专家对数学建模素养的研究也越来越突出。在中学课堂教学中加入数学建模，既是课标要求，也是当前中学生数学学习中缺乏的素养。由于数学建模连接现实世界和数学世界，引起了研究者对数学建模活动的广泛兴趣。这也是国内教育专家将数学建模素养列为数学核心素养的重要原因之一。

随着科学技术的飞速发展，数学建模素养的重要性日渐突出。数学的思考方式具有根本的重要性，数学为组织和构造知识提供了方法。在信息技术支持下，数学建模对社会的作用将会更加强大。因此，数学建模素养的培养越来越受到重视。数学建模的重要性主要体现在以下四个方面。

第一，数学建模素养打破传统观念，重塑数学新形象。人们以往对数学的印象大概就是"学了数学好算账"，将数学视为一门计算工具。其实不然，学生要从小就开始数学的学习，近年来国内外各种数学相关竞赛的开展，正是为了开发青少年的创造性思维，开阔学生的视野，让学生在学习生涯进行各种新尝试，不断开发探索。

第二，建模素养可以促进学生想象力、洞察力和创造能力的提高，有助于培养学生语言表达能力、文字理解能力。一般的建模问题都没有固定的模型和唯一的标准答案，需要学生根据自身知识储备和计算能力去分析求解问题。需要学生充分发挥想象力、观察力、创造力，结合经验和相关研究资料，抽象得到数学问题的解。

第三，建模素养促进学生身心发展。培养中学生的数学建模素养，有利于培养学生严谨求实、一丝不苟的学习态度，独立自主的、善于团结协作的学习工作品质以及迎难而上、敢于攀登的拼搏精神。

第四，数学建模素养将数学与其他学科领域相结合，从而实现跨学科多领域研究，充分发挥数学建模在科学发展中的重要作用。数学建模是一个数学家转型成为精通其他领域的专家的必经之路。可见，数学建模素养对科学领域发展的作用不容小觑。

## （三）数学建模素养水平划分

国际学生评估项目（PISA）把数学建模定义为五个步骤，包括真实世界中的问题、数学问题、数学解决方法、实际解决问题、还原到真实世界问题。数学建模素养水平体现了学生对数学建模知识的掌握程度、对数学模型建立、求解、检验的运用能力以及对数学建模的认知感悟。为进一步深入研究中学生数学建模素养，下面根据青少年智力身心发展规律，将建模素养水平划分为四个层次。

### 1. 水平一

学生不能从熟悉的情境中发现数学问题，不能将实际问题转化为数学问题，不了解数学建模的过程。数学建模过程不是纯粹按照解数学题的过程进行，而是在此基础上步骤更严谨，条理更清晰，所得结果不唯一。

### 2. 水平二

了解数学建模过程，能够从熟悉的情境中分析问题，找到相近的数学建模例子并模仿其过程，但不能完整地给出求解过程，不能使问题得到解决。虽然数学建模素养已经渗透到中学数学课程之中，但并不是每一位学生对数学建模的认知都掌握得很好。因此，此水平的学生能初步读懂、理解建模情境问题，但不能在实际生活问题中抽象出数学问题并使问题得到解决。

### 3. 水平三

能够通过独立思考，分析熟悉的情境找到合适的数学模型，发现问题并转化为数学问题，不能得出完整答案，不能检验结果合理性。在中学阶段，学生只需拥有一定的运算水平，能够在教师指导下，对实际问题进行分析，建立简单的数学模型，经过运算得出结果，从而解决实际问题。

### 4. 水平四

能够在熟悉的情境中发现数学关系，运用一般建模知识建立数学模型，求出结果并回归问题情境，具备一定的检验结果的意识。根据课程标准中的要求，数学建模是在实际问题中运用数学思维，使学生能够在实际问题中分析问题，找到合适的数学模型，通过数学方法计算得到合理答案，并回归到实际生活问题。

## （四）数学建模素养的构成要素

### 1. 数学建模品格

#### （1）定义

品格，也称作品性、性格。性格也可称为个性或人格，是指个人思想、行动上的特点。在对数学品格的探讨中，有的研究认为数学品格是由积极的思维态度、科学的思维方式以及思维的内驱力构成的；有的研究认为数学品格是学生对待数学的兴趣和情感；有的研究认为数学品格是学生的学习情感、学习积极性、学习中的合作意识以及学生的综合发展。因此，数学建模品格可认为是学生在经历数学建模的学习过程后，对数学建模表现出的情感、自信心以及对数学建模价值的认识三个方面的表现。

#### （2）数学建模品格维度

根据对数学建模品格的定义，数学建模品格可以分为以下三个维度：学生对数学建模的情感、对数学建模学习的自信心以及对数学建模的价值观。

### 2. 数学建模能力

#### （1）定义

数学建模能力是一个综合运用知识解决实际问题的数学能力，它在当今是衡量一个学生数学能力的重要标准之一，是数学应用广泛性的体现。有学者指出，数学建模能力是指对问题做相应的数学化，构建恰当的数学模型，并将该模型求解并返回到原问题中进行检验，最终将问题解决或作出解释的能力。

#### （2）数学建模能力维度

根据已有的研究成果和对数学建模能力的思考，数学建模能力维度的确立必须满足学生经历整个数学建模过程所体现出的能力，维度涵盖的范围要具有全面性。

本书对数学建模能力维度的划分是依据数学建模整个过程中体现出的各个方面的能力，由于计算机能力和团队合作能力不容易测量，结合实际的可操作性，可确定以下六个方面的维度以测试学生的数学建模能力。

①阅读理解能力

一般意义上的数学阅读理解能力是指较流畅地实现文字语言、符号语言、图形语言的相互转化，发现数学题目解释的内涵和外延。在数学建模中遇到的实际问题以及材料都是比较复杂的，没有明确给出数学关系。而要把复杂的实际问题转化为数学问题，需要读懂材料，也就是从所给材料中提取可以帮助问题解决的有价值的主要要素和数据，这是本书中所指的阅读理解能力。

②数学应用意识

对数学应用意识的解释有许多，此处的数学应用意识是指学生在面对生活实际中的问题，能运用与数学有关的知识、方法、思维等解决实际问题的心理倾向。

③分析和逻辑推理能力

分析和逻辑推理能力是指对一个比较复杂的问题，经过敏锐细致地思考分析，能迅速掌握问题的核心，把问题分成相对比较简单的部分，并能对问题做出合理的回答与选择。

④创新和发散思维能力

创新和发散思维能力是指当人们面对问题时，根据问题特征和已有经验，运用所掌握的知识，让思维展开各种可能的联想与想象。

⑤数学化能力

"数学化"是由弗赖登塔尔提出的，他认为的数学化能力是指用数学的思想方法来分析和研究客观世界的种种现象并加以组织和整理的过程。在本书中的数学化是指学生通过已有的数学知识储备和数学思想方法，能将实际问题抽象为数学模型。通俗地讲，数学化能力就是把实际问题转化为数学模型的能力。

⑥模型求解能力

在建模过程中，将实际问题转化为数学模型后，需要对数学模型进行求解，以达到得到结果的目的。所以模型求解能力是指能利用简单有效的数学知识和数学思想方法，对数学模型进行合理的求解，以获得结果的能力。

# 二、培养学生数学建模素养与能力的建议

中学阶段的学生思维特点是能够提出和检验假设，思维具有抽象性、可逆性。通过教学实践中数学建模素养的调查得出：第一，学生的数学建模知识广度和深度不足；第二，学生建模能力普遍偏低；第三，学生对数学建模活动缺乏自信。基于以上问题，本书提出了以下五点建议。

## （一）拓展学生数学建模知识，加强理论修养

各地学校数学建模教学活动收效甚微，最基本的原因是学生缺乏建模知识储备。因此，拓宽知识面、加强理论知识势在必行。

### 1. 开设数学建模读书角，营造建模氛围

各学校可以根据自身情况开设数学建模读书角，让更多对数学建模有兴趣的学生

可以更好地交流学习。如果学校对数学建模感兴趣的人数较多，可以在各班专门开设读书角，也可以在学校图书室专门成立读书角，设时设点进行交流讨论，还可开设数学建模读书课，按大班（100人左右规模）进行统一管理。

### 2. 多进行建模讲座，了解建模研究前沿动态

学校可以邀请研究数学建模的专家学者到校做相关的学术讲座，给学生提供与专家一对一交流的机会。通过与专家交流，可以快速拓展学生专业知识；可以获取数学建模前沿发展信息；可以开拓学生对数学建模新的认识。

## （二）注重创新教学，提高学生建模能力

数学建模能力的培养需要循序渐进。只有在课堂教学中针对数学建模进行创新改革，才能对学生形成潜移默化的影响。因此，教师要创新教学方式，加强思维训练。

### 1. 在解题教学中创新教学

由于数学应用题在传统教学中就是有固定答案的，大多数学生在解答过程中都在按解题套路求解，这就形成了所谓的"答题套路"，导致学生的数学思维和能力得不到锻炼和提高。因此，在课堂教学中，应该打破传统的就题讲题，为考试而做题的教学训练模式，打破学生的定式思维，面对要解决的问题鼓励学生从多角度思考，大胆创新，学有学法，学无定法。

在课堂教学讨论中，关于模型假设，教师可以根据学生的理解提出更多模型假设，只要合乎情境均可，不必拘泥于常规设置。师生在模型假设讨论时应当注意其合理性，所设模型需能用中学范围之内的数学知识求解，不能满足于一种模型。应鼓励不同小组假设不同模型。

### 2. 在教学思想上创新教学

在课堂教学中渗透建模思想，不仅可以开阔学生视野，打开学生思维，还可以让学生领悟数学的魅力。数学建模不仅仅是一种工具，更是一种思维方法，生活中的许多实际问题都可以通过转化为数学问题而得以解决，这个过程中最重要的就是数学模型的建构，培养学生建模思维对学生今后的学习或工作都大有裨益。实际生活中、其他学科领域、数学其他问题等都可以成为建模中面临的问题，要想把它们经过加工变成理想化的数学题再通过数学建模过程得到答案，使得问题解决，建模思维尤为重要。

### 3. 在考试题中突出数学建模

丰富考试题型，将数学建模试题设为开放性题目。一些学校尝试设立数学附加题，数学建模题就是最好的选择。这样可以让学有余力的学生在考试中挑战自我，锻炼其数学建模能力。

## （三）让"数学建模"学生化，增强学生数学建模信心

### 1. 开发教材

对数学建模的教学，不能仅限于教材上与数学建模有关的知识和内容，还应该开发教材，把教材与实际生活、数学建模相结合，对教材进行合适的调整。教师在教授数学建模课程时，对于教材上一些建模部分的内容，可以进行适当的改编，并让学生参与将实际问题转化为数学模型的过程。

### 2. 选择"接地气"的数学建模案例进行教学

不少学生之所以对建模敬而远之，学习建模信心不足，其原因在于它的问题情境离学生接触的环境太远，所以要让"数学建模"走近学生，增强学生对数学建模的学习信心和兴趣。

### 3. 编写具有地方特色的数学建模校本课程

学校及相关部门可以通过对一线数学教师进行再培训，拓展教师的数学建模专业基础知识，提高教师的数学建模技能，组织优秀数学教师成立数学建模校本课程编写组，广泛搜集整理具有当地特色背景的实际问题，编写以这些实际问题为情境的数学建模教程，增加数学建模在当地学校学习的实用性和趣味性。

## （四）加强对教师的培训

俗话说："给学生一杯水，教师要有一桶水。"这就要求教师要不断学习充实自己，提高专业技能，这是教会一个学生的前提。数学建模教学需要让学生拥有许多方面的能力，因此，教师应该先提升自我对数学建模的理解和运用能力，提升对数学建模的修养。

## （五）积极开展数学建模活动

适时安排数学建模活动，可以使学生从固有的学习模式中解放出来，缓解学生的学习压力，激发学生对数学建模的学习兴趣。可以通过讲座的形式作为数学建模教学的补充，还可以根据学校的自身情况，组织成立一些数学建模社团或者协会，使爱好数学建模的学生都能参与进来。此外，还可以定期组织学生参加一些数学建模竞赛，通过数学建模竞赛，让学生在数学建模活动中挖掘潜能，感受集体意识，培养较强的团队合作意识，使集体和个人都得到发展。

# 第四节　直观想象素养与能力的培养

## 一、直观想象素养的内涵

### （一）直观想象素养的含义

在传统认识中，空间想象能力指的是人们对客观事物的空间形式进行观察、分析和抽象的能力。空间想象能力是指脱离背景也能想象出图形的形状、关系的能力。直观是在有背景的条件下进行，而想象是没有背景的。几何中的推理证明始终在利用几何直观想象图形，构造图形。

基于数学概念之上的数学直观大大简化了我们对于繁杂的实际问题的苦恼，同时大大活跃了我们分析解决问题的思路。通过实验数据来寻找某些变量之间的函数关系，形成简练的数学直观，准确、简明、生动地表达出来，进行定性直至定量认识。

数学直观对实际问题进行抽象，形成对于原事物在数学意义上的直观理解，强调其形象的意义，弱化其抽象的意义，激发想象力和洞察力。思考问题中事物或现象潜藏的量的关系和空间形式，先形成一个直觉情景，再用数学语言翻译表达出来，优先把握数学直观的顺序安排，恢复数学发现的面目，表达和解释客观现象。

培养学生的数学直观想象素养十分重要，从某种角度来说甚至比培养学生的数学抽象力更为重要。怎样培养数学直观呢？首先是关注，即在教学过程中面对数学概念、思想、方法时，教师应引导学生关注其中蕴涵的数学直观，思考大师是怎样觉察到的，如等差数列倒序相加求和方法；其次是模仿，即学生主动模仿好的思维方式；再次是实践，即通过做练习和参加竞赛，最后锻炼使学生真正具有把握数学直观的能力。巧妙的数学直观的创造和运用使我们在数学学习、数学运用的山重水复中看到了柳暗花明，从而使抽象的数学不再苍白，而是充满灵性。

培养学生的数学直观想象素养离不开培养几何直观能力，教师应从把握培养几何直观能力的方方面面入手，全面提高学生的数学核心素质。

### （二）直观想象素养的理论基础

1. 皮亚杰的儿童心理学发展理论

皮亚杰将生物学的原则和方法引入了人类发展的研究中，通过儿童心理学的桥梁，用彻底经验的方法、实验研究个体认知的发生和发展来说明人类的认识问题，创立了跨学科的科学的发生认识论。他的理论受到当代国际心理学、哲学和教育学界的高度重视，对西方甚至全世界许多国家的婴幼儿和中小学的教育改革产生了巨大的影响。

经过一系列的研究与演变，他将从婴儿到青春期的认知发展分为感知运动阶段、前运算阶段、具体运算阶段和形式运算阶段四个主要阶段。皮亚杰的认知阶段论具有以下五个特点：第一，认知发展过程是认知图式不断组织和再组织的过程，过程的进行是连续的，但由于各种发展因素的相互作用，使认知发展呈现阶段性特征；第二，每一阶段都有其独特的认知图式，标志着一定阶段的年龄特征；第三，各阶段出现的顺序固定，不能逾越，也不能互换，但由于遗传、环境、教育以及主体动机等的差异，新阶段出现的时间可以提前或者推迟；第四，认知图式的发展是一个连续不断的建构过程，前一阶段的图式是构成后一阶段图式的基础，但两者具有质的差异；第五，认知发展的两个阶段之间不是截然分开的，而是有一定的交叉。

总之，这一发展阶段理论已经被许多实验所证实，是国际心理学界普遍接受的理论。因此我们必须重视皮亚杰所说的思维发展顺序问题、发展的连续性问题以及在具体思维过程中的"返祖"现象。例如，中学生的思维发展属于甚至超越了形式运算阶段，但具体运算行为仍然普遍存在，在数学学习活动中并不只是运用形式运算思维，而是要经常地借助于低阶段的思维——具体运算行为，并且日益整合为一个形式运算得更加综合的系统。他们面临新的知识，重新回到具体思维阶段，有时甚至是回到前运算思维阶段。进入抽象思维形式之前，总是要先获得新知识领域的具体经验。因此，对中学数学抽象概念、定理等的学习，使用直观化手段是必不可少的。

### 2. 维果茨基的儿童发展理论

维果茨基认为，儿童的一切复杂心理活动的形式都是在交往过程中形成的，是各种活动、社会性相互作用、不断内化的结果；最初由外部活动形成的心理机能，随后逐渐成为儿童内部的心理机能；心理发展最重要的因素是掌握凭借词语传递的全人类的经验。所有这些原理都是维果茨基着手解决教学与发展关系这个极其重要问题的出发点，在教学与发展关系问题的解决中，维果茨基提出了"最近发展区"和"最佳年龄期"理论。维果茨基提出的"最近发展区"是指，如果儿童的全部心理活动是在交往过程中发展的，这就意味着，是交往和它的最有计划性、系统性的形式，即教学造就了发展，创造着新的心理形成物，发展着心理生活的高级过程。维果茨基指出，教学与发展的关系并不是在学龄期才初次遇到的，而是实际上从儿童出生的第一天便相互联系着。教学必须考虑学生的年龄特点，即要以儿童一定的成熟水平为基础，但是教学要推动发展，必须把着眼点放在儿童的明天。因此，他提出了要确定儿童心理发展的两种水平，即现有发展水平和"最近发展区"。

教学不等同于发展，也不可能立竿见影地解决发展问题，但是如果从教学方法到教学内容都不仅考虑到儿童现有的发展水平，而且能根据儿童的"最近发展区"给儿童提出更高的发展要求，则更有利于儿童的发展。因此，这些理论就是教育设计的根据。

对教学知识的编写设计，我们就可以通过测试、访问来了解不同年龄段、不同学习段的学生认知水平、现有发展水平，并结合实际情况来确定最近发展区，这样更加有利于中学生的发展。

维果茨基不仅提出了"最近发展区"理论，还提出了"最佳年龄期"的理论，他指出，儿童发展的每一年龄阶段都具有各自特殊的、不同的可能性，同时学习某些东西总有一个最佳年龄或敏感年龄或关键年龄。维果茨基不但提出了学习的最低期限，即必须达到某种成熟程度才使学习某种科目成为可能，还强调了"对教学来说存在着最晚的最佳期"。

学习的最佳期限是什么呢？维果茨基认为，对一切教育和教学过程而言，最关键的恰恰是那些正在开始但还尚未形成的心理机能。只要在这一时期施以适当的教学，便有可能组织这些过程，以一定的方式调整这些过程，以达到促进发展的目的。总之，早于或晚于这一最佳期的教学对于儿童的心理发展都会产生不良影响，这是因为最佳期以外进行的教学，或因超出最近发展区而无法对那些尚未成熟的心理机能施加影响，或因停留于现有发展水平而不能有效地促进心理机能的发展。

由此可见，中学数学的直观化问题，无论是教材、教辅等各种教学材料，还是教学过程、教学评价的处理，都必须考虑中学生思维发展的阶段性以及相应的思维水平，尊重学生现有的学习水平——"最近发展区"和"关键期"，并以此为依据编制相应的教材，施以相应的教学，以激发学生认知上的不平衡，促使新旧知识相互作用，通过同化和顺应，使学生达到新的认知平衡，从而获得新知识，促进学生的数学思维发展。

### 3. 范希尔的几何思维水平理论

在 20 世纪 50 年代的荷兰，几何教学所面临的问题是很普遍的，范希尔夫妇作为荷兰一所中学的数学教师，每天都亲身经历着这些问题，最让他们感到困惑的是教材所呈现的问题或作业所需要的语言及专业知识常常超出学生的思维水平，这使得他们开始关注皮亚杰的工作。经过一段时间的研究，他们提出了几何思维的五个水平。具体来说，几何思维水平划分如下。

一是零级水平，即直观水平。学生通过图形的整体形状而不是通过图形的性质去认识图形。例如，长方形是一个方方正正的框框，如果把长方形斜放着，学生的辨认就会发生困难。

二是一级水平，即分析水平。这时学生有了一定的分析能力，知道按图形的性质去辨认图形，如知道长方形是四个内角皆为直角的四边形等，对斜放着的长方形的辨认就没有困难了。

三是二级水平，即抽象水平。这时学生的抽象思维有所发展，开始认识到一个图形的各种性质之间或某些图形之间存在着一定的逻辑关系，如平行四边形对角相等、它的对角线互相平分等。

四是三级水平，即演绎水平。学生开始从整体上理解演绎方法，能由已知命题论证新的命题。

五是四级水平，即严谨水平。这时达到了严格的形式思维的水平，学生可以不参照任何模型而对几何命题诸如公理、定义、定理做形式的处理，把几何理论建立成一种抽象的公理体系。

范希尔的几何学思维水平说明，随着学生年龄的增长和知识的不断积累，学生的逻辑推理思维能力不断地增强，理解能力不断地提高。也就是说，学生学习过程中对几何直观性思维水平的要求不断减弱，抽象的逻辑推理思维能力不断增强，因此教学的任务就是要使学生顺利地从低的一级跃进到高的一级，从而使几何直观能力不断提高。

### 4. 数学表征系统理论

数学表征概念涉及的范围较广泛，包括数学学习心理学、儿童数学的成长和发展、数学课堂教学以及数学教育所处的急剧变化的技术环境等。数学表征系统包括外部表征系统和内部表征系统。

首先，外部表征系统包括常用的数学符号体系，如形式化代数表示法、数轴、笛卡尔坐标表示法、结构化学习环境，又如具体操作材料或计算机为主的技术环境。表征能够表示除本身之外的其他事物。

其次，内部表征系统包括学生个体符号化建构，数学符号意义匹配，学生的自然语言、视觉表征和空间表征、问题解决策略以及他们对数学的情感。内部认知表征系统可以分成几种不同的类型：一是词语句法表征系统。它是描述个体自然语言能力数学的和非数学的词汇、语法和句法的使用。二是表象表征系统。它可以包括视觉和空间认知图像或称"心理表象"，这些对数学的理解和洞察起着极大的作用。三是听觉和有韵律的内部结构系统。四是与认知息息相关的个体情感表征系统。它包括学生的情绪、态度、信仰及数学观。

在数学表征系统中，不仅内部不同表征之间具有相互作用，还有表征系统的外部作用、内外部表征之间的重要联系，如类比、表象和隐喻的运用，以及表征系统内的结构相似性、差异性、模糊性或歧义性。

因此，如果了解了影响学生外部表征的学习和结构性数学活动的因素，那么教师就能更有效地进行数学教学。因为学生内部概念表征概念的意义匹配、概念发展的结构关系以及不同表征间关系的信息为数学教学提供了导向。

## 二、培养学生直观想象素养与能力的建议

### （一）直观性教学的原则

直观性教学原则是指教学中利用学生的多种感官和已有经验，通过各种形式的感知，丰富他们的感性认识，形成所学事物的清晰表象，从而使学生比较深刻地理解知识和发展认识能力。其运用要求是：第一，正确选择直观教具和现代教学手段；第二，

直观要与讲解相结合；第三，重视运用语言直观。直观性教学原则主要强调：第一，要给学生展示事物的直观形象，提供感性而具体的经验；第二，要充分利用学生的已有经验；第三，直观是手段而不是目的。下面对直观性教学原则在数学教学中的应用进行分析。根据中学生的年龄特征和认知结构，在教学中要通过各种形式的感知，为他们提供一定的直接经验和感性认识，选择直观教具进行感知是常用的一种教法，包括图片、图表、模型、投影仪、教学影片及计算机等。这类直观可以突破时空的限制而广泛应用，可以化大为小，化静为动，化抽象为具体，突出事物的本质，便于更好地揭示教学规律。例如，在立体几何的教学中，介绍空间两条直线、直线与平面、平面与平面的位置关系时，可出示直观模型，通过模具的运动变化，使学生感知可能的各种位置关系，然后加以刻画，完成对知识的认知过程。在线面垂直的判定定理证明及异面直线上两点之间的距离公式推导等内容的教学中，利用直观模型对学生进行感知，是帮助他们理解和认知的基础，是教学的一个主要环节。

实验是直观性教学的重要组成部分，通过实验可以帮助学生逐步形成概念，增强对新知识的感性认识。在教学中，教师精心设计，安排演示实验或者组织学生动手实验，通过观察、分析、引导，在帮助学生获取感性材料的同时，促使他们积极思考，探索、发现规律，揭示结论，提高学生分析和解决问题的能力。

数学语言包括文字语言、符号语言及图形语言。把抽象数学语言转译成直观的数学语言，是理解和解决数学问题的基本方法，是数学教学中的一项重要工作。通过对数学知识的形象归纳和总结，往往有助于知识的理解和识记，是数学教学中巩固和熟练运用知识的一种重要教学手段。

此外必须指出的是，在贯彻直观性教学原则的过程中，一般应注意以下三点：第一，要根据学科的性质、教材的内容和学生的年龄精心选择和恰当运用直观手段；第二，要善于与启发式教学结合起来，带动师生双边活动的开展，优化课堂教学结构；第三，要充分利用直观材料培养学生的观察能力，引导他们学会对直观材料进行分析、比较、综合、抽象的思维方法，努力提高学生分析和解决问题的能力。

## （二）数学教学的直观手段

中学数学直观教学手段有学校现有模型、自制模型、其他学科的模型、投影胶片、组合胶片、活动投影模型。在教学中直观不是目的，而是一种手段，因此在使用这种手段的时候，要把握好时机。

数学教学的直观手段分为感官直观与思维直观两大层次，这是由数学的特点和数学的认知特点所决定的。从数学教材的内容所呈现出的逻辑结构来看，较高级的抽象层次建立在较低级的抽象基础之上，从认知的角度讲，也要先从对客观事物的直接认识出发，形成对教材内容逻辑结构的把握。

### 1. 感官直观层次上的直观手段

（1）实物直观

实物直观是指在教师的指导下，让学生直接作用于大自然，以取得对大自然的直接感知，从中抽象出所学习的数学概念，形成鲜明的表象，以利于牢固地掌握特定的基本概念或基本方法，形成对后续知识的学习的牢固基础。例如，学生通过对光线、绳子等感知形成直线、射线、线段等概念；通过折纸发展学生的几何观念等。另外，在教师的指导下，让学生利用所学理论知识解决实际问题，从而巩固所学知识，对所学知识达到更深刻的掌握，从这种意义上讲，它也应视为实物直观手段。例如，中学生利用同一时刻，物高与影长之比为定值的原理测量旗杆的高度，或利用相似的原理测量河的宽度。实物直观具有鲜明性、生动性和真实性，有利于学生确切地理解教材、掌握教材；有助于提高学生的学习兴趣和积极性，能激发学生的求知欲，使学生掌握得快，也不易忘记。实物直观的缺点是，事物的本质特征难以突出、内部不易细察、动静难以控制，不易组织学生进行有效的观察。

（2）模象直观

在数学课程中，由于理论的理想性，直接通过现实世界现象的观察有时就显得不够，不足以抽象出相应的概念和关系，因而就产生了模象这种直观教具。模象直观也称教具直观，是直观教学的类型之一，指通过对实际事物的模拟性形象的感知提供感性材料的直观方式，如观看图片、图表、模型、幻灯片、录像、电影等。立体几何的教学中广泛地使用着模象直观的手段，正是这一手段，帮助学生建立起空间概念，促使其空间能力、想象能力及逻辑思维能力的形成。模象直观就可以摆脱实物直观的局限性，根据教学目标的要求对实物进行模拟、放大、缩小、突出重点，可以变静为动或变动为静，把快变慢或把慢变快，也可以变死为活、变远为近，从而把难以呈现的对象在学生面前呈现出来。模象直观还可使抽象难懂的事物成为具体的、认识的事物。利用模象直观，既可以使学生通过模拟大自然状态的方法间接地认识自然，又有利于学生从他们习惯的生活经验和常规思想向与他们所学习的知识相适应的经验和思维过渡，即理论思维过渡，有利于训练学生的常规思想，使其摆脱偏见和谬误，对学生形成科学的概念和原理，掌握概念之间的关系具有重大的促进作用。在数学教学中，模象、图形直观是一种重要的直观手段。从小学的数的概念的建立和几何形体的割补变换，到中学的平面几何、立体几何、集合对应、函数等内容的教学，随处可见模象直观。模象直观不是实物，难免导致学生获得的知识不是很确切，因此在制作和使用教具时，要注意教具中的事物与实际事物之间的正确比例。

### 2. 思维直观层次上的直观手段

（1）数学语言直观

语言直观是对实物直观和模象直观的一种辅助形式，一般指在教学中使用形象化的语言描述。数学语言是逻辑性很强的语言，通常按数学语言所使用的主要词汇，将数学语言分为三种，即文字语言、符号语言和图象语言。图象语言是数学的直观语言，它不同于实物的直观感知，而是通过抽象思维加工和概括的产物，它形象、直观地表达了数学概念、定理和法则，往往使整个思维过程变得易于把握。图形一般分为几何图形、函数图象，另外还有韦恩图、示意图、表格和思路分析图等。如今，随着计算机绘图功能的不断完善，图象语言备受青睐，已成为学习新知识，提出并解决新问题的有力工具。文字语言、符号语言向图象语言的转化已成为数学问题直观化的主要手段之一。中学数学中有许多与实际联系紧密的内容，如列方程解应用题部分，还有许多概念是实际的抽象，如正负数的概念可以看作零上气温和零下气温的抽象。像这样一些内容，都可以通过大量的感性事实运用形象化的语言，使学生能直观地把握相应的内容。

数学语言直观是通过教师对事物的形象化的语言描述引起想象进行的，语言直观可以利用表象和再造想象，唤起学生头脑中有关事物形象的重现或改组，从而创造出新形象。语言直观可以不受客观条件的限制，不受时间、地点、设备的限制，但它不如感知那样鲜明、完整和稳定，它容易中断、动摇、暗淡，甚至不正确。教师在进行直观教学时，要根据教学目的的要求，从教学内容的实际出发，并结合学生身心发展的特点，这样才能有效地提高教学质量。

（2）模式直观

模式直观是根据概念的抽象度的梯次而形成的一种直观，它与本书的图形直观不同，尽管在某些形式中存在着些许异曲同工之处，比如，关于欧拉多面体的证明在本书中是一种类比直观化，而在此观点下，则是一种模式直观。与"模象直观"借助视觉感官不同，模式直观则是借助抽象思维的层次而展开的，大自然具有秩序，人的思维过程则具有层次性，从比较具体的思维向更加抽象的思维逐步过渡。于是，在较高层次的思维过程中，我们可以利用较低层次的直观形象为背景构建推理模式。

一般来说，所谓模式直观，是指通过相对比较具体的、先前已经熟悉的，具有普遍协调感的、容易接近的模式作为背景，使得人们能够进一步把握和理解更加抽象、更为深刻的思维对象。模式直观是人们对事物之间逻辑关系的一种比较直接的、形象的推断和理解。早在古希腊就有了公理化的演绎体系，欧几里得的《几何原本》是其杰出代表。只是在 19 世纪与 20 世纪之交，数学家希尔伯特建立了"形式主义数学"体系之后，公理化数学才真正严格地建立起来。这是人类理性精神的伟大胜利。公理化数学主张将复杂的数学推理应当放置在一个逻辑基础充分可靠的基础上，使得数学推理不受推理者主观意志的干扰，从而把推理的前提与推理的过程严格地区分开来。传统的观点认为，一旦公理系统已经形成，依靠直觉所产生的知识就不再随意进入推理过程。

如果把这种形式主义数学观绝对化，就会导致全盘排斥直觉在数学推理中的作用，认为直觉不可靠。但是，数学家创建新的数学，并不能排除直觉的参与，我们不能仅仅依靠公理化的形式演绎来获得推理结果。英国数学哲学家、科学哲学家拉卡托斯详细考查了欧拉多面体定理：$V+F=E+2$ 的形式过程与证明逻辑。这一定理最简洁的证明途径是，设想把一个单连通多面体的某个面延展开，然后把多面体其他的面压缩到这个被延展开的面上，这样就不难知道平面图满足欧拉等式 $V+F=E+1$，再还原为多面体的欧拉等式 $V+F=E+2$。拉卡托斯评论说，没有哪一位数学家不承认这是一个完美的数学证明。在这样漂亮的证明中，无论我们从哪一个角度来分析问题，最为重要的，也最本质的一步就是"绷大"一个面，"压缩"其他面的想法。这样的"绷大—压缩"实际上仅仅是"头脑里的操作"，是一种典型的思想实验，这种想法虽然奇特，但是非常直观。我们没有任何理由怀疑这种直观方法在逻辑上有什么不可靠。而且，我们也无法找到这样的"头脑里的操作"有什么"公理依据"，或者什么"逻辑法则"的依据，我们所依靠的仅仅是"直观"。这种"直观操作"并不依赖对几何图形的直接观察，而是一种广泛为人们所接受的思维模式。

真正的创造性的数学推理过程，即数学思维的原始形态，充满模式直观。我们通常看到的作为结果的数学，只是"冰冷而美丽"的数学学术形态。

## （三）加强数形结合方法在直观性教学中的渗透

数形结合是变换的一种，它是符号信息和形象信息的转换。把对数的思维转移到对形的思维，由数思形，由形思数，数形渗透，两者相互推进，层层深入，激发学生灵感，培养学生思维的灵活性和创造性。

由数思形，许多问题直接从"数"出发本身去解，往往难以下手，抓不住问题的本质，但若能从"形"的角度考虑，如把属于代数、三角范畴的数量关系转化为空间形式，则错综复杂的关系往往清晰可辨，解题思路茅塞顿开。

数学是研究数量关系与空间形式以及它们之间关系的一门科学，"数"具有概括性、抽象性的特点，而"形"则具有具体化、形象化的特点，两者之间没有不可逾越的鸿沟。数形结合是数学解题的基本策略之一，通过平面直角坐标系既可以使几何问题转化为代数问题，又可使代数问题转化为几何问题；既能发挥代数的优势，又可充分利用几何直观，借助形象思维获得出奇制胜的精巧解法。华罗庚教授的这些话对我们的数学解题具有极深刻的启示。数形结合解题常使我们的思维豁然开朗，视野格外开阔，不少精巧的解法正是数形结合相辅相成的产物。许多代数问题，直接根据数量关系求解显得十分繁难，但如果能够将解决的问题转化为与之相关的图形问题，使数量关系形象化，再根据图形的性质和特点进行解题，常能节省大量繁杂的计算，使问题的解答简洁直观，别具一格。

# 第五节　数学运算素养与能力的培养

## 一、数学运算素养的内涵

### （一）数学运算能力的含义

所谓的运算能力，除了会根据法则、公式等正确地进行运算，而且要理解运算的算理，还要能够根据问题的已知条件和隐含的信息寻求合理、简捷的运算途径。中学数学运算，不应该只是单纯地将其理解为数值计算，还应该包括在方程和式方面应有方程与不等式的同解变形、函数的初等运算、式的恒等变形、微积分运算、几何量的测量、超越运算等。

中学阶段，数学运算能力主要是根据中学数学的法则、公式等进行数学运算体现出来的，主要体现在这期间表现出来的正确、合理、灵活、熟练的程度上，还表现在理解运算的算理，根据题目条件寻求最合理、最简捷运算途径的水平上。我们在进行数学运算的过程中，还应该注重算法算理的理解，知道其中的来龙去脉，在数值计算方面，对准确性的要求是毋庸置疑的，除此之外，对快速性也有一定的要求，我们不仅仅应该进行复杂而烦琐和过于机械的重复计算，更应该重视对估算能力的培养。

中学生数学运算能力的发展水平可以分为两个层次：第一，能根据法则、公式进行正确运算；第二，在运算过程中，理解算理，能根据题目条件寻求合理、简捷的运算途径。其中，第一层次主要强调的是正确性，正确性显得尤为重要，第二层次主要强调的是运算的合理性与简捷性。第一层次是最基本的运算能力。在中学阶段，除了培养学生第一层次的运算能力之外，还应在此基础上重点培养学生第二层次的运算能力。

课程标准中明确指出，数学运算能力指在根据公式、法则等进行数、式、方程的正确变形和运算，以及理解算理的基础上，能根据问题的已知条件，寻求与设计合理、简捷的运算途径的能力。在实际的数学教学中，我们应该把培养学生的数学运算能力作为培养能力、智力和数学素养的第一目标。

本书认为，数学运算能力是从问题的已知条件出发，灵活地选取法则、公式、定理等对数、式进行正确的变形、运算和数据处理，能从问题的已知条件出发探寻与设计合理、简捷的运算途径，能根据题目要求对数据进行估计和近似计算的能力。

### （二）数学运算能力的结构

一般可将数学运算能力分为五个部分，分别是对题目信息的挖掘能力；对概念、法则、公式和定理进行正确运用的能力；对运算方法的选择能力；对数学思想和方法的运用能力；估算能力。

根据心理学家研究的结果，可将运算能力分解为六个方面的能力。一是对运算问题的最初定向，即当学生面对题目时，需要对已知条件进行分析和处理，弄清楚问题的基本结构，有哪些数量关系，属于哪类问题，哪些数量有用，哪些是干扰信息，解决该问题，需要用到哪部分知识等。二是对具体运算问题的抽象和概括能力，即会用已学的公式、法则等解决特定的数学问题，并分析实际解决数学问题的过程，概括总结出解题思路、方法和规律。三是缩短推理过程和简化相应运算环节的能力。缩短推理过程和简化相应运算环节是数学运算能力简捷性的具体体现，在确保正确性的前提下，学生要提高运算效率，就必须具备缩短推理和简化相应运算环节的能力。四是对运算方法的转换能力。有的数学问题的解决方法是多种多样的，这就要求解决数学问题的主体要具备从一种解题方法转换到另一种解题方法上的能力，在数学推理和数学运算过程中也有一定的表现，如公式的正用逆用、正向思维向逆向思维的转换、正向运算转向逆向运算等。五是优化运算过程和运算方法的能力。在学生用一种方法解决完一个特定的数学问题后，尝试着去寻找有没有更简单的方法可以解决该问题，以便达到简单明了的目的。六是记忆能力，即能记住所学过的知识，包括概念、公式、法则、定理，常用的解题方法、数学思想方法等。这些都是教师在数学教学中有针对性地培养学生的数学运算能力的重要依据。

综合上述研究，本书认为数学运算能力可以分解为四种能力，一是挖掘题目信息的能力，即挖掘题目的已知条件，包括显性信息和隐性信息。挖掘题目的已知条件是为寻求合理的运算途径做准备。二是对公式、法则和定理等的运用能力，正确地运用公式、法则、定理等是解决数学问题的基础，其中包括对其的正用、逆用和变用。三是选择简捷的运算途径，针对有多种解法的数学问题，选择简捷的运算途径是在寻求合理的运算途径的基础之上，选择最简单运算途径解决数学问题。四是估算能力，估算可以帮助学生对数学问题结果正确性加以把握，是学生发展数感的重要内容和途径，一定的估算能力是良好运算素养的一种体现。

## 二、培养学生数学运算素养与能力的建议

### （一）重视学生非智力因素的培养

#### 1. 培养学生学习数学的兴趣

目前，受应试教育的影响，数学教学显得单调、呆板，没有生机。很多教师为了完成教学任务，不愿花时间激发学生的学习兴趣，只是照搬教材内容。"兴趣是最好的老师"，让学生对数学学习产生兴趣，学生只有喜欢数学，才愿意花时间和精力在数学学习上，这样才有可能提高学生的数学运算能力。如果学生对数学学习不感兴趣，那么他们花在数学学习上的时间就少，时间少了，学得越不好，就越没兴趣，这是一个恶性循环的过程。因此，要培养学生学习数学的兴趣，可以从以下三个方面入手。

首先，教师对教学内容的设计要联系学生的客观现实和数学现实，最好与学生的实际生活经验和知识结构有联系。设置的问题情境一定要符合学生的生活实际，在选择课堂练习的时候，题目的难度要有一定的层次性，一般先出一些简单的，使学生产生一定的成就感，这样学生就会有兴趣继续下去。其次，教学过程对于学生要有一定的挑战性，太过于平淡的教学过程不足以吸引学生的注意力，要让学生感到学习充实并且收获很大，这样才能激发学生的学习兴趣。最后，在上课过程中，学生的反应也是很重要的，教师应随时关注学生的反应，当学生的注意力不集中时，教师应该调节自己的教学方法、形式，适当地改变教学的语速及语调，也可以提出相应的问题，让学生小组讨论并选代表回答，这样可以调动学生学习的积极性。

#### 2. 提升学生对数学运算能力的重视程度

意识决定行动，学生对数学运算能力不够重视，就不可能会花时间、精力培养和提升自己的数学运算能力。学生往往把一些不该出现的错误归结为粗心、马虎，认为只要下次细心点就不会犯同样的错了，但总是事与愿违，等到下次还是会犯同样的错误，学生没有找到其根源，这其实是数学运算能力水平低导致的。教师在平时的教学中，应强调数学运算能力的重要性，其对数学学习成绩的影响是非常大的。教师可以在学生每一次考试之后先让学生分析自己的问题所在，教师再在此基础上对学生的问题进行补充，将学生因为数学运算能力差导致的错误展现出来，以便引起学生的重视。同时教师可以注重培养学生的思维能力，因为重视学生数学思维能力的培养，是从较深层次上提高学生数学运算能力的方法之一。数学思维品质具有明显的后天性，这就要求教师在教学中注重学生数学思维品质的培养。培养数学思维品质，可以使学生在解决数学问题时能更好地抓住问题的本质，能根据问题的条件、特征等多角度、全面地思考问题。培养学生的数学思维品质要求学生理解题意，不被表面信息所迷惑，在题目中找规律，做一题得一类题，以提高学生的数学运算能力，使学生摆脱题海战术等。

### 3. 培养学生良好的心理素质

在数学中有很多的题目，这些题目有难易之分，所以需要学生具备良好的心理素质。数学家波利亚说过，教学生解题是意志的教育。一个人的心理素质在一定程度上能够促进能力的发展，如果学生的心理素质不好，在遇到难一点的题目，计算量大、运算过程复杂的题目时，就会害怕，甚至会放弃，从而导致数学成绩偏低，也在一定程度上打击了学生的积极性；如果学生的心理素质好，那么在遇到复杂的题目时，不会因为害怕而放弃思考，学生肯动脑思考，对提升学生的数学能力是大有益处的。所以教师在实际的教学中，应重视培养学生良好的心理素质。教师可以在设置习题时，从学生的实际出发，循序渐进，先易后难，有层次地将不同难度的题目展现在学生面前，给时间让学生解决。

### 4. 教学过程中注重教师的示范作用

在解决数学问题的过程中，学生很多时候是在模仿教师，教师也可以作为学生对比的对象，以便于学生找到更简捷、更好的解题思路、技巧。如果教师在平时的教学中，只注重解题思路、解题技巧的教学，那么久而久之，不利于培养和提高学生的数学运算能力。在平时的练习讲解中，教师应该带着学生一起分析题目，找出题目显性、隐性的信息，分析解题思路，找到解题方法、技巧，带着学生反思解题过程，最主要的是要认真地板书解题过程，以便于学生参考、模仿，规范学生的解答过程。在上新课时，都会伴有例题，在讲例题的时候教师更不能偷懒，因为在接触新事物时，学生很可能不知怎么去分析、表达等，此时，教师更应该很认真地与学生一起分析，并认真地板书解答过程，做好示范。

## （二）注重基础知识的教学及基本技能的培养

### 1. 加强概念、公式、法则等基础知识的教学

概念、公式、法则是数学的基础、奠基石，如果学生不掌握最基本的概念、公式、法则，根本就不能谈及数学解题，也不可能提升其数学运算能力。在教学过程中，教师应该注重概念、公式、法则等基础知识的教学。例如，在进行概念教学时，教师可以带着学生一起从现实实例中将对应的概念抽取出来，如在讲指数函数这一概念时，教师可以寻找生活中与指数函数有关的例子，如"细胞分裂"问题，学生经历了这一抽象概括的过程，更能加深其对指数函数的理解、记忆。如果只是单纯地将指数函数的概念展现在学生的面前，学生很有可能对指数函数的概念理解不深刻，学生在课上可能可以记住其含义，但课后可能很快就会忘记。不管是对概念、公式还是法则的教学，都应让学生参与其探索过程，让学生知道它们的来龙去脉，并让学生总结归纳，教师再作补充，这样更有助于加深学生对概念、公式、法则的理解以及记忆。

### 2. 加强学生对概念、公式、法则等的记忆及运用

在数学学习中，如果没有概念、公式、法则等的支撑，就不可能进行正确的运算。可见，在解决数学问题的过程中，对概念、公式、法则等的记忆是非常重要的。所以要求教师在平时的教学中，一定要加强学生对概念、公式、法则等的记忆。

在刚接触新的概念、公式、法则等知识的时候，教师讲完理论之后，可以紧跟与之运用有关的习题，这样也能加深学生的理解及记忆。教师可以在学生听课状态不是很好的时候穿插一些小环节，如比赛表述或书写教师指定的概念、公式、法则等，并给答对的学生小小的奖励，这样可以加强学生的记忆，没有举手回答的学生在教师评价的过程中也能加深印象。让学生记住一些比较常用的结论，对提高学生的运算速度也是非常有用的。

单单记忆概念、公式、法则等基础知识是不够的，只记住不会用，也不能解决数学问题，记忆是运用的基础，运用是记忆的表现形式。解决数学问题的过程，就是对数学知识进行运用的过程，因此对数学基础知识的运用也是非常重要的。在教学过程中，教师可以在讲完每个知识点之后，给一些相应的练习题，让学生去完成，遵循先易后难的原则，给适当的题目让学生练习。在选择例题的时候，要结合学生的实际，教师可以选一些学生可能会出问题的题目。同时，教师一定要明白选题的目的，不仅要备题，还要了解学生，以充分发挥所选题目的作用。

### 3. 加强基本技能的培养

#### （1）培养学生一题多解的能力

解决数学问题的过程是一个复杂的思维过程。在茫茫数学题海中，很多问题不止一种解决办法，一题产生多种解法，是解题者根据题目信息，从不同的角度看问题、分析问题所致，培养学生一题多解的能力，也是在培养学生的思维能力。值得注意的是，一题多解并不是问题和解题方法的简单堆砌，而是解题者从不同的角度去思考所得到的结论，培养学生从不同的角度思考问题，对提升学生的数学运算能力具有积极的作用。

#### （2）注重变式引申的教学

所谓变式引申，就是从一个问题出发，通过改变已知条件或者所求问题，得到一个新题，但解题的大概思想方法是不变的，即通过恰当的变化，以突出其中的不变因素，可以使学生做一个题得一类题，这样学生就可以摆脱题海战术，有效帮助学生更好地学会解决数学问题。

#### （3）加强学生口算和心算的训练

适当的口算和心算可以提高学生解题的速度，而提高解题速度也是提高数学运算能力的一种表现。在解决数学问题的过程中，或多或少会牵涉数值运算，如果这个时候学生可以口算或者心算，能在一定程度上节省学生的运算时间，这样可以为稍微难一点的题目争取更多的时间去思考，做对的概率也相对大些，学生的数学成绩就会提

升一些。中学的学习任务很重，很少有教师给学生进行口算或心算的练习。在教学过程中，教师可以在上课之前适当地抽一点时间给学生进行口算或者心算练习，以竞赛的形式举行，这样既可以将学生快速地代入数学学习中，也可以训练学生的口算和心算能力。

（4）加强运算技巧的指导

加强学生运算技巧的指导，既能提高学生解题的速度，又能提高学生做题的准确性。教师在数学教学中应该把常见的一些运算技巧传授给学生。

（5）注重数学思想的渗透

数学思想是数学中最本质的东西，是数学的灵魂，离开了数学思想，数学就没了灵魂。常见的数学思想有函数思想、化归思想、数形结合思想、方程思想、分类讨论的思想等。教师在教学过程中，要注重对数学思想的指导，注重在解题教学中渗透数学思想，这样可以帮助学生掌握不同的数学思想，使学生在解决数学问题时不会那么随意，也不会不知道从何处入手。在数学运算教学中，有意识地、有计划地渗透数学思想和方法，可以降低数学运算的盲目性和随意性。在数学教学中，注重数学思想方法的渗透及培养，有利于学生的知识迁移，可以极大地提高学生的学习质量和数学能力。所以教师应在实际的教学过程中切实地将数学思想融入教学的各个环节中。

基本的数学思想方法是学生运算能力发展的基础，只有正确理解有关的数学概念，切实掌握有关的公式、法则等，掌握数学的基本思想方法，才能明确运算的方向，开拓解题思路，才能使运算得以顺利进行，才能得到正确的结果。在运算能力发展的过程中，形成了运算的基本方法和技能，这个过程是不断运用有关的数学思想方法的结果。数学思想对数学运算能力的发展起着至关重要的作用。例如，运用数形结合的思想方法，可以将很多复杂的代数计算转化为几何问题，使运算难度大大降低，这样可以提升学生的解题速度及准确率，提高学生的数学运算能力。

（6）注重归纳总结和错误分析

归纳总结是对解题思路、方法、技巧的提炼过程，对错误进行分析可以指导学生发现自己的错误，以此提醒学生避免以后犯同样的错误。教师在教学过程中，切忌只为了讲题而讲题，在详细讲解完题目之后，应该归纳总结解题思路、方法及技巧和解题规律，这样有利于学生此后解答其他同类问题；分析错在什么地方，有助于提升学生的数学运算能力。在教学过程中，教师没必要循规蹈矩、正正规规地讲解题目，可以偶尔地故意犯一些学生比较容易犯的错，让学生去发现，如果学生不能发现就引导学生去发现，这样可以避免学生在做题过程中犯同样的错。

## （三）加强培养学生逐步反思的能力

反思就是学生在解完题之后对整个思考过程、解答过程的回顾及分析。目前，学生在反思这一环节做得较差，很少有学生会在解完题之后进行反思。也很少有教师进行反思性教学，但反思又是教学过程中一个比较重要的环节。总而言之，反思就是一个深入思考、反复探究、自我调整的过程，也可以达到检验的目的。

# 第六节　数据分析素养与能力的培养

## 一、数据分析素养的含义

数据分析是指从数据中获取有用信息、形成知识的过程，主要包括搜集数据、提取信息，利用图表展示数据，构建模型分析数据，解释数据蕴含的结论。

数据分析应是对数字、文字、字母、图形等原始素材进行分解，并认识各部分属性的过程。在中学阶段，数据分析应是运用恰当的统计方法对原始数据进行分类、归纳、整理以及描述，并正确认识各个部分的性质、特点，能够推断出恰当结论的过程。在进行数据分解时，应该注意数据的实际背景，理解统计量的含义并能对分类方法进行恰当地使用。数据的认识过程应包含对数据的整理、对数据的描述，以及根据数据推断结论等。

数据分析的数学基础在早期就已确立，直到计算机出现才使实际操作成为可能，并使数据分析得以推广，在生活中的应用也越来越广泛，越来越受到关注，很多学校也随之开设了相应的专业。数据分析是现代公民应当具备的基本素质。

综上所述，在中学阶段应具有的数据分析能力包括具备对如数字、文字、字母、图形等原始数据，运用恰当的方法进行分类、整理和描述，并能根据分析结果推断出合理结论的数据分析知识，具备完成这些操作活动的能力，以及在这一过程中形成较为稳定的个性心理特征。

## 二、培养学生数据分析素养与能力的建议

学生的数据分析素养归根结底还是要在教学中进行培养，依靠学生自己去感悟、去探索还是比较困难的，所以教师要在教学中落实对学生数据分析素养以及其他数学核心素养的培养。

## （一）为教师提供数据分析学习交流的机会

　　培养学生的数据分析素养，就是要重视教师的数据分析素养，要在多方面为教师提供数据分析学习交流的机会。首先，国家与各有关部门要重视教师对数据分析的学习，要多提供书籍、杂志、网络的支持。其次，学校之间也要进行学术交流。学校之间的相互交流可以避免教师闭门造车，消息闭塞，可以相互促进、相互提高，开阔眼界。最后，学校内部也要对教师进行数据分析素养的相关培训和交流学习，帮助教师学习概率统计的思想及其应用，以及提供需要用到的软件和技术支持。教师之间通过集体备课，相互听课，可以共同进步。此外，教师本身也应当时刻注意提升自己的数据分析素养。

　　教师在进行数据分析这方面的教学时，要尽可能地结合学生的实际生活，多引入教学案例，同时自己也要进行学习，信息社会数据更新速度非常快，要时刻更新自己的信息库，多进行相关学习，多吸收最新的案例，在实际生活中去发现可以改编成自己所需要的适合学生使用的案例。教学过程不能脱离教材，要必修结合选修进行教学，教材是学习数据分析这部分内容最重要的资源。此外，教师还要时刻注意提升自己的数据分析素养水平，学生出现的错误是教师最好的素材，对于学生的易错点、易混淆点，教师一定要多观察，从学生的角度出发，让学生知道正确的思路，而教师要了解学生错误的思路，也要创造一些相似的情境，让学生能够进行辨析。

## （二）以培养学生"数据分析素养"为核心目标

　　教师在教学过程中，不仅仅是进行知识技能方面的教学，还一定要有意识地渗透数据分析思想，并且要一直以其为中心，去探究如何培养学生的数据分析素养。在教学过程中不应照本宣科，应注意知识的整合，以及突出重难点，哪些知识要重点强调，教学中又有哪些知识要适当扩充，哪些知识又要适当删减，都需要教师进行把握，只有这样才能逐步帮助学生培养数据分析素养。统计的学习不仅仅是让学生掌握学会求平均数、方差这种基本的统计量，进行机械计算，更要让学生体会统计的思想方法；统计的教学不仅仅要让学生掌握课本上的知识，更重要的是为他们在以后的学习生活中进行数据分析提供一定的帮助。要时时刻刻在培养"数据分析素养"的角度进行教学，比如课本中的列联分析，高中生要达到高考水平其实是不需要掌握过多的常用分布，所以课本上要用生动形象的，尽可能让学生快速理解的语言去解释列联分析的思想。虽然学生还不能掌握更多的统计检验，但是可以对列联分析有一个大致的理解，在思想上了解这是什么情况。所以教学不仅仅是要学生会做多少题，更重要的是思想的传输，潜移默化、循序渐进地引领学生走进数据分析的世界。

## （三）要让学生经历一次完整的数据分析活动

　　针对某一个案例，要让学生从头到尾参与到统计活动中，包括如何搜集数据、处理数据、分析数据，最后下结论，这样学生的数据分析能力会有很大的提升。学生的数据分析素养主要依靠统计这方面的内容来培养，找一个课题，给学生创造机会，需要学生自己动手去操作，指导他们科学地搜集数据，传授学生处理数据的最基本方法。多给学生动手的机会，让学生去处理数据，绘制图表，要培养学生分析数据的能力，使其能利用样本的数字特征，估计总体的数据特征，并明白这些数据特征的意义，以及最后能利用数据来进行推断，进行统计决策。

学生是教学过程的主体，因此必须参与课堂教学，这样才能达到一定的教学效果。新课程理念倡导在数学学习中，学生是建构活动的中心，是认知行为的主体，教学应建立在学生的主动参与基础上。很多时候课堂像是教师一个人的舞台，而学生把自己摆到了观众的位置，教师尽情演出，学生根据自己的喜恶去听，这样是不可行的。课堂的主角应当是学生，而教师是导演和摄影师，给定题目和主线，让学生去尽情发挥，教师时刻注意观察学生，记录学生的学习情况。在数据分析方面，最好的让学生参与课堂的办法莫过于让他们真实地、自主地去进行一次完整的数据分析活动，让学生自己去设计问卷，搜集数据，自己整理自己的数据，分析这些数据，得出结果，做出决策。在这个完整的过程中，教师主要的作用在于进行引导，重点是学生自己去实践，这样他们就会理解怎么去选取样本，选取什么样的样本，样本容量多大合适，选择什么调查方式最合理，需要什么统计量，做出什么决策。不要害怕学生在这个过程出错，更不要怕浪费时间，整个的过程他们将会深深地印在脑子里，每次一做题脑子里都是这整个过程。即使时间不够充足，简单的统计活动也一定要让学生自己动手，比如课本中最常出现的掷骰子、抛硬币，这些简单的统计活动一定要让学生亲自尝试。

### （四）应该在实际案例中进行数据分析的学习

教师要尽量让学生在实际案例中学习统计。由于种种原因，现在的统计教学，学生能接触到的大多是教科书和习题册上的内容，虽然教科书的编写比较科学，但是与学生实际生活并不是密切相关。学生习惯性地认为数学是数学，统计是统计，而不认为这些与他们的生活息息相关，所以学生在学习数学时总有一个疑惑，即学习数学有什么意义。所以一定要让学生了解，统计、数据来源于生活，生活中处处可见，报纸、期刊上的图表表达，购物能力的水平分析，了解的数据分析越多，学生会越有兴趣。在生活中寻找实际例子，让学生自己进行统计活动是必不可少的，比如在考查学生的抽样方式时，测试结束之后有的学生对于系统抽样，写不出这个名词，但是可以用语言描述出用什么样的步骤比较合理，教师在进行这部分教学时就不能仅仅告诉学生这三种抽样方式的概念是什么，而是应当在实际案例中让学生掌握这三个抽样方式。又如，学生对分析数据之后做出的统计决策，中学阶段很难把握假设检验，一般都是从概率的角度出发，但是我们其实可以在实际案例中让学生体会假设检验的思想，从而进一步培养学生的数据分析素养。

## （五）题目要重视情境与图表的难度与丰富度

由于学生的年纪较小，生活阅历比较少，好多问题不能理解，所以在统计教学时，教师一定要考虑学生的实际情况，尽量从学生的身边入手，选择他们看得见摸得着的生活情境，打破学生的陌生感，这样学生会有一种熟悉感，对于相关问题的考虑也会比较全面，能够辩证地思考，经过认真讨论，印象也会比较深刻。另外，例题和习题一定要非常丰富，其中出现的图表也要各式各样，不可单一，毫不夸张地说，数据分析这部分内容是与学生的生活实际联系最为紧密的内容，教师可以获得丰富的材料，因此要尽可能地选取不同的情境进行教学，让学生对每一种图表都可以联系实际了解其特点，能选择出适当的图表对自己的学习生活提供帮助。

## （六）培养学生从统计角度思考数据有关问题

统计是根据数据而建立的一门学科，统计的实质就是利用数据来进行推断。社会发展越来越快，人们面对的数据越来越多，必须掌握统计，才能去处理这些越来越庞大的数据，才能做出科学合理的统计推断。高中的统计学习是义务教育阶段统计学习的延伸。在义务教育阶段，学生已经初步接触过数据分析，能初步理解统计的概念，遇到庞大而繁杂的数据时可以想到进行处理分析，并从中提取自己需要的信息。数据分析的学习首要的就是要让学生剔除想当然的思维，大部分问题都要经过调查研究，搜集大量的数据，然后处理、分析所搜集到的数据，根据分析的结果能作出判断，了解繁杂的数据中包含着大量的信息，提取出所需要的信息。教师要利用数据分析来培养学生的思维习惯，让学生对数据产生亲切感而不再恐惧，让数据为学生的学习生活服务，让学生感受数据中的信息。

## （七）数据分析的教学中重视信息技术的使用

在实际生活中，处理数据、分析数据基本都要依靠计算机进行。随着时代的发展与进步，能使用计算机处理数据也成为学生必须学会的技能之一。所以在进行数据分析的教学时，教师要注意统计软件和各种数学软件的使用，这样可以节省时间，快速且准确地对数据进行整合。要想真正地学会数据分析，学生就必须会使用计算机对数据进行处理。这就要求教师掌握各种统计软件，在教学中分析各软件的使用条件，灵活使用这些软件，当然，在使用软件处理数据的同时也不能忽略传统的处理数据方法，学生要掌握两种方法，心中对这两种方法有所对比。很多统计软件都对教学有很大的帮助，简单的比如 Excel（表格）和 SPSS（社会科学统计软件包），这些软件最重要的特点就是界面简单好操作，可以直接使用下拉菜单来选择需要的命令，非常容易上手，很适合初学者。而对于中学教学这些软件也就足够了。信息技术首先有演示作用，它可以给学生直观的感受，可以活动，不再仅仅局限于课本中不会动的静态图表，这样有助于学生的理解和记忆，其次可以吸引学生，提高学生的注意力，最后可以快速绘制统计图表，模拟统计实验。而且这些简单的统计软件很容易上手，教师如果能够熟练掌握，学生也能够快速把握，对于以后的学习生活都会有很大帮助。所以很重要的一点就是教师要能够熟练地掌握简单的数学软件，学校可以在这些方面对教师进行培训。

### （八）培养学生在进行统计决策时的辩证思维

课程标准要求教师要重视培养学生的创新意识，创新意识的培养要时时刻刻在学生的学习生活中有意识地渗入，在数据分析的教学中也不能例外。数学核心素养要重视学生的全面发展，会学数学的学生，要勇于质疑提问。在数据分析中，选取的样本不同，搜集的数据不同，选择的统计量不同，选择的数据分析方法不同，都有可能做出不同的统计决策，生活中不是每一件事情都有确定的、唯一正确的决定，对于做出的统计决策也要教学生辩证地看待。能从数据分析的角度对搜集到的数据进行理性分析，对所作出的结论的合理性做出批判性的审视，客观地进行数据分析过程，教师在教学过程中要不断地、潜移默化地培养学生的辩证思维和创新意识。

# 第七章　中学数学教学的课堂管理

## 第一节　数学课堂教学管理意义

伴随着新课程的实施，面对数学新课程教学的开放性，数学教师需要转变教学理念，改变课堂教学的组织管理方式，努力创设良好的课堂教学环境，积极调动学生学习数学的兴趣。因此，教师对课堂教学的组织管理技能被提高到一个新的高度。

课堂组织教学是指在课堂教学过程中，教师通过组织管理课堂秩序，集中学生注意力，创设适宜的教学情境，激发学生学习兴趣，调动学生学习积极性，帮助学生达到课堂教学预定目标的重要的教学环节。教师有良好的课堂组织技能是上好数学课的关键。在教学实践中，课堂教学质量的高低和教学效果的好坏，在很大程度上取决于教师娴熟的组织教学技能。通过对课堂教学组织的合理调控，教师可以在一个和谐的教学环境中不断激发学生学习的主观能动性，提高学生学习的兴趣，维持学生学习的注意力，从而最终保证顺利地实现课堂教学目标。相反，如果教师不善于组织教学，学生在课堂上就会无精打采，情绪不振，注意力分散，课堂秩序混乱。在这种情况下教学效果是难以保证的。在实践中，课堂教学有以下重要意义。

### 一、维持学生的注意力

中学生注意力的特点是，有意注意力逐渐发展，无意注意力仍起主要作用，情绪易兴奋，注意力不稳定。正确地组织教学，严格地要求学生，建立正常的课堂秩序，既能有效地组织学生的学习，也有利于意志薄弱的学生借助外因的影响集中有意注意力，有着唤起和维持学生注意力的重要作用。

### 二、引起学习的兴趣

学生的学习兴趣和学习愿望，总是在一定的情境中发生。离开了一定的情境，他们的兴趣和愿望都会成为无源之水、无本之木。在教学中，教师根据学科特点、知识特点和学生的年龄特点，采用不同的教学组织形式，能够有效地调动学生学习的积极性，使他们兴趣盎然地参与到教学中来。

## 三、增强求知的信心

每个学生都有自己的特点和长处。教师在组织课堂教学时，对学生既要严格要求、认真管理，又要看到他们的长处，肯定他们的优势，因势利导地进行教育，这样才能不断增强他们的自信心和进取心，产生积极的效果。

## 四、建立良好的行为

良好的课堂秩序，要靠师生的共同努力才能建立。有时中学生的行为并不一定符合学校或社会对他们的要求，这时就需要教师在讲清道理的同时，用规章制度来要求他们、约束他们，使他们逐渐懂得什么是好的行为，为什么要有好的行为，以形成自觉的纪律，养成良好的习惯。帮助学生履行规章制度，实现自我管理，养成良好的行为习惯，是教师在课堂上对学生进行思想教育的重要方面，也是课堂组织的重要功能。

## 五、创造和谐的气氛

课堂气氛是整个班级在课堂上情绪和情感状态的表现。有效的课堂组织十分有利于师生之间、同学之间的关系融洽和谐，创造出良好的教学氛围。从教育的角度来看，良好的课堂气氛，是一种具有感染性的催人向上的教育情境，能使学生受到感化和熏陶，产生感情上的共鸣；从教学的角度来看，良好的课堂气氛，会使学生的大脑皮层处于兴奋状态，易于全身心地投入学习中，更好地接受知识，并且能够使所学知识掌握牢固，记忆长久。

# 第二节　数学课堂教学管理形式

数学教学工作不仅需要各种教学方法的配合，而且要通过各种组织形式来进行。概括来看，教学组织形式就是教学活动中师生相互作用的结构形式，或进一步来说就是关于教学活动应怎样组织，教学的时间和空间应怎样有效地加以控制和利用的问题。教学组织形式的意义在于如何使教学活动适应每个学生的需要、兴趣、能力和发展潜力，即如何在教学中做到"因材施教"。当代各国教学改革的目标之一，就是探索使每个学生都能获得最大发展的教学活动模式。关于这方面的探索，主要集中在教学组织形式的改革及相应方法的改革上。合理的教学组织形式应有利于教学活动的多样化，满足不同学生的不同学习要求，从而实现教学的个别化。

# 一、数学课堂教学组织的主要形式

## （一）班级授课制

16 世纪在欧洲首先出现了按班级编制进行课堂教学的形式。17 世纪捷克教育家夸美纽斯在理论上对班级授课制进行了论证，经过德国教育家赫尔巴特进一步完善后，欧美各国逐步推行了这种教学组织形式。我国最早采用班级授课形式进行教学的是京师同文馆。清末废科举，建新式学校。我国颁布《癸卯学制》以后，班级授课制逐渐在全国推行。班级授课制有四个方面特点：第一，教学通常按学生年龄和文化程度分成固定人数的班级，一般由 30 ~ 50 人组成。第二，学校按教师的业务专长和工作能力分配教学任务，教师对所教学科全面负责。第三，教师根据教学大纲和教材向学生传授统一的内容，统一教学进度，多科共进，交叉上课。第四，教室、实验室以及学生的座次都相对固定。

## （二）分组教学

分组教学产生于 19 世纪末 20 世纪初，其教学组织形式大致包括两类：一类是在一所学校内按学生智力或学习成绩分成学习年限和内容相同，或者年限不同、内容相同的几门课程；另一类是在一个班内，根据学生学习情况的变化和分化，分成内容深浅不同或进度各不相同的小组进行教学。简单来说，这种组织形式就是按程度分班，而且不断变动，因此，这种组织形式也叫"多级制"或"不分级制"。这种组织形式带来学生、教师、家长三方面心理的和社会的各种矛盾，经多年经验证明不易解决。但它考虑了教学进程中必然产生的分化规律，试图找到便于教学发展个性的办法，这是合理的，有积极意义的。

## （三）复式教学、自学辅导

通常的班级授课为单式教学。复式教学是指一位教师在同一节课时里向两个以上不同年级进行不同教材的教学。自学辅导是针对主要由教师系统讲授课程的做法，改为由教师指导学生自己读书，做练习以及各种作业。复式教学的特点就是当教师给其中某一个年级直接进行教学时，其余年级的学生则根据教师的指示进行自学。因此，复式教学和自学辅导有一定的必然联系。要实行复式教学，就必然要与自学辅导相配合。然而，自学辅导与复式教学又可分开，独立起来专门用于培养自学能力，达到因材施教的目的。无论是复式教学，或自学辅导，都还保留了班级授课制的基本特征，是班级授课制的特殊形式。复式教学主要意义在于适应学生少、教师少、校舍和教学设备缺乏的情况，对培养学生自学能力也有积极作用。自学辅导除了配合复式教学外，也可以在单式教学中使用。

## （四）单元教学

单元教学组织形式，其主要特点在于将学生学习的内容和活动视为整体，反对把教材分成一课又一课，认为这是一种割裂，不符合学生心理和不利于发展学生的能力和合作精神。依照其主张，应把学习内容划分为较大的单元。单元分为两类：一类以问题为中心来组织，再一类是学科单元，又分单科和合科。合科单元打破学科之间的界限。这种学科单元教学一般不打破班级编制，有的也不改课时，主要对"课"的划分进行改革。

## （五）程序教学

程序教学其主要特点与单元教学恰恰相反。如果说单元教学倡导者不满班级授课制把"课"分得太细的话，那么程序教学论者则认为传统的"课"步子太大。程序教学主张小步子，把教材内容划分得更细，使其简单易学。彻底的程序教学，除了打破"课"的划分，也打破了班级和课时。学生借助于程序课本或机器，完全自己学习，自己掌握时间和速度，与别的学生无关，教师也不必在场。

## （六）数学自学辅导

这是中国科学院心理研究所从20世纪60年代开始组织的数学教学实验，在实验中采用根据心理学原理编写的课本、练习本和测验本。学生在教师的指导和辅导下，利用三个本子进行自学、自练、自批作业，这种教学组织形式的主要目的在于培养学生的自学能力。自学时的步子可先小后大，先慢后快，逐步培养，要做好思想工作，使学生肯自学；要教会学生阅读，加强指导，使学生会自学；要经常启发，使学生爱自学。根据教学的内容不同，自学辅导课的类型可分为概念课、习题课、讨论课、复习课、测验课和综合课。基本形式分为四个步骤，布置自学任务，指导阅读练习；观察检验学习效果，强化认识；针对存在问题，抓住重点进行辅导；布置进一步自学练习的内容。

## （七）最优中学教学方式

相关学者从20世纪70年代末开始主持了一项数学教学实验，实验中通过对优秀中学生学习方法的调查研究，总结出中学生最优学习方法由前后联系的八个环节组成一个体系：制定计划、课前自学、专心上课、及时复习、独立作业、解决疑难、系统小结、课外学习。据此，提出"最优中学教学方式"，由六种课型组成：自学课、启发课、复习课、作业课、改错课、小结课。

这个实验，为改善班级授课的教学组织形式提供了先进经验。一方面关于课的安排，符合学生掌握书本知识的一般过程，同时改善了教和学的关系，较好地体现了"教为主导，学为主体"的关系。一切活动都是以学生为主体，但又都是在教师直接主导下进行的。另一方面它对培养学生学习能力，激发学习积极性，因材施教，减轻课外作业负担，减少教师无效劳动都有良好作用。该种教学方式不用特殊编写教材，教师根据任何教材，可以制定相应的自学指导提纲，指导学生自学，因此有简便易行的特点。

当然，这个实验的方式只限于掌握书本知识，适用范围是有限的，不可能是普遍的唯一的方式。编制自学指导提纲是这个实验的重要条件之一，编制起来要花费教师大量时间和精力，需要教师有较高水平。此外，它和数学自学辅导实验一样，完全排斥了教师系统讲授，也是值得再研究的。

### （八）读读议议练练讲讲

这是上海育才中学从 20 世纪 70 年代开始教改实验逐步创造出来的教法。它的指导思想是以学为重点，使学生真正成为学习的主人。其教学的具体过程一般是：首先，学生在课内自己阅读教科书，同桌和邻桌学生相互讨论，提出问题，发表意见；其次，做必要的练习，有的课本身就以习题组织教材。讲讲贯彻始终，主要针对学生的问题，进行点拨，解惑，总结，指导学生的读、议、练，体现了教师的主导作用。该实验既是对有效教学方法和教学组织形式的研究与探索，也是对课堂教学结构问题的研究，在这个实验中，课的结构发生了变化，突出表现在：

第一，从以教为主变为以学为主。例如，"议"或"讨论"过去是由教师直接提出问题，现在则是由学生提出问题，然后引导到课题上来。又如，过去新知识主要由教师讲授出来，现在主要由学生自己读、议、练出来。第二，"读""议""练""讲"四者所占的位置不同了。例如，"讲"过去是居于主导地位，而"读"过去是属于从属地位；现在不同了，"读"居于主导地位，而"讲"属于为"读"服务（固然仍是主导）的地位，如此等等。这种结构改变的重要意义，在于从组织上保证了学生的主体地位。它虽完全坚持了班级授课制，但从结构上给予了重要的改革。

## 二、数学课的主要类型

数学课的类型是指根据教学任务而划分的种类，有单一课和综合课两大类型。

### （一）综合课

综合课又称混合课或复杂课。在一堂课内完成两项或两项以上教学任务的课叫做综合课（混合课或复杂课）。中学低年级普遍采用这种类型，因为中学低年级教材比较简单，不需用一堂课的时间来讲授或实现其单一的教学任务。此外，中学低年级学生集中注意力的时间有限，不容易长时间集中，教学应以综合课为主。

## （二）单一课

在一堂课内主要完成一种教学任务的课叫做单一课。中学数学教学中常用的单一课主要有新授课、练习课、复习课、讲评课。

### 1. 新授课

以传授新知识、学习新方法为主要教学任务的课称为新授课。其目的是使学生学习新知识、掌握新方法。它是中学数学课中最常见的一种课型。新授课的基本环节：复习提问、引入新课、巩固小结、布置作业。

讲授新知识是新授课的中心环节，所授的新知识往往与旧知识之间有着密切联系，因此讲授新课前常采用复习提问的方式，对与新知识有联系的和学习新知识所必须依据的旧知识加以复习，从而为新课的讲授铺平道路，但不宜占用过多时间。巩固小结是新课的继续，是学生对新知识的消化过程。新授课的重点应放在把新知识讲清楚、讲透彻，使学生彻底理解，以完成新授课的主要任务。总之，复习、讲授、巩固是相互联系、不可分割的。

### 2. 练习课

以典型例题示范、师生共同分析和演算题目为主要教学任务的课称为练习课。这种课与新授课明显区别在于：练习课主要目的是巩固旧知识，培养技能技巧，使学生学会怎样运用已经获得的知识去解决数学上或实际生活中的问题，而不是使他们获得新的数学知识。练习课的结构如下。

①复习有关基础知识的方式可以是教师提问，也可以由教师小结。

②典型例题示范。示范题目要有代表性、启发性，做题步骤要完整，其目的在于总结出解题规律，归纳出常用的解题方法。

③课堂练习即学生独立做题。这时可指定几名学生到黑板上演算，题目应逐题或分组安排，不要把练习的题目一次全拿出来。在练习过程中，教师要巡回指导，要特别注意对学困生的启示和指导，对优生提出思考题，使他们的智力得到充分的发展。

④教师小结。教师小结要有针对性，分析练习中存在的主要问题和好的方法，总结出解题的规律，防止就题论题，泛泛地说一遍。

⑤布置课外作业。

### 3. 复习课

以系统复习所学知识为主要教学任务的课称为复习课。它的主要目的是继续巩固和加深学过的知识，使之系统化。

复习课分为阶段复习和学期复习两种方式。其一般结构是：第一，组织教学；第二，提出要复习的内容或提纲；第三，按教师预先拟定好的一系列问题，让学生依次回答或练习；第四，总结知识技能和解题规律；第五，布置作业。

复习课的目的要明确，要系统分析教材，提出提纲，而后综合归纳，形成明确体系，便于学生对知识的理解、记忆和形成一定的技能技巧。在复习过程中，如果发现大部分同学对某一部分内容掌握较好，对此则不必重复，对困难较多的部分，要反复强调、重点复习。此外，在复习课后布置作业更具有综合性。

复习课还可以采取课前先向学生指定复习范围或列出复习提纲的形式，让学生在课余时间独立钻研、总结，在复习课上让学生提出自己的总结。

对高年级学生还可以采取专题讲座的形式进行复习。例如，求函数定义域、三角式的恒等变形、几何证题法、不等式的证明方法等。

### 4. 讲评课

以对某一阶段的课外作业情况进行总结或对某次考试结果进行分析为主要内容的课称为讲评课，其目的在于纠正作业或考试中出现的问题，总结经验教训，鼓励先进，启发后进。充分发挥优秀生的典型作用。讲评课的一般结构如下。

第一，总结作业或考试的基本情况；第二，分析存在的主要问题，将归纳整理的各类典型错误展示给学生分辨，并给出正确答案，分析产生错误的原因及纠正的方法，同时介绍最优解法，特别要指出一些创造性的解法；第三，提出今后学习的要求；第四，布置作业。

## （三）活动课

有关文件已将活动课程正式纳入课程内容，把义务教育阶段的课程设置为学科类和活动类两部分，使得课堂内外、校园内外的教育和教学活动有机地结合起来，更加有利于学生的全面自由发展。这一开放式的素质教育课程模式充分体现了现代教育的社会教育特征，是发展基础教育、全面贯彻教育方针的重要举措。

活动课程是以学生发展、知识体系及社会需要为依据，在教师的指导下，通过学生主动活动，以获得直接经验和实践特长为主的课程。通常所说的课外活动是弹性极大的一种辅助性学科课程形式或思想品德教育活动，其"课外"是指国家安排的正式课程之外，"活动"泛指各地安排的各种教育性非正式课，故活动课与课外活动不可同语。

设置专门的数学活动课，目的在于发展学生的普及性数学特长，对已获得的数学知识能够更广泛应用，使已有技能进一步提高，为将来发展专长、顺利地适应社会发展和社会需要奠定基础。

现代社会人人需要数学，而义务教育阶段是实现"大众数学"目标的第一阶段。数学活动课设置要做到合理、可行，就必须坚持突出特长性，注重应用性，贯彻趣味性的原则，将义务教育阶段的数学教学内容与社会发展需要及学生个性发展结合起来，设置较为完整、全面、独立的特长性数学活动，供学生选择参加。数学活动门类和内容编排在整体上要符合以下几点。

### 1. 具有系统的应用体系

即与一定的特长目标相关联，有助于学生增长才干并习得一技之长，进而使学生顺利走向社会生活或进一步学习发展，切不可为了活动而活动。

### 2. 紧扣课程标准

课程标准的内容编排本身蕴含了学生认知发展的心理顺序，我们可以依照数学学科课程标准的指示单元，配以相关素材设计、安排数学活动。

### 3. 合乎有效学习的基本原理

要有利于激发学生数学学习的兴趣，体现认识规律，展示探究过程，使经验、思维、方法融为一体，让学生获取终身受益的文化力量和实践能力。

## 三、数学课外活动

学科活动的形式分为集体活动、小组活动、个人活动。一般以每周一次为宜，每次活动约为两课时。在课外活动中，教师应尽可能创造宽松环境，使学生在自由的气氛中交换意见，或师生共同讨论。

学科活动的内容多种多样，主要有以下几种。

### （一）专题讲座

讲座的内容：课堂教学的补充、延拓和加深；趣味数学、数学诡辩、数学史、数学前沿学科介绍、解题方法研究等。

### （二）数学园地

包括数学黑板报、数学情报、数学小报，它是普及数学知识的场所，其内容包括：数学家趣闻轶事、数学家名言、数学习题妙解、数学读物简介、数学方法介绍、数学问题征解等。数学园地要有专人负责，要办得生动活泼，注意科学性、技巧性、趣味性。

### （三）数学实验（实践）

用学到的理论来解决日常生活与生产劳动中一些简单的数学问题，如水渠挖方的测算、土地亩产的评估、零件图的测绘等；也可通过数学调查，获得第一手资料，然后进行研究、撰写小论文等。

### （四）课外阅读指导

组织学生课外阅读的目的是培养学生的自学能力。课外阅读的书籍，教师必须有所选择，避免阅读的盲目性，过易或过难都会挫伤学生的积极性。阅读时，要指导学生做读书笔记；碰到疑难问题时，尽可能独立钻研加以克服，以培养学生顽强的进取精神；必要时，组织讨论或教师辅导。阅读后，要总结心得体会或写出读书报告，教师组织学生在一定范围内进行宣读和评奖。

### (五)数学竞赛

这是发现人才、培养人才的一种有效方法，也是提高青少年数学水平的重要方法。我国每年都举办初、高中数学联赛，各省、市、县也都进行相应的选拔赛。

要做好这项工作，必须做到以下几个方面。

1.要进行专题辅导。数学竞赛的内容虽不超出中学教学大纲范畴，但与平时的数学教学不同，不仅深度、难度加大，而且不少问题具有高等数学背景与现代数学的数学方法。为此，教师必须对参加竞赛的学生进行培训、辅导。培训、辅导首先要打实基础，在此基础上扩大知识面，介绍解题方法等，其次在培训中应把能力培养放在首位。

2.要进行解题训练。竞赛的主要内容是解题，要采取讲练结合的方式，设置一些有一定难度的习题让学生去探索，让他们在摸爬滚打中训练敏锐的观察力、丰富的想象力、抽象的概括力和严谨的表达力。

3.要制度化、持之以恒。竞赛辅导，要有计划，有专人负责，辅导内容要按计划落实到人，发挥全校数学教研组的集体力量。

4.要因人制宜，集体辅导与个人辅导相结合。竞赛的辅导，要注意发现人才。思路敏捷、基础扎实、不墨守成规者是培养的好苗子，但这样的学生毕竟是少数，更多的是有这样那样缺陷的人，所以在辅导中应因人而异地加以个别指导。

5.要加强阅读指导。能参加竞赛的学生，自学能力相对较强，教师要有选择地介绍有关竞赛书刊给学生看。

# 第三节　数学课堂教学管理原则和要求

## 一、数学课堂教学组织管理原则

根据中学生心理发展的特点及课堂教学任务的要求，教师要搞好课堂组织管理，充分发挥组织管理技能在引起学生注意、建立和谐课堂气氛、培养学生道德品质等方面的作用。课堂组织管理应遵循以下几项基本原则。

## （一）明确目的教书育人

教书育人是课堂组织的重要任务。通过课堂组织的作用，使学生明确学习目的，热爱科学知识，形成良好的行为习惯。在各学科中，都渗透着大量的德育因素，在传授科学知识时对学生进行学习目的等思想教育，具有吸引力和说服力。同时，在教学中教师严谨的治学态度、精湛的教学艺术、高度的责任感，对学生有着言传身教、潜移默化的作用，不仅会影响学生的学习态度，而且会影响他们的纪律行为。

## （二）了解学生、尊重学生

每个学生都有自己的兴趣、爱好和个性特点。在课堂上，教师只有了解学生才能根据每个学生的不同特点，用不同的方法进行教育和管理。如对不善于控制自己的学生，要多督促与指导，帮助他们学会管理自己；对于身体欠佳或有思想情绪的学生，要采取提醒的方式。在对学生进行管理的时候，要尊重他们的人格，坚持正面教育，以表扬为主，激发积极因素，克服消极因素。因此，有经验的教师在发现学生注意力不集中时，不是斥责、挖苦讽刺，而是通过多种方式给予暗示或引导。即使对个别学生，也不要在课堂上或在全班同学面前怒斥他，而是课上冷处理，课下解决问题。

## （三）重视集体形成风气

集体的舆论是公正的、有威力的。良好的课堂风气一旦形成，可使学生在集体中得到熏染和教育；良好的班级会有一种特别的空气，这种空气就像雨后田野上的春风，清新、温暖、沁人心脾、令人振奋。让那些不守规矩的孩子一走进教室，就不由自主地有所顾忌和收敛，时间久了，就被教育和熏陶过来了。

集体的精神世界和个性的精神世界是相互影响的。每个人不仅从集体中汲取有益的东西，还从集体中得到关心和帮助，并在集体的推动下不断进步。每个人丰富多彩的精神世界，又使得集体生动活泼，显示出无限的生机。

## （四）灵活应变因势利导

教育机智是指教师对学生活动的敏感性，以及能对学生所发生的意外情况快速地做出反应，及时采取恰当措施。其主要体现在机敏的应变能力，能因势利导，把不利于课堂的学生行为引导到有益学习或集体的活动方面上来，恰到好处地处理个别学生问题，或根据实际情况，灵活地运用多种教育形式和方法，有针对性地对学生进行教育。

### （五）不骄不躁沉着冷静

遇事不焦不躁是教师的一种心理品质。它是以对学生的热爱、尊重与理解及高度的责任感为基础的。只有这样，教师才能公正地对待每一个学生，尊重和维护学生的自尊心，耐心地引导他们进行学习。也只有这样，才能在遇到意外情况时，沉着冷静，不为一时的感情所冲动。处理问题时，能随时意识到自己对社会、对学生所承担的责任，考虑自己的行为后果，从教育的根本利益和目标出发，处理好所面临的各种复杂问题。

## 二、数学课堂教学组织要求

在数学课堂上进行教学组织时要遵循以下要求。

### （一）应用新异刺激组织教学要注意几个问题

①刺激的强度要适当。例如，教师讲课的声音要清晰洪亮，演示的教具应大而轮廓分明，色彩适宜。

②刺激物的使用要适时。教师不要把直观教具过早地摆在讲台上，应该在使用时再向学生展示。否则，会分散学生的注意力，学生对教具也会失去新奇感。

③避免兴趣主义，脱离教材内容而单纯从学生兴趣出发，忽视学生自觉能动性的作用，从而影响对知识的掌握。

### （二）教师动作暗示要恰当，防止起消极作用

例如，学生回答问题声音小，甚至很低微，教师为了听清楚便走到学生身旁。这样做，学生以后回答问题的声音可能仍然这么小，这便是教师的动作起了消极暗示的作用。再如，课堂上大多数学生都在注意听讲，只有一个学生朝窗外看，如果老师对他说"窗外有什么好看的"或"不要往外看"，学生们得到这个暗示，很多学生就会往窗外看，这样反而分散了多数学生的注意力。

### （三）要根据儿童的心理特点，科学有效地利用课堂40分钟的教学时间

一堂课中学生的注意力是不同的。最初的 3～5 分钟，注意力尚不稳定，学生还处在课间活动的影响中，之后的 20～25 分钟是注意力最集中的时间，最后的 5～10 分钟，注意力集中的程度又渐渐下降。因此，教师要充分利用注意力最集中的时间进行教学，以达到最有效的主要教学目的。

## （四）组织教材要循序渐进，由易到难

学生的注意力集中与教材的难度也有关。教材难度过大，超过学生力所能及的限度，学习难以持久，容易疲劳；而对于容易接受的知识，学起来则格外轻松。因此，教师在组织教材时要注意化难为易，逐渐加大难度，逐渐增加训练时间。

# 第四节　数学课堂教学管理方式

## 一、按教师行为划分

### （一）管理型组织

管理型组织的目的是进行课堂纪律的管理。其作用是使教学能在一种有秩序的环境中进行。对于课堂纪律的衡量标准，过去和现在有着不同的看法。以前认为一个班级纪律好坏的基本尺度，是看上课时学生是否安静。在上课的时候，学生不能有一点声响，甚至连一个图钉掉在地上都能听到声音。而现在，人们主张课堂不能令人感到压抑，教师要充分发挥学生学习的积极性和主动性。课堂是学习的场所，既要使学生生动活泼地进行学习，又要有纪律作为保障。因此，教师在进行课堂管理组织的时候，既要不断地启发诱导，又要不断地纠正某些学生的不良行为，保证课堂教学的顺利进行。

#### 1. 课堂秩序的管理

学生在课堂上可能会出现迟到、看课外书、做其他功课、交头接耳、东张西望、吃零食等不专心学习的行为。其原因是多方面的，如教师课前准备不足，讲课时东拉西扯远离主题，缺乏系统而导致学生不专心；考试成绩不理想，同学之间闹矛盾，以及家庭矛盾等，使学生心情欠佳而不能专心学习；社会上的不良影响，使学生对学习不感兴趣等。有时课程的安排也会影响学生的情绪，如刚上完体育课，就要学生来考虑数学、语文等问题，也难以使学生做到精神集中。

要解决这些问题，教师首先必须从关心、爱护学生的角度出发，了解他们的问题，倾听他们的心声，和他们交朋友。然后对症下药提出要求，用课堂纪律约束他们。只有这样，他们才能心悦诚服地听从教师的指导。

如何处理一般课堂秩序问题，教师可用暗示的方法。如用目光暗示，或在暗示的同时配合语言提示："个别同学刚才恐怕没听见我说的话吧。""我的话是不是每个人都听到了呢，我有点怀疑。"在这种暗示还不能起到作用的时候，教师也可边讲解

边走向不专心的学生，停留在他的身旁，或拍拍他的肩膀，以非语言行为暗示或提示，不影响其他学生的学习。

**2. 个别学生问题的管理**

无论课堂规则制定得多么切合实际，教师多么苦口婆心地诱导教育，也难免个别学生会出现一些问题。但是，我们应该认识到，个别学生的不良行为，大多数不是他们道德观念上的产物，一般是出于好奇或不正常心理的表现。教师应当创造一种相互信任、自然、亲切的氛围，在没有暴力、厌恶的情况下，对他们施加教育影响。对个别学生的问题，教师可使用以下三种方法。

（1）作出安排，使他们不能从不良行为中得到奖赏，从而自行停止不良行为。

这种方法是当个别学生的不良行为在课堂上出现时，只要不影响大局，不会对他周围的学生造成大的干扰，就不予理睬。在可能的情况下，安排其他学生进行一些活动，抵消他的干扰。如引导学生观察挂图、标本、模型等，或讲述一个生动的实例，用幽默的语言活跃一下课堂气氛等，来吸引学生的注意力。这种方法教师可能一时难以接受。但是，应该认识到，如果能学会避免氛围对不良行为做出反应，就能更恰当地驾驭学生的课堂行为。教师对个别学生斥责、恼怒等表现，会强化他们的不正当行为。而对这种行为不予理睬，反倒排除了对他的奖赏，使他感到灰溜溜地没有趣味，从而使其停止不良行为。

（2）奖励与不良行为相反的行为。

其意思是，教师为有不良行为的学生提供一种合乎需要的替换行为，这种行为会给他带来一定的奖赏。例如，有的学生在课堂讨论时总爱打闹，影响讨论的正常进行。教师可指定他专门思考一个讨论要点，在小组讨论中发言。如果在小组发言较好，让他对全班同学讲，并给予表扬和鼓励。如此，使个别学生在不良行为和替换行为之间做出选择，从替换行为中得到心理的满足。为了取得预期效果，对替换行为的奖赏必须是强有力的，足以抵消不良行为，以促使学生选择替换行为。

（3）教育与惩罚相结合。

对个别学生的惩罚不是目的，而是一种教育的手段。如果在惩罚之前，帮助学生明辨事理，使学生明白了对他的惩罚是合理的，就可能产生更好的效果。假如一个学生故意或不小心打破了窗子的玻璃，教师对他讲明了利害关系和爱护公共财物的重要性，让他把碎片收拾起来，并适当补偿损失，学生就会接受教师对学生的惩罚而没有怨言。在学生明白道理以后，也会产生一种内疚感，认识到这是他不良行为所造成的必然结果。

## （二）指导性组织

这种行为特指教师对某些具体教学活动所进行的组织，以指导学生的学习和课程的方向为目的。

### 1. 对阅读、观察、实验等的指导组织

阅读、观察、实验等是学生进行学习的方法。如何使学生迅速地投入这种学习，并掌握这种学习方法，需要教师在课堂上不断地进行指导性组织。

阅读在文科教学中是培养学生能力的一个重要方面，近年来，其在理科教学中也受到了重视。学生在没有掌握阅读方法之前，常常是从头读到尾，把握不住重点。教师若利用阅读提纲或提出问题的方式加以指导，使学生学会读，读有所得，就能逐步提高阅读兴趣和能力。例如，在让学生学习科学家生平事迹或学科发展史时，教师可提出时间限制等要求让学生自学，最后总结出科学家主要事迹和本学科的主要科学成就。在这个指导性的组织中，给出时间限制是要求学生迅速投入，抓紧时间快速阅读，以训练其阅读的能力。要求概括主要内容，不仅会使学生在阅读时注意力集中，而且为学生指明了阅读时思考的问题和阅读后所要进行的教学活动，使学生能更好地组织自己的语言，为回答问题做好准备。观察是持久地注意，是带着观察目的对对象的各方面进行一番研究。

让学生观察时，首先要给学生明确为什么要观察，观察什么和如何观察，然后让学生进行观察。教师可采取提问的方式，让学生通过观察去解决问题。

### 2. 课堂讨论的指导组织

讨论是一种有计划、有组织、使学生积极参与的独特的教学方式，在文学、历史、社会等学科的教学中被广泛运用。对于自然科学教学中存在的有争论的问题，讨论也是适用的。当课题富有争论性或具有多种答案时，运用讨论方法是最适合的。

讨论的特点是使班上的每个人都有机会参与学习活动，促使他们积极地思考问题，真正成为学习的主体。在讨论中要求每个学生都要认真地思考课题，并给予回应。通过讨论彼此启发，相互补充，对问题作出总结或概括。这样，学生就成为知识的主动追求者，而不是被动接受知识的容器。在讨论中个人参与交流的程度随分组的大小而定。分组较小，每个成员都有机会发表自己的看法；分组较大，不善于发言者有可能自动退出讨论。讨论的方式，可根据讨论的目的、班级的大小和学生能力，采取多种形式，主要有以下几种。

（1）全班讨论

当学生还不能自行领导讨论，或某些问题需要全班一起明确时，可采用全班讨论的方式。在这种形式中，教师是讨论的领导者。教师提出问题后，发动学生相互交流，自己作为其中的一员也参加讨论。因此，这种方式能保证交流或争论顺利向着预期的目标前进。而讨论的成败，在很大程度上取决于教师启发、引导的能力，其缺点是不能使每个人都有发言的机会。

（2）小组讨论

这种形式是把全班分成几个讨论小组，每个组有主持人和记录员。

讨论进行时，教师要一个组一个组地听取发言，并给予必要的指导和引导。这种

类型的讨论，必须限定时间，才能使学生把精力放在主要问题上，不在枝节问题上浪费时间。小组讨论后，每个小组都要把讨论情况进行概括总结，并向全班汇报。

（3）专题讨论

这种形式是选几名学生组成一个专题小组，每人对所选论题从不同方面做发言准备，然后在全班发表自己的意见。其他同学要边听边记下每个人发言的要点，准备发表支持或不同的见解。发言结束后，教师要引导全班进行讨论，对选题做出明确的结论。

（4）辩论式讨论

这种方式是将对某一问题持相反意见的学生分成两组，在有准备的情况下，让他们发表自己的观点，并阐述理由批驳对方的观点。采取这种方式时，辩论的题目必须有突出的含义，包括辩论的成分。主持人在开始时要有简短的引言，在结束时要进行总结。总结要充分肯定辩论的成绩，指出不足之处，对于结果有时可不作结论。

（5）对于讨论指导的要求

首先，论题要具有两个以上的方面，不具有简单、现成的答案。要达到这一点，教师必须对论题进行深入的揣摩。其次，论题要能够引起学生的兴趣，来源于他们所熟悉的，但又不十分明了的问题。再次，为了使讨论能够顺利进行，要给学生适当的时间事先准备。最后，在讨论中教师要善于点拨和诱导，使所有人都参与讨论，要制定讨论规则，以防乱吵或把争论变成个人冲突。

## （三）诱导性组织

诱导性组织是在教学过程中，教师用充满感情、亲切、热情的语言引导、鼓励学生参与教学过程，用生动有趣、富有启发性的语言引导学生积极思维，从而使学生顺利完成学习任务。

### 1. 亲切热情鼓励

这种组织方式，既适用于好学生，更适用于成绩较差或不善于表达思想的学生。比如教师在让学生回答问题时，后两类学生一般都比较紧张，这时教师应该用亲切柔和的语调告诉他们："不要慌，胆子大些，错了没关系。"当学生回答得不准确，或词不达意时，教师应首先肯定他们的优点，然后鼓励说"我知道你心里明白，就是语言还没组织好"，接着给予适当的提示，使他们能较好地表达自己的思想。对于不能回答问题的学生，要比较委婉地进行处理。比如说："如果你再仔细想一下，我相信你能回答这个问题，请坐下再想一下。"经过这样不断地鼓励和引导，他们定会积极参加到教学过程中来。当他们正确地回答了问题时，教师应该用高兴的语气给予表扬，鼓励他们继续进步。在教师亲切热情的诱导下，学生会乐于接受知识和完成作业，顺利完成学习任务。

### 2. 设疑点拨激发

激发学生产生疑问，引起学习的欲望，是调动其学习积极性，深入思考问题的一种好办法。首先教师要善于提出问题，特别是要求学生掌握的内容，而学生的理解又比较肤浅时，要激发学生产生疑问。其次当学生要求解决矛盾的积极性被调动起来之后，紧接着要使学生会思考，学会运用理论，运用科学的思维方法去求得矛盾的解决。正如《学记》中所说："君子之教，喻也，道而弗牵，强而弗抑，开而弗达。"其意是说，教师要启发学生学习，是引导不是拉拽；是激发不是压抑；是诱导不是代替。

在这样的课堂教学组织中，教师不是生硬地灌输知识，也没有代替学生的思考，把结论灌注给学生。而是积极启发诱导，使学生沿着一定的思维路线，科学正确地得出结论。

## 二、按教学过程划分

### （一）教学前的组织管理

为使课堂教学有一个良好的开端，教师在教学前应做短暂的组织工作，对于稳定学生的情绪，集中学生的注意力，调动学生学习的积极性都起着重要的作用。课前组织可采用以下几种方法。

#### 1. 环视期待法

上课铃响后，如教室里仍不安静，教师要保持愉快而镇定的情绪，用慈爱、严肃的眼神环视教室，期待同学们肃静下来。这时教师的神态引起了学生的注意，教师稳步走上讲台，学生起立，教师再环视教室，使教室里渐渐地安静下来。师生问好后，学生就座。这时只有个别学生精力不集中，教师只要对他们稍加注意，他们就会马上坐好。这种组织方法在实际教学中是经常运用的，有时往往会收到比简单、强硬的要求、命令更好的效果。

#### 2. 表扬鼓励法

教师在上课前，对课前准备做得好的学生给予表扬，号召大家向他们学习，这对其他同学也是一种督促，也可以用激励性的语言去鼓舞学生。如说"这堂课你们一定能学好"，使学生以积极、饱满的情绪准备上课。

#### 3. 明确要求法

教师在上课前提出明确的要求，要求学生遵守纪律，认真听讲，积极发言，讨论问题等，以引起学生对这节课的重视。

#### 4. 情绪转移法

上课前，教师组织学生唱一首歌，背诵一首诗或说说歌谣等，以稳定学生的情绪，转移学生的兴趣。当然，选择的歌、诗等要与本堂课的教学相联系。

### 5. 提问悬念法

教师根据本节课的内容设计一个使学生感兴趣的问题，上课伊始就造成一个"悬念"，引起学生寻根究底的兴趣，启发学生积极地思考。

## （二）教学中的组织管理

教学中教师要善于根据儿童的心理特征，灵活地运用教学方法，使学生注意力集中、兴趣盎然、思维活跃地接受知识。教学中的组织管理可采用以下方法。

### 1. 新异刺激法

教师要善于运用无意注意的规律组织教学。由于无意注意通常是由刺激物引起的，所以，在教学中，教师要充分利用新异刺激吸引学生对教学内容的注意。例如，用图片、实物、标本、投影片、录音等直观教具，激发学生的学习兴趣。

此外，教师的语言幽默、生动，语速快慢适当，音调高低结合，教态适当变化等，对学生都具有强烈的吸引力。

### 2. 明确目的法

教师的组织能力还体现在使学生从无意注意过渡到有意注意。教师在讲一篇新课文时，要说明学习目的和要求。上课时，都应该把所要解决的问题和学习的内容交代清楚。只有学生明确了学习目的和要求，才能加强其意志的锻炼，形成有意注意，注意力保持始终。如学生阅读自学内容时，要求学生带着问题去读，并要求边读边在书上画出答案，这样就比较容易把注意力维持在阅读的内容上。高年级学生听课时记些要点，对保持他们的注意力是有益的。引导学生进行综合训练，要不断完善内容，不断提高要求，防止机械重复。根据不同水平的学生提出难度适当的新问题和要求，更能保持学生的注意力。

### 3. 消除疲劳法

在注意的时间长短上，心理学研究和教学实践证明，中学生的注意力集中时间在20～25分钟左右。所以，一堂课中间，要留给学生一定的间歇时间，以免过度疲劳，让学生的神经松弛一下，有利于下一段的学习。学生课堂上出现疲劳，情绪有些松懈时，教师可以变换学习方法，读一会儿、写一会儿，使原来兴奋的脑细胞得到休息，另一部分脑细胞兴奋起来，这样做会大大减少学生的疲劳程度，使注意力集中在学习活动上，从而提高学习效率。

### 4. 游戏竞赛法

利用竞赛组织教学，可以激发学生的学习兴趣，使学生进入最佳学习状态。数学课上，教师可以根据中学生好胜好强的特点，在课堂教学中以小组为单位，进行速答、抢答、小组竞赛等多种形式置学生于各种竞赛活动之中，激励学生积极思维，从而使学生在生动有趣的活动中获得知识、提高能力。

### 5. 动作暗示法

课堂上学生分心的情况是经常发生的，教师要及时给予暗示，纠正其不良行为。教师要善于敏锐地体察学生的心理，尽量避免在课堂上批评学生。假如个别学生上课思想"开小差"，教师可以用眼神去提醒或走到他跟前给予暗示，或用提问的方式来集中他们的精力，暂停一会儿讲课也会引起学生的注意。再如教师用手势示意指导学生朗读课文，手抬高表示声音高，手下放表示声音低；一种动作表示快，另一种动作表示慢。学生会从教师的动作示意中领会到朗读的技巧。

# 第八章　信息技术在中学数学课堂中的应用

## 第一节　信息技术在中学数学课堂应用的知识

### 一、信息技术在初中数学教学课堂应用

#### （一）信息技术

　　信息技术，缩写为 IT，是指利用计算机、网络、广播电视等各种硬件设备及软件工具与方法，对图、文、声、像等各种信息进行组织、获取、加工、存储、传输与使用的技术之和。信息技术主要是应用计算机科学和通信技术来设计、开发、安装和实施信息系统及应用软件。主要包括传感技术、计算机技术和通信技术。

　　信息技术的应用正在逐渐成为改良初中各学科课堂教学的重要方法之一，特别是它对初中数学课程的教学方法和教学方式产生了很大的影响。对初中生来说，信息技术不仅仅成为一门学科和技术需要学习和掌握，更成为一项学习工具，通过信息技术的辅助来帮助其他学科的学习。教师应通过提高自身的信息技术应用能力，进而更加合理而有效地利用和发挥网络信息技术对于激发学生学习兴趣的教学辅助作用。

#### （二）课程整合

　　课程整合的内涵是指针对教育领域中各学科课程的对立问题，建立各学科之间的联系，通过多种学科知识的融合，促进师生合作，实现以人为本的新型课程发展。课程整合涉及对教育课程的结构、资源、内容及实施等各个方面，从而促进传统课程向新型课程的过渡。课程整合从本质上对教学主体、教学模式、教学方式都提出了更高

的综合性要求，教学主体由单方面的教师主导转化为由教师引导学生主动探究的方式；教学模式和方法都由传统的以黑板粉笔为主变成了多媒体计算机教学。课程整合是将信息技术应用于数学教学中，借以培养学生的学习观念和综合实践能力。课程整合是由政府和国家教育部门负责支持和积极推动，由学校教研部门和学科教师积极配合实施完成。

信息技术与课程整合的基本要求是：在先进的教育思想和理论的指导下，把以多媒体网络为核心的信息技术作为新工具增添到课堂教学过程中，通过整合达到各种为课程服务的资源与各个教学要素和课堂教学环节的相互融合，在优化基础资源配置的基础上提升教学效果，进而实现传统教学范式向以教师和学生为中心的教学范式的根本性转变，进而提升教师的信息能力和基本素质，培养学生创新精神和实践能力。信息技术与课程整合要应用在教学活动实践中，把信息技术当成学习工具，有效地帮助师生对数学学科深一步的学习。

## （三）中学数学课程分析

中学数学是一门探究数学文字符号之间的数量关系和数学立体图形与模型构建空间形式的科学。这门学科有三个显著的特点，即抽象思维性、数理逻辑性、实践应用性。

### 1. 抽象思维性

抽象性并不是数学这门学科所独有的特性，任何一门学科都离不开抽象性。在数学上的抽象是构建抽象模型，通过模型的构建，把数学文字和图形联系起来。数学的抽象是指脱离了事物的具体内容，反映的是复杂的数量逻辑关系和图形的空间形式。数学的抽象思维性，打破了传统事物具体形态的束缚，有利于开阔师生的思维。但也正是因为这一特点，给数学学习者带来了一定的困扰，许多学习者无法理解抽象的概念和图形构建，也无法理解数学的图形和文字。其实，教师只要分析出导致学生抽象思维能力较差的原因，积极探索问题出现的原因，并找出相应解决办法，应用信息技术形象化的特点，就可以由抽象转化为具体形象，更容易使学生理解问题。

### 2. 数理逻辑性

数学具有抽象的数理逻辑性，所有数学定式和公理都经过了严格的证明和逻辑推理才能被认可。数学的逻辑性更进一步地体现了在它的几何和数量关系的推导上没有层层铺垫和步步推理，就无法直接得出抽象的结论，更不可能得出合乎实际的结果。因此，严密的推导和富有逻辑性的推导过程是数学不同于其他学科的重点所在。在对数学问题的解答时，不仅要讲究数学方法，而且要合乎逻辑，在逻辑上无误。因此，在数学学习过程中，学生要对数学文字进行严密的逻辑分析，只有在头脑中进行严密的构建，才能更好地解决数学问题。逻辑推理能力也是多元智能论的一项，在数学学习的过程中，也有利于学生综合能力水平的提高。

### 3. 实践应用性

我国著名数学家华罗庚教授曾说过："宇宙之大，粒子之微，火箭之速，化工之巧，地球之变，生物之谜，日用之繁，无处不用数学。"这句话充分地说明了数学在实际应用中的广泛性。数学作为一种工具或手段，几乎在任何社会领域中都会被运用。生活中解决实际问题时也会应用到数学计算，数学知识已经悄悄走入了每一个人的世界，并对人们发挥着潜移默化的影响。

中学数学课程和小学数学相比，更加抽象、更加难懂。小学数学中主要将知识点用形象、平实的语言表达以及更加直观地表现出来，而初中数学的定理、定义和概念常常要触及抽象的逻辑运算语言、图形语言、函数语言等，这就需要学生的思维从直观形象向抽象思维理论过渡。中学数学的知识内容更加严谨，更加重视思维体系的建立，对学生的思维要求也更加重要。中学数学课堂内容增多，更加注重数学思想方法的培养，更加注重培养数学学科与学生实际生活的联系。中学数学课的综合与实践问题更多，要求学生以生活现实中的实际问题为载体，以自主参与为主进行学习活动，注重思维模式的形成。而传统的课堂教学模式已经不能很好地解决中学数学学科中出现的问题，所以非常有必要与信息技术进行整合。

中学数学的这些特点，使得数学的学习变得困难，数学已经成为中学课程中最难的一门学科，使用先进的信息技术手段加以辅助是使数学好学、好懂的极可行的一种方法。

## （四）信息技术与数学学科的关系

在我国目前的数学教学中，常常用到三类信息技术：第一，各行各业都能用的信息技术，如浏览器和搜索引擎；第二，学校中各学科都能用的协助教学和日常学习的信息技术工具，如通用教学反馈系统、课件平台、电子白板、WPS 文字处理系统；第三，为数学课程教学量身定做的数学教育技术，如几何画板等软件和动态图形处理系统。

针对信息技术与数学学科课堂教学的融合，把以多媒体和网络为中心的信息技术融入数学课堂教学中，结合这三项信息技术，形成课程的融合，以信息技术辅助数学教学，可以达到更好的课堂效果，一方面可以使教师不断完善和扩充自己的学习技能及基本素质，更快地与网络信息时代融合，开阔自身视野，扩展自身的教学能力；另一方面可以对学生起到更大的作用。传统数学课堂教学模式无法使复杂又庞大的数学抽象方法让学生轻松接受，学生理解费劲，从而失去学习兴趣。如今的信息技术与数学课堂教学的融合，教师可以利用信息技术，在网络上构图展示与讲解，其讲解内容更加清晰透彻，便于学生理解，激发了学生对数学的学习兴趣，从而使学生的成绩得到提高。

### 1. 信息技术的发展改变了人们关于数学学科的知识、学习的观念

信息技术改变着知识数量的观念，把图书馆微型化，将世界上无数的大型图书馆

通过网络搬进个人电脑,同时也改变着知识的质量观念,促进无数新知识的传递和更新。

### 2. 信息技术的发展变革着当代数学教育的课程设置与内容体系

信息技术使学校教育增设了新的课程,改变了原有的课程体系,调整了当代初中数学的课程结构,促使各学科相互渗透、相互影响。

### 3. 信息技术变革着当代数学科学的教育手段、方式和方法

信息技术在数学学科上的应用丰富了远程数学教育的技术手段,加快了数学网络课程的普及,扩展了数学学科的影响范围,促进了当代数学的教学改革。

信息技术被应用到数学课堂教学中,在课堂上使用多媒体技术辅助教学,更新了数学教学方式方法的运用。应用信息技术进行教学,有利于创设直观形象的情境模式,拓展学生的思维空间,培养创新精神。例如,教师在课堂中讲授集合知识时,原本要在黑板上展示的抽象图形,可以利用计算机上的几何画板,做到使几何图形动起来、使文字生动起来、使图形直观起来,有利于帮助学生开阔思维。在数学教学过程中,积极营造良好的条件和气氛,让学生主动参与到学习过程中,努力培养学生的自主性和创造性。另外,将信息技术在教学上应用时,既省时又高效,更有利于提高数学教学质量和学生的听课效率。数学的教学内容比较抽象,传统的教学方法在新形势下会遇到一定的问题,计算机辅助教学的动态演示可以使抽象的概念形象化、具体化,加深学生的直观感受,有利于教师解决课堂教学的重点难点、突破教学困难。以网络和多媒体为核心的信息技术,为广大师生提供了探索数学的平台,使得数学变得容易理解,变得更加直观、更加生活情景化,真正变成对学生的素质教育。信息技术使数学能真正发挥在学生全面发展中的作用,让学生真正快乐地学习,在学习中体验快乐、提升能力。

## 二、信息技术在初中数学教学课程的应用基础

### (一)建构主义学习理论

在传统的学习方式上是单纯的教师传授知识,学生被动地接受知识,而不是主动地探索知识,然而现在强调要求学生主动地建构知识,这种方式强调学生主动形成自己的头脑思维体系,别人无法代替。当今的构建主义者将这一观点用于现代教学中,主要体现在学习的过程实质是知识的构建过程。学生对于新知识的学习过程,不应是教师单方面向学生讲授,而应该是学生通过自己对新知识的理解,将其内化成为自己的知识体系的过程。教师只是学生在学习过程中的引导者,而学生才是主动的学习者,他们需要主动对外部信息做出选择、分析、加工。由于每个学生对于信息、知识的理解都有自己的方式、有自己的看法,需要不断地进行磨合。因此,在课堂教学过程中要加强师生之间和学生之间的合作,通过相互学习、相互提高的方式,加强师生之间

的互动。由此可见，利用信息技术辅助数学课堂教学，既可以让学生亲身参与体会知识的形成和发展的过程，又可以让学生在情景模式中观察数学形象的文字、图形，为学生提供了一个丰富生动的自我探究过程。

## （二）行为主义学习理论

行为主义学习理论认为，人的心理活动和思维活动是抽象的，在人脑中形成，无法被旁人直接观察出来，而人通过外界环境的作用会相应做出一定的反应行为。因此，对学习者的研究也要重点关注学习者周围的环境和外界的刺激因素。行为主义还认为学习就是"刺激—反应"的相应联结，这种联结主要是在反复试验下经历重重问题而发现的，即在重复的尝试中，不正确的错误行为得以更正，优质的行为继续发扬。在课前给予学生多样化的多信息技术的刺激，有利于学生做好学习准备。并且，信息技术给予学生多重感官刺激，进而在很大程度上激起学生对已有知识的回忆以及对将要学习知识的预测，通过这样有效的刺激，带动学生快速进入学习准备状态。行为主义还强调学习对象的客观性和学习目的的终极标准，由此形成教学设计的整体结构，以利用信息技术向学生提供多样化的反馈信息，使学生得以矫正理解。在这个过程中，学生可以通过获取外界反馈来强化对认定正确方法的记忆，以及被认定为错误的方法的改正。因此，在学生回答或操作正确时，教师应适当给予鼓励；在学生出错时，教师应及时提供反馈信息，进而帮助学生改正错误，养成良好的行为习惯。

## （三）多元智能理论

多元智能理论强调注重培养实用型人才，根据突发事件可以及时应变的技术过硬的、知识掌握程度较好的全能型人才，这正是新课标强调的当代素质教育，重视人的全面发展与个性发展的统一。

多元智能理论不是培养学生在全部领域都能成为佼佼者，而是各尽其所长，充分发挥自身某一方面的优势，在某一方面发挥所长，达到人生顶峰。培养教育和人才才是教学的最终目的。教师教学不能再像以往那样仅仅为了完成教学大纲的任务，而应更多地以学生为本，关注学生，积极开发学生的潜能，促进学生的全面发展。教师应采用多种方式和手段来促进学生的智能多元化发展，达到培养新型实用型人才的目的，摒弃传统单一发展培养模式，改进教学的方式和手段，培养学生的多种智能。在教学形式上重视学生的自主学习、讨论，可以以学习小组的形式讨论问题、互助学习，在这个过程中不仅能够加强学生之间的沟通与交流，还能开阔学生的思维，做到思维互补。在教学环节上，教师应重视课堂问题的反思和总结，充分利用信息反馈功能培养学生的内省智能，努力营造良好的教学环境和生动形象的教学氛围，为学生的自主探究提供各方面的支持。

从以上的综述中可以发现，信息技术对数学课程教育的影响是全方位的，两者的整合使数学的教学模式、学习方式、学习内容、教学手段等方面都发生了改变。信息技术的使用还存在着一个"度"的问题，即把信息技术融合到数学教学中去，合理恰当地运用，不仅能够敦促教师自身素质的提升，还能提高教学效率，有效地激发学生的学习兴趣和学习积极性，促进学生数学思维的发展。

# 第二节　信息技术在中学数学课堂应用的分析

## 一、信息技术在初中数学课堂教学中的特点

信息技术在课堂教学中主要被应用于四个主要环节，即教学引入环节、探究新知环节、巩固拓展环节和多元评价环节，目的在于探索信息技术与初中数学教学整合的具体方法，利用以多媒体和网络为核心的现代教育信息技术提供学生相互交流、相互合作、主动探究、资源共享的新型学习条件，让学生在系统全面地掌握数学理论知识的同时，成为具有创新精神和实践能力的全面发展的学习主体。

首先，信息技术在课堂引入环节的应用，有助于激发学生的学习兴趣。在传统的数学教学课堂、单纯的黑板粉笔表达中，学生无法在头脑中形成复杂的数学模型，理解起来困难，从而磨灭了学生的学习兴趣，所以只有将信息技术引入课堂，利用其形象的立体构建，为学生将数学知识内容直观而完整地展示在网络上，从而激起学生的学习兴趣，才能有助于数学成绩的提高。

其次，信息技术在探究新知环节的应用，能够积极促进学生自主探究，着重培养了学生的数学思想和数学能力，突破了教学难点。未来课堂教学的发展趋势应该是以学生自主学习为主，教师教授为辅，硬性地接受知识不如自己主动开发探索，因此与信息技术的结合可以更好地激发学生的自主性。

再次，信息技术在巩固拓展环节中的应用，有助于教师及时指导、分层拓展，在代数和几何方面都可以分层次拓展其内容。而且，信息技术的反馈功能很强大，可以及时发现教师和学生在课堂学习中出现的问题，并及时地做出指导，有效的信息拓展和信息反馈更有利于师生及时发现问题并解决问题。

最后，信息技术在评价环节的应用，有助于形成多元评价体系。反思和评价的过程是对整个教学过程的效果和价值进行评估，并与预期的目标进行比较和反思，借以提高"教"与"学"互动过程的有效性，增强教师和学生的自我效能感。信息技术的涉及面很广泛，在各类学科中都可以有所应用，并可以对教师的课堂教学以及学生的课堂学习情况作出及时反馈。因此，在这个意义上，加强信息技术与教学的融合是有

必要的，可以及时发现并解决处理各种教学实际问题。

## 二、初中数学应用信息技术的必要性

### （一）信息技术在各行业的发展督促学校在课堂中应用

随着经济全球化的发展，以信息技术为代表的科技革命不断取得突破性进展，推动人类社会不断地快速稳定发展。以信息技术革命为主的第三次科技革命几乎没有地域的限制，成为一次全球性的革命。新的经济不再是以依靠自然资源能源为主的传统经济，而是变传统浪费型资源消耗为更合理的环保型经济快速发展。本次革命是以高技术产业为支柱，以多媒体技术和网络技术不断发展信息技术，应用信息技术来发展的经济。利用信息技术改革，有利于社会生活方式的改善和经济的大发展。信息技术的发展和广泛应用，丰富了人们的物质文化生活，改变了人们的传统观念，对文化和教育都有潜移默化的作用。信息技术在各个领域被广泛应用并对其发展产生了巨大的推动作用，其影响是深远的。作为文化的传播工具和培养人才的学校，更应该将教学课程积极与信息技术融合，作为教师应积极培养自身的信息技术技能，更好地适应时代的节奏。

### （二）传统教学形式单一，师生缺少积极性

传统教学模式主要指以教科书、粉笔、黑板为主的手段，仅包括教师的口头讲授。这是现代教师从事教学最基本、不可或缺的手段，并且是经历了时间和实践检验的手段。但是，随着信息技术的快速发展，新一轮的教学改革来临，需要学校积极适应时代的步伐，调整以往教学模式的弊端。以往的数学教学模式不能形象直观地为学生表现出来，打击了学生的积极性，而现代化的教学手段正好可以辅助学生去理解以往复杂模糊的数学文字。随着科技革命的发展和成果的应用，以信息技术为主的教学方式和工具不断出现和应用，先后出现了用于教学的视频放映机、投影仪、幻灯机、录像机、电视机、有线电视和网络远程教育等。利用电子信息化教学，使学生在视觉、听觉、动觉方面都有了前所未有的体验，从而能够更广泛、更深入地认识宏观、微观、动、静、快、慢各种图形的变化。电化教学的出现被认为是教学活动的革命，运用各种新型信息技术教学，实现了原本不可能的事情，不仅使学生更加加深了对知识的印象，也提高了教学效率，因而与传统单一的教学形式相比，为了调动师生对数学学习的热情，加强信息技术与教学的融合是十分必要的。

# 三、初中数学应用信息技术存在的问题

## （一）形式大于内容严重

信息技术与数学课程的整合,形象化和生动化了难以理解的抽象复杂的数学知识,由此激发了学生的学习热情。但是,过度依赖多媒体教学极易导致多媒体课件取代教师的情况,这自然会导致教师和学生在课堂中的共同学习和共同进步的过程被割裂。在上课过程中,学生动手动脑的机会大大减少,他们所能做的只有观看精致的课程视频。当然学生也可能被这些流光溢彩的形式所吸引,比如动画效果和一些有趣的动态图形视频,从而使学生避重就轻,忽略了数学知识的学习,这就会成为数学学习的阻碍,转移了学生学习的注意力,不利于课堂效果的提升。因此,教师应该将形式化问题重视起来,加强信息技术的素质培养,不要让华丽的制作形式成为学习的重点,而是应充分利用信息技术作为工具的辅助作用帮助学生完成对数学的学习。

## （二）教师技术能力缺失

当前教师对信息技术的掌握程度较低,成为教学课堂不能更好地与信息技术融合的一大问题。教师平时只重视加强对自身专业水平的提高,重视对自己本专业的学习,忽略了对信息技术能力的掌握,不能跟上信息化社会发展的大路线,是当代教师出现的一个共同问题。许多数学教师并不具备新世纪数学教师的基本素质,阻碍了新时期数学教师的教学水平和质量的提升。信息技术手段的应用不仅为教师的备课和授课过程节约了时间,也可以更快地为教师获取备课的资源,使学生了解知识的范围更加宽广。很多教师在上课时依旧依赖传统的教学手段——黑板、课本、粉笔,而不能从传统的课本中走出来、发展新模式,无法吸引学生的课堂注意力和学习的兴趣,从而进一步阻碍了学生的学习。虽然传统的授课方式不能完全扔掉,但是教师更应该取其精华,去其糟粕,改善传统教学模式中的不足,应用新技术和新手段。未来的课堂教学对教师的素质要求越来越高,教师既要保持原来传统教学中优秀的一面,又要适应当前信息化时代的发展,掌握新的信息技能和技术,所以其现在就应该加强自身的技能培养。

## （三）数学基础资源缺失

平时教师在制作教学课件的过程中,都会感到费时间、费精力。除了教师对信息技术手段了解不全面外,还有一个原因就是数学多媒体基础资源不足。当今时代是信息大发展的时代,网络是一个很广阔的基础平台,因此应该储存更多的数学资源供师生借鉴思考。但这些资源有其时间的局限性,没有得到及时的更新和补充。因此,教师在制作课件时,容易重复或是局限住自己的思维。部分教师都是利用网络收集大量的课件素材,无法创新,这也是教师之间分享交流少的原因。我国应该鼓励提倡数学多媒体信息资源共享，鼓励广大教师及时分享自己在数学方面的教学成果，避免因为课件制作的素材短缺，成为影响数学教学课堂质量的问题之一。我国应建立发掘属于我国的数学资源库，为数学界教师的沟通交流提供基础性的保障。

## （四）反馈及评价缺失

及时的信息反馈和教学评价可以充分地反映教学中所遇到的问题，从而可以帮助师生尽快尽早解决问题，填补空缺。但是，多媒体在教学中的应用所对应的教学评价和信息反馈体系在我国教育界还未形成，主要的课堂教学都是由教师直接讲述课程，学生在上课时突发的不理解的问题无法及时作出标记向教师提问，也大大影响了学生的听课质量，问题日积月累，严重影响了学生对数学的学习热情。因此，建立有效的信息反馈和教学评价成为当前教学改革的主要任务之一。在当今数学教学课堂上，对于多媒体教学模式的评价和反馈还没有形成一个完整的、独立的、可操作的体系，为了提高学生对数学学习的兴趣以及数学学习质量，我国应该加强弥补这方面的空缺。

# 四、信息技术在初中数学课程中的应用策略

## （一）完善基础资源，实现资源共享

### 1. 完善信息检索功能，多种途径便于查找

面对快速发展的信息时代，教师应该学习充分利用网络资源并应用到教学中，扩大自身的知识储备，不要把资源仅仅局限在书本、参考书或一些辅导资料上，可以扩大搜索范围，与其他教师分享相关经验和资源。另外，学校也可以借助于这样的过程加快教学资源建设的步伐，在建设多媒体信息技术辅助教学资源库的同时，完善信息检索功能，可以使师生更快、更便捷地搜集和检索网上已有的资源，帮助教师突破教学的重难点，有助于学生学习中遇到的瓶颈问题的解决。

### 2. 完善展示讲解技术，细致讲解便于理解

配合信息技术发展的同时，在应用于课堂教学中，不能单纯地依赖于多媒体软件视频教学，遗弃传统的黑板、课本、粉笔。未来的课堂教学对教师的素质要求越来越高，所以现在就应该加强教师的技能培养，特别是传统课堂教学中的教师讲解功能。教师更应该加强自身的展示讲解技术，使学生不是硬性地看视频，而是在跟随教师的讲解中，自己去总结开发属于自己的理论。学校应该购买相关软件与书籍辅助教学，使师生更好地发挥信息技术的工具职能，使教师可以更清晰地将数学模型展示在课件中，此外，也可以更好地辅助教师的讲解工作，使得教学质量得到进一步的提高。

### 3. 完善信息库，便于资源共享

在数学的课堂教学过程中，教师不应该自己单纯地构建，应该善于综合他人的想

法和思维去解决问题。因此，要完善信息库、补充基础信息，便于与更多的数学学习者进行资源共享。在填补数学资源库建设时，不仅要注重课内资源的收集，还要注重课外资源的收集。网络是一个资源丰富的平台，上面有很多与数学相关的信息，我们要将所有资源有机结合起来。现代信息技术以网络为平台，让师生之间的资源共享成为可能。以网络媒体为新的教学模式，在网络资源的综合应用中达到资源共享，这就更需要建立强大的信息资源库。广大师生利用强大的信息技术不仅能学到课内知识，也会相应地积累课外知识，扩大师生的知识面。

例如，在讲授立体几何图形时，教师可以先在网上寻找一些生活中能反映这一问题的实例，也可以让学生以学习共同体为单位，运用信息平台搜集相关知识和资料，在课堂和网络信息平台上，双方通过资源的分析和整合，实现对问题的深度分析，学生可以更好地观察几何图形和理解相关抽象的知识，真正地消化知识，学会应用知识。

## （二）结合多种模式，提高教学质量

### 1. 利用信息技术，打开师生思维

随着幻灯片、投影仪、电视机、计算机等相继成为教学的新工具，正是这些现代工具的发明，才丰富了现代化的教学手段。由于这些现代化的教学手段同时具备声音和动态特征，对教学信息和教学内容的讲授有着重要帮助。因此，使用先进的信息技术可以引起教育本身的变革，使传统的教育理念、教育思想有所转变。并且在一定程度上引起了教师与学生教学行为的变化，信息技术形象的点、线、面的直观展示可以充分地打开师生的思维，在大脑中快速构建数学模式，发展教育内容的表现形式，增强教育、教学的吸引力。由此可见，教学手段现代化的应用成为历史不可阻挡的潮流，它呼吁激励师生开拓思维，不断创新，对促进教育现代化具有重要的作用。

### 2. 利用网络资源，便于师生沟通

教师和学生在传统教学模式下仅仅在课堂上才能相互交流，课下沟通的机会少之又少，而信息技术的使用恰好能为师生的课下交流创造机会和条件。师生可以利用网络的途径，创造更好的学习交流环境。

例如，在讲授代数运算时，教师给学生布置了代数方面的作业，寻找生活中运用代数知识解决实际问题的实例。在课后的学习中，师生利用互联网途径，可以针对代数作业在网络计算机上进行沟通交流，此外，教师也可以创建网络群组织，在网络群中让学生在上面对习题的看法进行讨论。

### 3. 利用数字网络，拓宽学习途径

信息网络技术的应用还有一个优势就是有助于师生拓宽学习的途径。在信息技术未普及时，教师的备课单纯靠在备课本上的画图和描述；学生的学习也主要靠用纸笔完成作业，费时费力。而有了数字网络计算机后，教师和学生可以摆脱书本的限制，

只需要一台计算机，利用网络和多媒体备课和画图，便可完成教学目标和作业任务，不仅节约了时间，节约了能耗，而且可以快捷方便地查阅已有资料，扩大和填补自己的数学思维，也拓宽了师生获取知识的途径。

### 4. 结合教学新方式，创设课堂新气氛

信息技术与初中数学课程的整合在一定程度上推动了初中数学教学和学习范式的新一轮革新。创办以信息技术的应用作为信息收集工具的学习小组，充分利用网络平台与其他资源收集途径，对现有资源进行整合，为学生的学习提供大量的素材和资料。各小组在网络上通过成员之间资料的收集和共享，锻炼了学生对信息技术的利用能力，激发了学生对知识的自主探索能力。在小组讨论的过程中，也增强了学生的团队写作能力。将信息技术的应用作为沟通的路径，建立交互型合作学习方式成为当今的热点。在不断地交流中，学生对资源的积累也逐渐丰富起来。信息技术与数学学科的整合，为不同国家和地区之间，不同民族之间的语言、信息、思想之间的交流提供了沟通的桥梁。通过信息交流，学生可以互相合作学习、互相交流心得体会等，进行一系列的交互性学习。

## （三）进行教学整合，严格要求教师

### 1. 传统教学观念的转变

信息技术与数学教学的课堂结合过程对教师最基本的要求就是首先进行思维上的转变，教师要重视转变传统的教学观念。传统的以黑板粉笔课本、教师凭空讲述的教学方式存在时间长久，其思维模式不是短时间可以改变过来的，但是必须及时转变思想，紧跟时代的节奏，响应课程教育改革的新呼声。摒弃传统观念中不好的地方，把优秀的经验与多媒体信息技术相结合，以信息技术为辅助工具，积极应用现代化信息教学技术，强化教师课堂教学质量，从而提高自身的教学水平。

### 2. 转变传统的教育模式

思维转变的另一方面是对传统教学模式看法的转变。教师要积极开拓创新，探索数学教学课堂的新模式和新情景，以开拓新颖的形式来吸引学生对数学知识的关注和积极性，从而达到教学相长的目的。传统教学模式的弊端在上个章节已经有所提到，因而教师应该响应时代的号召，积极促进课堂教学改革，及时与信息技术相结合，努力发展和创造新的教育模式，从而促进师生的共同进步。

### 3. 提高教师对新技术、新技能的学习能力

随着信息技术在各行各业的应用，要求学校的教师也不断加强对信息技术的学习，不断加强自身素质教育，继续学习新的技术和新的技能，不断提高自身的技术水平素养。可以说，一名优秀的一线数学教师不仅仅要具备扎实、丰富的数学知识理论，更为重要的是，要不断提升课堂组织能力和教学管理能力。在课堂学习中不再对学生压制管理，

而是能够通过灵活的教学组织真正启发和鼓励学生思考，激发学生潜在的研究性学习能力。此外，教师还应该不断学习和积累各学科的相关知识，多学科综合学习，互补利弊。教师必须清醒地认识到，各种各样的问题在信息技术和数学课程整合的过程中会层出不穷，教师能够做到的就是不断地探索、不断地改进，掌握扎实的技能，由此带来不断完善的数学课堂。

# 第三节　信息技术在中学数学课堂应用的融合

## 一、信息技术在"数与代数"中的应用

### （一）"数与代数"知识内容及特点

"数与代数"的内容主要包括数字的理解和概念、数的表示、数的大小、数量的估计、数的运算、用字母表示数、常数、未知数、代数式及其运算、不等式、方程、方程组、函数等。概括而言就是两个部分，即"数"与"代数"。代数学是数学发展的一个里程碑，数学由基本的算数知识和方程转变为代数运算。

函数内容也是初中数学代数学的核心内容之一，是初中代数学习的主线，将不同学段、不同体系的代数联系在一起，学习函数，可以将方程、不等式等代数知识用函数的观点重新分析，进而有更深的理解，但抽象的函数内容主要是探究变量与变量之间的依赖关系，学生在学过函数后仍然容易用静止的眼光看待函数，机械地记忆函数的概念和性质，对函数的认识还停留在浅层次的理解上。如果对初中阶段的正比例函数、一次函数、二次函数、反比例函数性质的探究，学生没有找到研究的规律和方法，将会直接影响学生在高中阶段对幂函数、指数函数、对数函数、三角函数等知识的探究。由于函数知识的这种抽象性和复杂性，这部分内容容易成为学生在初中数学的学习阶段甚至高中代数学习中最难理解的问题之一，所以本书主要以函数为例来进行分析。

为了在顺应学生认知发展规律的基础上让学生体会从具体到抽象、从说明到验证、从感觉到理解的函数学习过程，教师应积极地创设能够让学生经历变量之间关系过程的教学情境，让学生用发展变化的眼光深入理解函数。

### （二）传统教法存在的问题

传统的代数教学，仅仅是从书本中理解文字，首先由教师带领学生进行文字的理解，其次在黑板上对文字的描述转化为图像的形式，利用自己所画的图形猜想代数及

函数的性质，最后解答出问题的答案。这一过程把所讲内容简单化，整个过程只需要教师的引导解释和学生自己猜想解决，对于抽象逻辑思维还未完全成熟的初中生来说，这一过程变得倍加困难。

### （三）信息技术与"数与代数"的融合

现代信息技术的引入，可以利用信息技术的功能从教学设计和教学资源两个方面帮助学生更好地理解问题。

首先是利用信息技术对数学课程内容进行信息化处理后，成为学习者的学习资源。将函数及代数的形成过程以动态形式展现在多媒体设备上，将教学资源形象化，有助于帮助学生形象化理解问题，能更快地解决问题。

其次是在以多媒体和网络为基础的信息化环境中实施数学教学活动。一方面，创设代数问题自主探究教学模式，借助校园网基础，利用教师创设教学情景，学生通过教学平台自主操作教学软件，完成课前热身作业，为新知的形成做准备；另一方面，作为对课堂内容的拓展，师生可以通过课下线上互动加深学生对课堂内容的理解，提升学生的学习实效性。

在课前，学生利用校园网络平台预习，并进行热身练习，为课上新知的探究做好必要的知识准备和思想方法的启示。在课上，教师通过信息技术整合教学资源，创设吸引学生的教学情境，让学生在声音、影像等多种媒体的刺激下对新知有全面的了解，刺激学生主动探究新知的热情。在知识的探究环节，在信息技术环境下，学生以组为单位操作教学软件，根据学习平台上的导引，根据自己的想法一步步去实验不同的参数，生成不同的函数图像及图形，观察发现其中的规律，探究函数的变量之间的关系，进而归纳函数的性质，在全班进行展示和分享，并在教师、同组成员以及组间互质的环节中完善自己的想法，得出严密的数学性质，突破教学难点。在课下，学生可以利用教学平台进行不同程度的变式拓展，加深理解，并可以利用网络资源，丰富自己的数学史知识，以便对博大精深的数学有更多层面的了解。

最后学生通过利用信息技术，自主探究函数的数量关系的过程，体会模型的数学思想，掌握分析、解决函数性质探究等问题的基本思想和方法，从而感受到成功的快乐，体验独自克服困难、解决数学问题的过程，进一步认识数学的抽象性和严谨性，对于学生今后形成严谨务实的科学态度都能起到很大的作用。

## 二、信息技术在"图形与几何"中的应用

### （一）"图形与几何"知识内容及特点

"图形与几何"的主要内容包括平面几何图形和立体几何图形，研究的主要内容

包括图形的性质，分类和度量，图形的平移、旋转、轴对称，平面图形基本性质以及其证明过程、运用坐标描述图形的位置和运动等。

对于几何内容的教学，对学生的抽象逻辑推理能力的要求也进一步加强，在"定理证明"环节，教师要通过向学生呈现数学知识的形成和发展过程，进而调动学生真正发挥和运用自己的抽象思维能力去学习知识和理解问题。如果没有这种能力和素质，就会导致学生对几何的概念与几何的逻辑理解得不透彻，也就是说，对知识的理解停留在解释性理解的层次，甚至是技能性理解层次。

总之，图形与几何自身具备独特规律，不仅是"由数到形"的过渡，而且是"由计算到推理"的过渡，几何中严谨细致的逻辑体系、科学精准的数学语言、极其抽象的数学概念，让很多数理逻辑智能较弱的学生无从下手，难以理解。

## （二）传统教法存在的问题

几何因其自身的特点，让很多学生产生了畏难心理，进而失去了学习兴趣。以前的图形和几何的学习，板书、作图是教师引导学生进行想象的一般方法，而面对一些动态几何知识的教学，口头语言、身体语言则成为教师将图形说"动"的唯一策略。对学生而言，学生只能通过黑板上的呆板图形，加之自己的想象去理解问题，无法充分认知图形、全面理解几何知识，使学生倍感枯燥。

传统教法无法让学生形象直观地理解图形，在初中阶段，学生的思维理解能力本来就不强，加上没有形象的教学工具辅助，更加深了学生理解的困难程度，而且某些教具寻找也不方便，不是一次性使用就是不能形象地表现所要表现的图形。

在几何学习难度系数最大的"动点问题"的探索上，传统图形很难让学生发现题目之间的本质联系，进而不能将知识、方法系统化。

## （三）信息技术与"图形与几何"的融合

针对传统几何教学中存在的问题，应用信息技术进行几何教学，可以从以下两个方面帮助学生探索、发现、理解。

首先是几何教学资源的整合，教师可以通过专业的几何画板、几何画图软件等数学软件，将运动和变化展示给学生，化传统教学中的静为动，增强学生对图形的理解，打开学生思维的局限，培养学生的抽象思维理解能力。尤其在几何教学的难点问题"动点问题""规律问题"的探索上，利用几何画板将动点、动线的运动过程展示给学生，甚至自己进行操作、验证猜想、发现规律、进行论证，让复杂问题简单化、有限问题无限化，对学生在问题的理解和解决方面有着巨大的促进作用。

其次是在复杂问题的教学中，教师可以创设适合几何图形规律探究的小组协作探究模式，通过动画、图片、声音等多种信息，创设情境，将生活中的图形形象化呈现，使学生发现生活中存在的几何图形和几何问题，产生学习的兴趣。教师应鼓励学生通过课上几何软件的操作，以学习共同体为载体进行有效的小组讨论、研究学习，在小组的合作和交流中加深对问题的理解。应用网络平台为学生课上、课下搭建了自主探究的学习平台。

在课上，教师通过信息技术整合教学资源，用生活中的图形或动态的图形变化进行情境创设，创设吸引学生的教学情境，刺激学生探究的欲望。

在课下，学生以小组为单位进行协作探究，学生明确学习任务，小组讨论分析问题，进行小组合理分工，通过几何软件的操作实验不断发现探究猜想，提出自己的合情推理，并小组合作进行思考、推理、论证，不断落实教学重点、突破难点。得出结论后，学生可以利用校园网络，上传自己小组的结论，并进行现场说理解释，最终通过师生、生生的互助得出本节课要探究的几何结论。

学生通过利用信息技术，进一步研究图形的性质及运动、确定物体的运动位置等，打破了原有平面、静态图形的限制，进一步发展了空间观念，经历借助图形思考几何问题的过程，初步建立了几何直观。在小组发现、探究等活动中，学生能较好地理解他人的思考方法和推测结论，逐步养成独立思考和合作交流的良好学习习惯。

在教学平台上，学生可以选择自己独立思考和小组讨论相结合的方式研究学习，也可以点击教师的思路指导，在教师的指导下突破难点，举一反三。

## 三、信息技术在"统计与概率"中的应用

### （一）"统计与概率"知识内容及特点

随着信息技术、数字化时代的到来，人们的生活方式发生了全方位的改变。大数据充斥着国民经济和人们日常生活的各个方面，从国内生产总值到天气预报，从人口预测到股票投资，数据分析和处理能力也因此变得愈加重要，具有基本的统计知识和能力已然成为现代公民的基本素质。初中阶段"统计与概率"的主要内容有收集、整理和描述数据，包括简单的抽样调查、绘制统计图表等；简单地进行数据处理，包括对调查的数据进行计算，如求平均数、中位数、最值问题、极差、方差等；还有从数据中提取有效信息并进行简单的推理判断；对简单随机事件简单推算其发生概率等。代数、几何作为"确定性"数学，对于培养学生的计算能力、逻辑思维能力和空间观念具有不可替代的作用。而统计与概率作为"不确定性"数学，在对学生的实践能力和合作精神等方面的培养方面具有更直接、更有效的作用，这些能力往往与现实生活密切联系。因此，通过实践活动让学生学习数据处理的方法，在体验中让学生感受数学与现实生活的联系，在体验中让学生感受数学在解决实际问题中的威力，这对学生来说无疑是最具有说服力的。因此，这样的实践活动对于调动学生学习数学的兴趣，培养学生调查研究的习惯、实事求是的态度、合作交流能力以及综合实践能力将发挥巨大的推动和促进作用。

## （二）传统教法存在的问题

由于"统计与概率"的知识特点，它需要对大数据进行收集、整理、描述和分析，帮助人们做出合理预测和推断。在传统的统计与概率练习中，教师用手工制作标签的方式为学生展示课堂内容、列举范例，容易受到数量和时间地点的限制，而且面对庞大的数据统计，人工计算容易出现偏差和问题。由于课堂教学环境和时间的限制，学生不能通过传统教学获得统计活动的经验，无法体会一般与特殊之间的辩证关系。

## （三）信息技术与"统计与概率"的融合

针对传统统计教学中完整的统计活动很难进行的问题，应用信息技术进行统计教学，可以从以下两个方面更好地解决此类问题。

首先是应用多种教学软件等进行统计计算。信息化教学可以运用Excel（电子表格）、计算器、统计软件等教学软件功能，使收集数据和处理数据变得更方便、更快捷。这些先进的计算设计一方面具有强大的统计功能，能够在短时间内处理繁杂的计算；另一方面在处理统计内容时，强调使用计算器（机），有助于帮助学生充分体验统计量的重要意义。由此可以避免将教学内容变成单纯的数字计算，真正将学习重点转变为对统计思想和统计活动的理解。

其次是利用信息技术手段进行虚拟统计实验，辅助学生亲身参与统计活动，促进对数学知识的理解。学生在亲自参与中，学习统计与概率的相关知识内容，掌握数据处理的方法，由被动学习转变为主动探究，最终达到教育活动整体意义和目的的实现，促进教师教学方法的改进和学生学习方式的改变。

在课前，教师可以明确统计活动主题，或者鼓励学生小组发现生活中的问题，自己设计统计活动的主题。学生可以利用问卷、口头调查等方式进行统计活动的调查，并利用计算器、Excel等数据处理软件完成数据的手机整理，规避大数据带来的计算烦琐，体会统计调查的基本思想和方法。

在课上，学生可以通过真实的统计活动感受统计基本方法，理解随机性，并通过统计软件完成大数据的统计实验，发现规律、加深理解。

在课下，学生还可以将统计活动的结论和统计的思想方法应用于生活实践，感受数学来源于生活，应用于生活。信息技术的合理使用，帮助学生了解利用数据可以进行统计推断，而且可以发展建立数据分析的观念，感受随机现象的特点，在数学活动中获得分析解决问题的一些基本的方法，增强了学生应用意识和实践的能力。

# 四、信息技术在"综合与实践"中的应用

## （一）"综合与实践"知识内容及特点

"综合与实践"是一类以问题为载体、以学生为主体、以教师为主导，要求学生自主参与的学习活动。在学习活动中，学生将综合运用"数与代数""图形与几何""统计与概率"等数学理论知识和方法来解决现实中存在的问题。"综合与实践"的教学活动应当长期性地开展，可以由教师独自完成，也可以由学生独自完成，还可以师生合作完成。"综合与实践"的教学活动不受地域的限制，可以课上进行，也可以课下进行。正是由于这部分内容形式可以多样化，而且密切贴近学生的实际生活，因此教师应引导学生掌握好这方面的知识以解决实际问题，提高学生的实践能力。

## （二）传统教法存在的问题

传统综合与实践教学活动从内容上较死板、固定，有些内容与学生的实际生活联系很少，甚至在现实环境中已经不存在，因传统考试内容的限制，学生对这类问题也不是很重视，学的都是死知识，很少有应用到现实生活中的意图，因此学生对这类综合实践问题缺乏研究的兴趣和欲望。传统的综合实践课堂资源较为匮乏，不足以满足活动所需资源。

传统教法只是就课上某个知识点中的小问题进行师生沟通，教师与学生进行沟通交流仅仅局限在课堂上，教师在课堂上收到学生的反馈信息后，进行总结和整理，然后对学生问题做出回答。传统教学在课下时间缺乏师生的沟通交流，缺乏思想方法的渗透和数学建模的生成，更无法及时地反馈消息，无法及时地解决问题，也无法给学生提供更多实践的机会，从而缺乏对学生创新精神与实践能力的培养。

## （三）信息技术与"综合与实践"的融合

针对传统统计教学中存在的问题，应用信息技术进行统计教学，可以从以下三个方面更好地解决此类问题。

首先是新型信息化教学可以为学生提供更为丰富的教学研究资源，学生可以利用网络环境下的教学平台，丰富获取知识的渠道，主动发现并探究生活中的数学问题，体会数学的应用意识，发展数学建模的思想。

其次是信息技术的应用可以创设一个全新的探究模式，改变以往单一讲授式的教学模式，综合多种信息技术手段，为学生搭建一个实践性、探究性和研究性学习的平台。在教师的引导下，学生自主探究、合作学习，解决与生活密切联系的、具有一定挑战性和综合性的问题，提高解决问题的能力，加深对知识的理解，让学生体会到数学来源于生活，数学应用于生活。

最后是通过教学平台的使用完善过程性评价机制，对小组分工、合作、探究、结论、活动方法等过程进行过程性评价，积累综合运用数学知识、技能和方法等解决简单问题的数学活动经验，初步形成评价与反思的意识。

由于综合实践活动的课题开放性、研究方法的多元性以及实践的应用性，因此在本模块的教学中，可以利用信息技术实现"任务驱动式"的自主探究模式，在课前、课上、课下全面探究。

在课前，教师利用教材及教参中的提示确定综合实践研究的主题，也可以根据本单元研究的教学内容，让学生利用网络资源、问卷调查等方式，寻找生活中与之相关的实际问题，并提出其中存在的数学问题，进而解决。

在课上，学生以小组为单位，带着课前设置的实际任务，分析问题，进行数学建模，并结合实际问题，确定合理的研究计划和方法，进行新知探究，教师利用校园网络平台，为学生提供丰富的教学资源库，并巡视观察，适时进行指导，启发引导学生解决问题。

在课下，师生利用网络平台进行多元性评价。教师可以对学生在探究过程中的学习态度、研究方法、小组分工、任务达成等环节进行过程性评价，学生也可以通过自评、组内互评、组间评价等环节对小组及成员进行全方位打分，关注任务的"提出—探究—完成"的整个环节。

## 五、信息技术下的数学教学策略

### （一）创设新颖情景，激发学生的学习兴趣

信息技术的出现，可以使教师充分感受到对数学图像、文字多种效果的要求。将信息技术应用到教学课堂上，在演示的过程中对数学内容的文字、图像等都可以生动形象地表现出来，对动态图形、数学立体模型的构建，以及视频的添加可以使原本枯燥乏味的课堂变得生动活泼。传统的课堂都是在黑板上画图和书写文字，上课方式固定、形式单一，无法调动学生对复杂数学问题研究探索的积极性。如果利用信息技术方式来表现，利用网络平台和硕大的信息资源库，发挥动态多维数学模型的生动效果，很快就能吸引学生的注意力，引发学生对数学模型构建的兴趣。这样不仅有助于学生轻松理解数学模型的构想，直观形象地理解抽象图形，而且会引起学生对其中蕴含的规律和概念的思考，不仅能改变死气沉沉的数学课堂气氛，还可以对学生吸收接纳新知识以及对新知识的记忆有所帮助。学生根据多媒体上所看到的内容和图像，总结规律，有利于提高学生的课堂效率，加强学生对难以理解的抽象图形和数学文字的理解。

### （二）提供创新空间，开拓教师的教学思维

动态的信息技术手段不仅对学生有巨大的帮助，对教师思维的开拓也有重要的作

用。教师在为学生自主探究式学习营造合理的教学情境，激发了学生的想象力和创新力的同时，也激励着其不断完善自我、提高自我，在帮助学生学习的同时，教师的思维方式首先会有明显的提高。根据多媒体形象化技术建构的模式，对于一种方法解答的命题，可以开发出更多的解答方式和方法。动态的信息技术手段为学生的学习提供了新的学习途径，也使得教师的讲述更便于学生吸收理解。信息技术可以用多媒体和网络等为师生提供一个形象化的创新空间，辅助师生拓宽思维，在图形中探索数学的奥秘。信息技术和初中数学的有机整合，为广大教师提供了创新的空间，有利于开拓教师的教学思维。

## （三）促进资源共享，及时进行信息交流

　　信息技术和初中数学的有机整合，不仅方便了教师之间的资源共享和学术交流，也方便了师生之间数学问题的交流。在教学过程中往往会面临资源不足的问题，不能使教师更好地利用现有资源进行补充，导致教师的思维局限在一个较窄的世界里。如果建立较为方便的资源共享平台，就可以结合多种资源，以不同的思维方式去考虑同一个问题，更有助于教师思维的开拓，也有利于学生尽快地将理论知识转化为实践能力，解决现实中出现的问题。教师在教学之前要明确教学目标，理解教学内容，充分利用现有的相关资源开拓学生的创造性思维，产生良好的教学效果。信息技术作为一个辅助性的学习工具，它能更好地辅助师生的教学活动。教师在课堂上讲授新知识时，可以优先借鉴现有资源中的成功范例，创设师生互动的教学形式，便于师生的沟通交流，也使得学生遇到不懂的问题可以及时地交流反馈，帮助教师了解学生当前对知识的掌握程度，也把学生放在了主体的地位上，促使学生积极参与到课堂教学中来，引起了学生对数学学习的好奇心，使学生有了好好学习的动机，培养了学生的创新精神和实践能力。

# 参考文献

[1] 潘玉保 . 初中生数学核心素养差异性培养教学实践研究 [M]. 合肥：合肥工业大学出版社，2021.08.

[2] 成艳玲 . 核心素养视域下初中数学课堂教学策略探寻 [M]. 长春：吉林人民出版社，2021.06.

[3] 张建新 . 核心素养视域下的高中数学课堂教学策略研究 [M]. 长春：吉林大学出版社，2021.05.

[4] 王尊甫 . 核心素养导向的高中数学教学 [M]. 青岛：中国海洋大学出版社，2021.04.

[5] 李丽云，何永安 . 数学核心素养培养的案例式教学 [M]. 长春：吉林大学出版社，2021.

[6] 喻平 . 数学核心素养研究丛书：发展学生数学核心素养的教学与评价研究 [M]. 上海：华东师范大学出版社，2021.07.

[7] 张帆 . 基于高中数学核心素养的教学与评价的研究 [M]. 济南：山东大学出版社，2021.10.

[8] 秦晓梅 . 基于核心素养的初中数学教学研究与导引 [M]. 西安：陕西科学技术出版社，2021.

[9] 郭元祥 . 深度教学促进学生素养发育的教学变革 [M]. 福州：福建教育出版社，2021.

[10] 郑振华 . 高中数学课程基础与教学方法研究 [M]. 长春：吉林人民出版社，2021.06.

[11] 刘永强，陈小玲，张茜 . 数学知识教学与学生能力培养 [M]. 长春：吉林人民出版社，2021.05.

[12] 梅晓明 . 高中数学过程性教学探析 [M]. 上海：同济大学出版社，2021.03.

[13] 孙翠玲 . 基于核心素养理念下的高中数学教学研究 [M]. 长春:吉林文史出版社，2021.06.

[14] 吴国庆 . 且思且行——初中数学教学探索[M].武汉:华中科学技术大学出版社，

2021.05.

[15] 庞志雷.基于核心素养的高中数学教学实践研究 [M].西宁：青海人民出版社，2021.12.

[16] 潘丙理，王会书，赵浩杰.基于核心素养培养的高中数学教学研究 [M].长春：吉林人民出版社，2020.12.

[17] 沈子兴.基于核心素养培育的数学教学设计 [M].上海：华东师范大学出版社，2020.

[18] 王国江.高中数学核心素养 [M].上海：上海社会科学院出版社，2020.12.

[19] 赵思林，高峥.中学数学教师核心素养研究 [M].成都：四川大学出版社，2020.12.

[20] 林碧珍.培植核心素养 [M].福州：福建教育出版社，2020.01.

[21] 李秋明，王国江.走进核心素养的高中数学 [M].上海：同济大学出版社，2020.08.

[22] 孙锋，吴中林.培育中学生数学核心素养的策略与实践 [M].成都：四川科学技术出版社，2020.03.

[23] 王保东.基于数学核心素养的团队研修与实践 [M].北京：北京交通大学出版社，2020.12.

[24] 孙云霞.高中数学项目式教学实践研究 [M].济南：山东科学技术出版社，2020.08.

[25] 朱光艳.数学教学与数学核心素养培养研究 [M].北京：北京工业大学出版社，2019.11.

[26] 张俊忠.基于核心素养的初中数学探究式教学研究 [M].贵阳：贵州大学出版社，2019.09.

[27] 于利合.核心素养理念下的高中数学教学策略 [M].长春：吉林人民出版社，2019.09.

[28] 孟桂艳.数学教学生态与数学核心素养 [M].青岛：中国海洋大学出版社，2019.09.

[29] 潘小明.义务教育数学核心素养教学论 [M].南京：南京出版社，2019.12.

[30] 李洪忠.指向发展高中学生数学核心素养的教学策略 [M].合肥：合肥工业大学出版社，2019.01.

[31] 王辉斌.高中数学学科核心素养下的教学实践与探索 [M].兰州：甘肃文化出版社，2019.09.

[32] 陈兆国.核心素养视域下初中数学教学研究 [M].沈阳：辽海出版社，2019.06.

[33] 郭戈.核心素养与学科教学 [M].北京：人民教育出版社，2019.06.

[34] 王静.学科核心素养的培养与课堂教学转型 [M].天津：天津教育出版社，2019.10.

[35] 王国江.基于核心素养的数学创新教学设计 [M].上海：上海社会科学院出版社，2018.10.

[36] 冯斌.基于高中数学核心素养的教学设计与反思 [M].宁波：宁波出版社，2018.10.

[37] 卢娟.数学教学与核心素养 [M].延吉：延边大学出版社，2018.03.

[38] 孙洪波.中学数学教学与核心素养 [M].延吉：延边大学出版社，2018.09.

[39] 吕新哲.基于核心素养的有效学习与学业评价策略 [M].长春：东北师范大学出版社，2018.08.

[40] 卞文.数学素养培养探索之路 [M].青岛：中国海洋大学出版社，2018.03.

[41] 史宁中.数学基本思想与教学 [M].北京：商务印书馆，2018.11.

[42] 张俸保，温定英."双导双学"指向核心素养培育的教学模式 [M].重庆：重庆大学出版社，2018.09.

[43] 陈近.中国数学双基教学的史与思 [M].杭州：浙江大学出版社，2018.12.